전두환과 80년대 민주화운동

전두환과 80년대 민주화운동 —— '서울의 봄'에서 군사정권의 종말까지

초판 6쇄 발행 2023년 5월 10일
초판 1쇄 발행 2011년 5월 16일

지은이 정해구
기획 역사문제연구소
펴낸이 정순구
책임편집 조수정
기획편집 정윤경 조원식
마케팅 황주영

출력 블루엔
용지 한서지업사
인쇄 한영문화사
제본 한영제책사

펴낸곳 (주) 역사비평사
등록 제300-2007-139호 (2007. 9. 20)
주소 (10497) 경기도 고양시 덕양구 화중로 100(비전타워21) 506호
전화 02-741-6123~5
팩스 02-741-6126
홈페이지 www.yukbi.com
이메일 yukbi88@naver.com

ⓒ 정해구, 역사문제연구소 2011
ISBN 978-89-7696-324-6 04910
         978-89-7696-320-8 (세트)

책값은 표지 뒷면에 표시되어 있습니다.
잘못 만들어진 책은 구입하신 서점에서 바꾸어 드립니다.

전두환과 80년대 민주화운동
— '서울의 봄'에서 군사정권의 종말까지

정해구 지음 | 역사문제연구소 기획

20世紀
韓國史
SERIES

역사비평사

■ 발간사

'20세기 한국사'를 펴내며

　'20세기 한국사' 시리즈는 지난 한 세기 동안 한국 사회가 겪었던 다양한 경험을 독자들에게 정확하게 전달하는 데 일차적인 목적을 둔 역사 교양서이다. 이 시리즈는 식민지, 해방과 분단, 전쟁, 독재와 경제성장, 민주화로 요약되는 20세기 한국사의 큰 흐름을 시기별, 주제별로 나누어 해당 분야에서 탁월한 연구성과를 남긴 전문 연구자들이 집필했다. 시리즈 각권은 필자 자신의 관점을 내세우기보다는 학계의 연구성과를 바탕으로 역사적 사실을 대중의 눈높이에 맞춰 서술하는 데 중점을 두었다. 역사적 사실을 객관적이고 공정하게 기술하여 가장 믿을 만한 역사책을 만들기 위해 노력하였고, 역사적 사실을 해석하고 평가하는 일은 독자의 몫으로 남겨두었다. 이 시리즈가 왜곡된 역사적 사실을 바로잡아 있는 그대로 전달함으로써 독자 스스로 20세기 한국사를 해석하고, 이를 통해 건강한 역사의식을 가진 시민사회를 만들어가는 데 조금이나마 이바지하기를 기대한다.

역사문제연구소가 역사 교양서 '20세기 한국사' 시리즈를 발간할 수 있었던 것은 전적으로 김남홍 선생의 후원 덕분이다. 본인이 원치 않아 아쉽게도 선생에 대한 소개를 할 수 없지만, "우리 후손들에게 과거의 역사가 사실대로 알려지기를 바라는 나의 평소 소망을 담은 책"을 써달라는 선생의 간곡한 부탁만은 발간사를 빌려 밝혀둔다. 이 시리즈 발간을 통해 선생의 뜻깊은 소망이 이루어지길 기원한다.

더불어 시리즈 발간작업을 총괄해온 역사문제연구소 연구원 배경식, 은정태 선생과 시리즈 간행을 흔쾌히 허락해주신 역사비평사 김백일 사장께도 깊은 사의를 표한다. 끝으로 '20세기 한국사' 시리즈 출간에 애써주셨던 고 방기중 소장께 고마움과 그리운 마음을 전한다.

역사문제연구소 소장
정태헌

차례

발간사 : '20세기 한국사'를 펴내며 · · · · · · · · · · · · · · · · · · · 4

프롤로그 1980년대 이전의 민주화운동

한국 민주주의와 1980년대 민주화운동 · · · · · · · · · · · · 12
이승만 정권 시기의 민주화운동 · · · · · · · · · · · · · · · · · · 13
박정희 정권 시기의 민주화운동 · · · · · · · · · · · · · · · · · · 17

01 '서울의 봄'과 신군부 세력

부마항쟁과 10·26사태 · 24
12·12군사반란과 신군부 세력의 등장 · · · · · · · · · · · · 30
'서울의 봄' 시기 민주화 과정의 전개 · · · · · · · · · · · · · 34
쿠데타의 준비, '충정훈련'과 'K-공작계획' · · · · · · · · · 39
갈림길에 선 민주화 · 43

02 5·18 광주민중항쟁

5·17 군사쿠데타 · 50
신군부 세력의 과잉진압 · 53
항쟁으로의 전화와 진압의 실패 · · · · · · · · · · · · · · · · · 59

'절대공동체' 광주의 '해방' · 63
광주의 고뇌 · 67
상무충정작전 · 71

03 전두환 정권의 등장과 체제 정비

국보위 설치, '숙정'과 '정화' · 78
'사회악 일소'와 삼청교육 · 82
전두환 정권의 출범과 '관제 민주주의' · · · · · · · · · · · · · 86
국가보위입법회의와 악법의 양산 · · · · · · · · · · · · · · · · · 92
정당성의 부족과 대체적 정당성의 모색 · · · · · · · · · · · · 95
민주화운동의 시련과 내연 · 97

04 민주화운동의 부활과 전두환 정권의 대응

유화조치 · 104
학생운동의 부활 · 107
노동운동의 확산과 강화 · 112
2·12총선과 선명 야당의 등장 · · · · · · · · · · · · · · · · · · · 117
재야세력의 결집과 민통련의 등장 · · · · · · · · · · · · · · · · 121
개헌정국의 갈등과 민주화운동 진영의 분열 · · · · · · · · 123
전두환 정권의 탄압 강화 · 128

05 6월민주항쟁

항쟁의 배경과 촉발 · 134

국본의 탄생 · 138

6월민주항쟁의 전개 · 140

지방에서의 항쟁 · 146

6·29선언, 양보와 분리 지배 · · · · · · · · · · · · · · · · · · · 151

또 하나의 항쟁, 7·8·9월 노동자대투쟁 · · · · · · · · · · 156

06 민주화 이행과 지역주의 정치의 등장

민주화 이행의 한국적 맥락 · 162

헌법 개정과 1987년 헌법의 등장 · · · · · · · · · · · · · · 164

양 김씨의 분열, 재야세력의 분열, 지역의 분열 · · · · 170

제13대 대통령 선거와 그 결과 · · · · · · · · · · · · · · · · 175

민주화의 성공, 민주정부 수립의 실패 · · · · · · · · · · · 178

지역주의 정치의 고착 · 179

07 민주화 이후 민주개혁의 성과와 한계

야대여소 국회와 5공청산의 추진 · · · · · · · · · · · · · · 184

통일운동의 부상 · 188

공안정국 · 191

야권 공조의 약화와 '의사 민주화' · · · · · · · · · · · · · · · · · · · 196
민주화운동 조직의 새로운 결성과 재편 · · · · · · · · · · · · · 201

08 1980년대 남북관계와 경제·사회

1980년대 중반의 남북대화 · 208
노태우 정권의 북방정책 추진 · 212
경제안정화 정책과 '3저 호황' · 215
주식·부동산 투기 열풍과 '중산층 신화' · · · · · · · · · · · · · 218
대규모 권력비리와 정경유착 · 220
탈정치의 '스포츠공화국' · 224
대중문화와 대중조작 · 228

에필로그 1980년대를 넘어 1990년대로

민주화 이후의 보수화 : 3당 합당과 5월투쟁 · · · · · · · · · 234
탈냉전과 남북관계의 진전 · 238
장밋빛 환상과 경제 현실 · 240

부록

미주 · 246
참고문헌 · 252
이 책에 쓰인 사진의 출처 · 258
찾아보기 · 259

프롤로그

1980년대 이전의 민주화운동

민주화 항쟁 가운데 그 대미를 장식한 것은 1987년 6월민주항쟁이었다. 4월혁명과 광주민중항쟁이 한국 민주주의 발전의 주요한 계기를 제공한 것은 사실이지만, 최종적으로 한국 권위주의 체제의 민주화를 가능하게 만든 것은 6월민주항쟁이었기 때문이다. 6월민주항쟁은 4월혁명 이후 전개된 1960년대와 1970년대의 민주화운동을 거쳐, 그리고 1980년 광주민중항쟁을 비롯한 1980년대의 기나긴 민주화운동을 거쳐 마침내 분출했다.

한국 민주주의와 1980년대 민주화운동

근대 민주주의의 역사를 뒤돌아볼 때, 무엇보다도 먼저 우리 시야에 들어오는 것은 시민혁명일 것이다. 200년 또는 300년 이상의 시간이 흘렀지만, 영국과 미국 그리고 프랑스에서 발생했던 시민혁명은 근대 민주주의 출발의 원천으로 자리잡고 있기 때문이다. 그렇다면 한국 민주주의의 역사를 뒤돌아볼 때, 우리 시야에 들어오는 것은 무엇일까? 아마도 1960년 4월혁명, 1980년 광주민중항쟁, 그리고 1987년 6월민주항쟁일 것이다. 한국의 민주주의는 이 같은 민주화 항쟁들을 통해 발전해왔기 때문이다.

민주화 항쟁 가운데 대미를 장식한 것은 1987년 6월민주항쟁이다. 4월혁명과 광주민중항쟁이 한국 민주주의 발전의 주요한 계기를 제공한 것은 사실이지만, 최종적으로 한국 권위주의 체제의 민주화를 가능하게 만든 것은 6월민주항쟁이었기 때문이다. 그러나 6월민주항쟁이 어느날 갑자기 발생했던 것은 아니다. 6월민주항쟁은 4월혁명 이후 전개된 1960년대와 1970년대의 민주화운동을 거쳐, 그리고 1980년 광주민중항쟁을 비롯한 1980년대 기나긴 민주화운동을 거쳐 마침내 분출했다.

6월민주항쟁을 통해 권위주의 체제의 민주화를 가능하게 한 1980년대 민주화운동은 어떻게 전개되었나? 이를 밝히기 위해 이 책은 박정희가 사망한 10·26사태 이후 1980년 '서울의 봄' 시기의 민주화 이행이 어떻게 전개되고 실패했는지, 그 과정에서 광주민중항쟁이 어떻게 발생하고 진압되었는지, 그리고 5·17군사쿠데타를 일으킨 신군부 세력이 이후 체제 정비를 어떻게 해나갔는지를 살펴보고자 한다. 또한 이 책은 전두환 정권하에서 1980년대 민주화운동이 어떻게 전개되었는지, 그것이 어떻게 6월민주항쟁의 성공으로 이어졌는지, 그리고 6월항쟁의 성공에도 불구하고 민주화 이행 과정에서 민주화운동 세력에 의한 민주정부 수립이 왜 실패하게 되었는지를 살펴보고자 한다. 또한 그 결과로서 민주화 이후의 한국 민주주의가 어떤 방향으로 나아가게 되었는지도 살펴보고자 한다.

그러나 1980년대 한국 민주화운동의 전개 과정을 구체적으로 살펴보기에 앞서, 1980년대 이전의 한국 민주주의가 어떻게 전개되었는지를 간략하게 살펴볼 필요가 있다. 1980년대 이후의 민주주의는 그 이전의 민주주의의 연장선에서 이루어졌기 때문이다. 이와 관련하여 한 연구는 1987년 이전의 한국 민주주의를 '운동에 의한 민주주의'[1]라고 정의하고 있다. 그런 만큼 1987년 한국 민주주의의 발전에서 민주화운동이 미친 영향은 결정적이었다고 할 수 있다. 그렇다면 민주화운동을 중심으로 이루어진 1980년대 이전의 한국 민주주의는 어떻게 전개되었을까?

이승만 정권 시기의 민주화운동

1945년 8월 일제 식민치하에서 해방된 한반도는 새로운 독립국가 건설의 꿈에 고무되었다. 당시 각계각층의 사람들은 새로운 독립국가 건설을 위한 운동에 나섰고, 특히 좌파세력과 결합된 민중은 이에 적극 동참했다. 반면 일제의 식민지배에 봉사했던 친일파 세력은 자신의 생존을 위한 길을 찾아야 했고, 이에 따라 자신의 생존을 보장해줄 미군정과 우파세력에 의존했다. 그런 점에서 일제 패망 직후의 해방정국 기간은 새로운 독립국가 건설을 둘러싸고 기대와 희망이 분출한 시기이자 새로운 독립국가 건설을 둘러싸고 각 세력 간의 갈등이 폭발한 시기였다.

해방정국의 상황에서 누구보다도 먼저 국가 건설에 나선 세력은 좌파세력이었다. 그들은 먼저 건국준비위원회를 만들고 곧이어 조선인민공화국을 급조했다. 그 결과 해방 후 몇 달도 채 지나지 않아 남한의 거의 전역은 지방 인민위원회로 채워졌다.[2] 그러나 해방정국 초기에 이루어진 좌파세력의 이 같은 시도는 3년여에 걸친 해방정국의 '대역전' 과정[3]을 통해 결국 남한에서 반공국가 수립으로 귀결되었다. 미군정이 지원한 반공세력의 주도 아래 이루어진 1948년 8월 15일 대한민국 정부 수립이 바로 그것이다.

그런 점에서 1948년 8월 남한에 등장한 반공국가는 미국의 냉전반공주의적 이해가 미군정을 통해 관철된 '외삽外揷 국가'라 할 수 있다. 제2차 세계대전 이후 급속히 심화된 국제적 냉전 상황에서 미국은 동아시아 냉전의 최전선에 위치한 한반도에 강력한 반공체제를 구축하고자 했고, 그 노력은 미군정을 통한 남한의 강력한 반공국가 건설로 이어졌기 때문이다. 이와 동시에 미국은 남한에 자유민주주의 제도도 이식하고자 했다. 동아시아 냉전 대결의 상징적 장소였던 한반도에서 적어도 남한은 공산체제와 대비되는 자유민주체제의 모습을 갖춰야 했기 때문이다. 그 결과 미국은 남한에 강력한 반공체제를 구축하는 한편, 비록 외형적인 것에 불과했지만 자유민주주의의 제도를 부과할 수 있었다. 물론 후자보다는 전자의 목적이 더 중요했다.

그러나 남한 반공체제의 강화는 여기서 그치지 않았다. 한국전쟁을 통해 그것은 더욱 강화되었기 때문이다. 우선 대한민국 정부 수립 이후 이승만 정권은 좌파세력뿐만 아니라 중도파 민족주의의 소장파 세력도 제거하고 사회의 각 부문에 반공적 관변조직들을 구축했다. 그 결과 한국전쟁이 일어나기 이전에 이미 남한의 반공체제는 극우화되어 있었다.[4] 뒤이어 터진 한국전쟁은 국가의 지배 이데올로기로서 반공주의를 더욱 강화했고, 따라서 국가에 의해 강요된 반공주의는 전쟁 경험을 통해 국민들에게 심각하게 내면화되기에 이르렀다.

결국 이상과 같은 해방정국의 갈등과 한국전쟁을 통해 구축된 남한체제는 극단적인 반공체제로서, 한편으로는 강력한 강제력을 갖춘 반공국가가 존재하고 다른 한편으로는 그러한 국가에 의해 파괴되고 관변화된 허약한 시민사회가 존재하는 체제였다. 또한 사회의 모든 영역에서 반공주의가 하나의 '의사疑似 합의' 상태에까지 이르른 '반공규율사회'[5]였다. 물론 자유민주주의 제도가 갖추어지기는 했지만 그것은 형식에 그쳤고, 그나마 그 작동도 반공체제의 한계 내에서만 이루어졌을 뿐이다. 1950년대 이승만 정권의 독재는 이처럼 극단적인 반공체제와 반공규율사회를 배경으로 한 것이었고, 그런 점에서 '반공독재'라 할 수 있었다.

해방정국의 갈등과 한국전쟁의 영향을 통해 반공독재를 강화해간 이승만 정권은 1952년 발췌개헌과 1954년 사사오입개헌으로 장기집권을 모색하면서 점차 동요했다. 자유민주주의의 가치와 제도에 근거하여 이승만 정권의 독재와 장기집권에 대한 아래로부터의 비판과 저항의 움직임이 등장했기 때문이다. 먼저, 1950년대 중반 이승만 독재정권에 정면으로 대항하는 민주 야당들이 새롭게 등장했다. 민주 야당의 첫 모습은 보수적이기는 했지만 1955년 9월 새롭게 조직된 민주당의 등장으로 나타났다. 민주당 결성에 뒤이어 혁신세력을 중심으로 진보당의 결성도 시도되었다. 다음으로, 이승만 독재에 반대하는 정치사회에서의 이 같은 변화와 더불어 1956년 5월에 치러진 제3대 정·부통령 선거는 국민들 사이에서도 이승만 독재와 장기집권에 반대하는 새로운 흐름이 형성되고 있음을 분명하게 보여주었다. 당시 이승만 후보의 경쟁자인 조봉암 후보가 216만 표라는 예상외의 높은 득표력을 보여주었고, 부통령에는 민주당의 장면이 당선되었기 때문이다.

그러나 이승만 독재정권을 최종적으로 붕괴시킨 것은 민주당이 아니었다. 1960년 3월 15일에 치러진 제4대 정·부통령 선거에서 이승만 정권에 의한 대대적인 부정선거가 자행됨에 따라 이에 대한 항의가 학생들을 중심으로 일어났고, 마침내 그 항의는 이승만 정권의 탄압에 맞서 국민적인 항쟁으로 확산되었기 때문이다. 1960년 4월혁명이 바로 그것이었다. 결국 이 같은 사태는 이승만 대통령의 하야로 이어졌다. 그런 점에서 이승만 독재정권 붕괴의 원인은 민주당이 아니라 학생들을 중심으로 한 시민들의 항쟁이라고 할 수 있다.

사실 한국 민주주의는 외부에서 도입되어 그 제도와 형식만이 위로부터 부과된 것이었다. 게다가 이승만 정권의 반공독재로 그것의 외피만이 남겨진 상태였다. 그러나 이 같은 상황에서 발생한 4월혁명은 한국 사회에서 아래로부터 민주화 요구의 등장을 알렸고, 이는 이후 민주화운동이라는 새로운 흐름의 본격적인 출발점이 되었다. 그런 점에서 한국 민주주의는

4월혁명을 통해 아래로부터의 민주화운동으로 다시 태어나게 되었다고 할 수 있다. 그러나 4월혁명으로 인한 민주화는 이내 좌절되고 말았다. 1961년 5·16군사쿠데타를 통해 박정희 군사정권이 등장했기 때문이다.

박정희 정권 시기의 민주화운동

5·16군사쿠데타를 통해 등장한 박정희 정권은 이후 경제개발정책을 적극 추진했다. 그 결과 대외 지향적 수출공업화정책을 중심으로 추진된 제1차 경제개발계획(1962~1966)은 성공리에 마무리되었다. 제1차 계획 기간에 국민총생산(GNP)의 연평균 성장률이 8.3%에 달했기 때문이다. 뒤이어 추진된 제2차 경제개발계획(1967~1971)도 매우 성공적이었는데, 이 기간 국민총생산의 연평균 성장률은 원래의 목표였던 7.0%를 훨씬 넘는 9.7%에 달했다. 그리고 이 같은 경제개발계획의 성공은 군사쿠데타로 집권한 박정희 정권의 부족한 정당성을 상당 정도 보완해주었다. 1967년 제6대 대통령 선거에서 박정희 후보의 일방적 승리는 그것을 보여주고 있었다.

박정희 정권이 경제발전에 성공했음에도 불구하고, 박정희 정권 초기 기간에 민주화운동이 중단되었던 것은 아니다. 우선 5·16군사쿠데타 이후 한동안 잠잠했던 민주화운동은 한일회담 반대투쟁을 통해 전면화되었다. 박정희 정권의 굴욕적인 한일 국교정상화 추진에 반대하여 1964년 3월부터 이듬해 8월까지 한일회담 반대투쟁이 대대적으로 전개된 것이다. 야당과 재야세력은 '대일굴욕외교 반대 범국민투쟁위원회'를 결성하고, 학생들도 한일회담 반대투쟁의 전면에 나섰다.

한일회담 반대투쟁은 1960년대 후반에 들어 박정희 정권의 장기집권 시도에 대한 저항으로 이어졌다. 박정희 정권은 3선개헌을 대비하여 1967년 6월 제7대 국회의원 선거에서 광범위한 부정선거를 자행했는데, 이를 규탄하는 학생 시위가 대규모로 전개되었던 것이다. 뒤이어 그것은 1960년대 말의 3선개헌 반대투쟁으로 이어졌다. 박정희가 경제개발 추진의 성과를 이용하여 장기집권을 꾀하고자 3선개헌에 나섰기 때문이다. 이 투쟁에서도 야당과 재야는 '3선개헌 반대 범국민투쟁위원회'를 결성하고, 학생들은 또다시 3선개헌 반대투쟁의 전면에 나섰다. 그러나 박정희 정권은 이에 아랑곳하지 않고 1969년 9월 야당을 따돌린 채 국회 제3별관에서 3선개헌안을 '날치기'로 통과시켰다.

박정희 정권이 장기집권을 기도한 1960년대 말, 남북관계와 한반도 정세는 상당히 악화되고 있었다. 1968년 1월 북한 무장대의 청와대 습격사건과 북한에 의한 미국 정보함 푸에블로호 나포사건, 같은 해 11월 울진·삼척 일대에 걸친 북한의 무장게릴라 침투사건, 1969년 4월 북한에 의한 미 해군 EC-121 정찰기 격추사건 등은 그 점을 분명히 보여주고 있었다. 박정희 정권은 이러한 일련의 상황을 이용하여 국가안보를 내세우면서 향토예비군 설치와 교련교육 강화, 그리고 주민등록증 제도 도입 등의 조치를 취해 주민통제를 강화하고자 했다.

박정희 정권이 남북관계 악화를 빌미 삼아 이처럼 주민통제를 강화해나가자, 이에 대한 반발이 1970년대 초 교련반대투쟁과 민주수호운동으로 나타났다. 먼저, 교련반대투쟁은 박정희 정권이 안보 상황을 들어 학원

병영화의 교련교육을 강화했던 것에 대한 학생들의 반발에서 비롯되었다. 그 결과 1971년 1, 2학기 동안 전국의 각 대학에서는 교련반대투쟁이 활발하게 전개되었다. 다음으로, 박정희와 김대중이 경쟁했던 1971년 제7대 대통령 선거에 즈음하여 공명선거 감시 등 민주수호운동도 적극 전개되었다. 그 밖에도 1971년에는 사법파동, 대학교수 자주화선언 등 민주화운동과 관련된 다수의 사건들이 발생했다.

한편 1970년대 초에는 급속한 산업화의 부정적 폐해와 관련된 여러 사건들도 발생했는데, 1970년 11월 평화시장의 비인간적인 노동 착취에 항의하여 노동자 전태일이 분신자살한 사건이 그 첫 번째로 일어난 사건이었다. 이어 1971년에 한영섬유공업 김진수 타살사건, 광주대단지사건, KAL빌딩 방화사건 등이 발생했는데, 이 사건들은 그동안 급속한 경제발전 과정에서 비롯된 사회문제들을 고스란히 드러내고 있었다. 그런 점에서 1970년대 초 민주화운동은 박정희 정권의 독재와 장기집권 시도에 대한 저항이자 급속한 산업화 과정에서 누적되어온 사회문제들을 반영하고 있었다.

이 같은 현실에 직면하여 박정희 정권은 이에 일괄적으로 재갈을 물리는 방식으로 대처했다. 1971년 말 일련의 조치들, 즉 10월 위수령 발동과 12월 국가비상사태 선언 및 '국가보위에 관한 특별조치법' 제정 등이 바로 그것이다. 그뿐만 아니라 박정희는 1972년 10월 특별선언을 통해 비상계엄령을 선포하고 일체의 헌법 기능을 정지시켰다. 그리고 기존의 헌법 대신 유신헌법을 제정했다. 그들의 주장에 따르면, 급변하는 국제정세 속에서 남북대화와 평화통일을 뒷받침하기 위해서는 내부 체제의 전면적 강화가 필요하다는 것이었다.

　유신헌법에 따라 등장한 것이 유신체제인데, 이는 대통령 1인에게 모든 권력을 집중시킨 공개적인 독재체제로서 박정희 정권의 장기집권을 제도화한 것이었다. 통일주체국민회의에 의한 대통령의 간접 선출, 대통령 추천에 의한 국회의원 3분의 1의 선출, 대통령에게 초헌법적 긴급조치권을 부여한 것 등은 이를 위해 요구되는 필수적인 제도들이었다. 유신체제 등장 이후 민주화운동은 한동안 침묵을 강요당했지만, 그 침묵은 오래가지 않았다. 1973년 후반부터 유신독재에 저항하는 민주화운동이 다시 터져 나오기 시작했던 것이다.

　유신체제 등장 이후 1970년대 전반기 민주화운동은 1973년 말 서울대학교 문리대 학생들의 시위 이후 '개헌청원 100만 인 서명운동'을 계기로 본격화되었다. 이에 박정희 정권은 1974년 '전국민주청년학생총연맹(민청학련)사건'과 '제2차 인민혁명당(인혁당)사건'을 조작해냈는데, 이는 점차 강화되고 있는 민주화운동을 위협하기 위해서였다. 그러나 민주화운동 세력은 이에 굴하지 않고 같은 해 11월 재야세력을 중심으로 '민주회복국민회의'를 결성했다. 1975년에 들어서도 동아일보 광고 탄압사태 이후 격화된 기자들의 언론자유투쟁에 대해 박정희 정권은 동아일보와 조선일보 기자들을 대량 해고하는 것으로 대응했다. 그뿐만 아니라 민주화운동 세력을 위협할 목적으로 4월 9일 인혁당 관련자 8인(1명은 민청학련사건 관련자) 모두에게 사형을 집행했다. 8일 대법원에서 형이 확정된 지 하루도 채 지나지 않은 시점이었다.

　이상에서 살펴본 바와 같이 유신체제 등장 이후 1970년대 전반기에 전개된 민주화운동은 이제 유신독재에 대한 전면적인 투쟁이 되었다는 점에서 과거와는 다른 양상을 보여주었다. 즉 과거의 민주화운동이 사안별 투쟁의 성격을 지녔다면, 이 시기의 민주화운동은 유신체제 자체에 저항하는 반체제적 운동의 성격을 지녔던 것이다. 그뿐만 아니라 기독교 세력이 대거 참여했다는 점에서도 특기할 만했다. 특히 기독교 세력은 박정희 정권의 억압에 맞서 새롭게 태동한 노동운동을 비롯하여 1970년대 사회운동의 성장을 적극 지원했다.

반복되는 탄압과 점차 강화되는 억압에도 민주화운동이 약화되지 않자 박정희 정권은 인도차이나반도의 공산화 상황을 내세워 1975년 5월 긴급조치 9호를 발령했다. 유신헌법을 비판, 부정하고 그 개정을 요구하거나 이를 보도하는 경우 영장 없이 체포할 수 있는 무소불위無所不爲의 조치였던 긴급조치 9호는 그간 발령된 긴급조치들을 종합한 결정판이었다. 뒤이어 7월에는 사회안전법, 방위세법, 민방위기본법, 교육관계법 개정 등 이른바 '전시戰時입법'들을 국회에서 통과시켰다. 이 같은 전시입법들의 제정에 대해 박정희 정권은 베트남 패망을 구실로 내세웠지만, 그 실제 의도는 내부의 민주화 요구를 철저하게 억압하기 위함이었다.

긴급조치 9호가 발령된 이후 민주화운동은 상당 기간 침체되었다. 그렇지만 1977년 가을 이후 민주화운동은 또다시 그 모습을 드러냈다. 그리하여 1978년 7월에는 재야세력을 중심으로 '민주주의국민연합'이 결성되고, 그것은 이듬해 3월 '민주주의와 민족통일을 위한 국민연합'의 결성으로 발전했다. 한편 1970년대 후반 민주화운동은 과거와는 다른 모습이 나타났는데, 그것은 1970년 전태일의 항의 분신 이후 종교계와 학생 등

외부 세력의 지원 아래 성장하기 시작한 사회운동이 점차 그 모습을 분명하게 드러냈다는 점이다. 동일방직 노동자 투쟁과 함평 고구마사건 등이 그 대표적 사례였다.

  1979년 10월에 발생한 부마항쟁은 민주화운동이 다시금 강화되던 1970년대 후반의 이 같은 상황에서 일어났다. 부마항쟁의 출발은 같은 해 8월 YH무역 여성 노동자들의 신민당사 농성으로부터 비롯되었다. 즉 YH사건을 계기로 박정희 정권이 김영삼 신민당 총재를 의원직에서 제명했는데, 이에 자극받은 부산과 마산의 시민들이 김영삼의 제명 처분에 항의하는 대규모 시위를 일으켰던 것이다. 그리고 이 같은 부마항쟁의 발생은 이에 대한 대처문제를 둘러싸고 권력 내부의 갈등을 유발시켜, 김재규 중앙정보부장이 박정희 대통령을 총격 살해한 10·26사태로 이어졌다. 그런 점에서 박정희 피살의 직접적인 원인은 권력 내부의 갈등이었지만, 그 갈등을 야기시킨 것은 부마항쟁의 압력이었다고 할 수 있다. 결국 10·26사태로 박정희가 피살됨으로써 5·16군사쿠데타 이후 18년간 지속된 박정희 정권의 장기독재는 일단 종료되었다. 1980년대의 시대는 박정희 사망의 바로 이 같은 상황으로부터 시작되었다.

01

'서울의 봄'과 신군부 세력

신군부 세력은 학생들이 가두시위를 시작한 5월 초부터 쿠데타를 위한 충정부대의 이동과 배치를 시작하고 있었다. 16일 이후 광주 등 일부 지방을 제외하고 서울을 비롯한 대부분의 학생 시위는 중단되었지만, 쿠데타를 감행하기로 한 신군부 세력은 충정부대의 이동과 배치를 중단시키지 않았다. 따라서 박정희의 사망과 더불어 시작된 '서울의 봄'의 민주화는 이제 신군부 세력의 쿠데타 기도 앞에서 그 생사의 갈림길에 직면하지 않을 수 없었다.

부마항쟁과 10·26사태

1979년 10월 16일 오전 10시경 부산대학교 도서관 앞, 유신독재 반대를 외치는 학생 시위가 시작되었다. 경찰은 이를 저지하고자 했으나, 시위는 경찰과의 공방 속에서 곧 5천여 명의 학생들이 참여하는 대규모로 확대되었다. 오후에 들어 시위대는 부산 시내로 진출하여 도심지 곳곳에서 '도시게릴라'식 시위를 전개했다. 그러나 사태는 학생들만의 시위로 끝나지 않았다. 오후 6시쯤 일반 시민들이 시위대에 대거 합세하면서 사태는 학생 시위를 넘어 민중항쟁의 모습을 띠게 되었기 때문이다. 5만여 명 규모로 확대된 시위대는 시청 앞 중앙로를 점거하면서 거대한 항쟁의 물결을 만들어냈고, 다음 날 새벽까지 계속되었다.

유신헌법 선포 7주년인 17일에도 시위는 계속 이어졌는데, 이날의 시위에는 부산대 학생들뿐만 아니라 동아대 학생들까지 대거 참여했다. 저녁 무렵에는 일반 시민들도 시위에 많이 참여했는데, 이로 인해 더욱 격화된 시위는 밤늦도록 계속되었다. 이날의 시위로 경찰차량 6대가 전소되고 12대가 파손되었다. 또한 21개 파출소가 파괴 또는 방화되었고, 경남도청, 중부세무서, KBS, MBC, 부산일보, 일부 동사무소 등이 파괴되거나 투석의 대상이 되었다.

유신독재 반대의 학생 시위가 일반 시민들까지 참여하는 대규모 민중항쟁으로 확산되었을 때 경찰력만으로 이를 통제하기는 어려웠다. 이에 박정희 정권은 18일 0시를 기해 부산지역 일원에 비상계엄을 선포하고 2개 여단의 공수부대를 투입했다. 그 결과 부산의 시위는 겨우 통제될 수 있었다. 그러나 사태는 여기에서 끝나지 않았다. 부산항쟁에 이어 마산에서도 대규모 항쟁이 발생했기 때문이다.

부산항쟁의 여파 속에서 18일 경남대와 마산대 등의 대학생으로부터 시작된 마산항쟁에는 일반 시민들뿐만 아니라 수출자유지역의 노동자들까지 가세했다. 18일 저녁 1만여 명으로까지 확대된 마산의 시위는 더욱 과격해지면서 도심 곳곳에서 파출소와 방송국과 세무서를 공격했다. 그뿐만 아니라 마산의 시위대는 고급상가와 고급주택에도 돌을 던짐으로써 부유층에 대한 증오심도 드러냈다. 그러나 박정희 정권은 부산 시위에 공수부대를 투입한 데 이어 마산 시위에도 군부대를 투입하는 한편, 10월 20일 정오를 기해 마산과 창원 일원에 위수령을 선포함으로써 시위 확산을 저지했다.

부산에서 발생한 시위는 주변의 마산지역까지 확산되었지만, 이 같은 부마항쟁은 박정희 정권의 계엄령과 위수령 선포 그리고 공수부대를 위시한 군부대가 투입되면서 종료되었다. 10월 28일 부산·경남지구 계엄군법회의의 발표에 따르면, 부마항쟁 과정에서 부산 1,058명과 마산 505명 등 총 1,563명이 연행되었으며, 그중 학생 37명과 일반인 50명 등 87명이 군법회의에 회부되었다. 같은 날 군법회의는 20명에게 실형을 선고했다.[1]

그렇다면 유신독재를 반대하는 학생 시위에서 시작하여 대규모 민중항쟁으로 확산된 부마항쟁이 발생한 원인과 배경은 무엇인가? 그 원인과 관련하여 박정희 정권은 이를 일부 학생들과 불순분자들의 난동사태라 주장했다. 그리고 이를 증명하려는 듯, 19일부터 21일까지 전국 대도시에서 폭력배 일제 단속에 나서 2,600여 명의 불량배와 폭력배를 검거했다.

그러나 부마항쟁의 발발은 다음과 같은 일련의 계기를 통해 발생했다.

먼저, 부마항쟁이 발생하게 된 직접적인 원인은 1979년 5월 30일 유신독재에 대해 선명투쟁의 노선을 내세운 김영삼이 신민당 전당대회에서 총재에 당선된 것으로부터 비롯되었다. 김영삼은 총재에 당선된 직후부터 민주회복을 위해 유신헌법의 폐지를 주장하는 한편 남북관계 개선을 위해서라면 김일성과 면담할 용의도 있음을 밝히는 등, 박정희 정권에 대한 정면 비판에 나섰다. 여기에 더해 6월 29일 방한한 카터 미국 대통령은 박정희 정권의 인권침해를 강도 높게 비판했다.

박정희 독재정권이 안팎으로 도전에 직면해 있던 이 같은 상황에서 8월 9~11일 YH무역 여성 노동자 187명이 회사 운영의 정상화와 근로자의 생존권 보장을 요구하며 신민당사에서 농성을 벌이는 사건이 발생했다. 그러나 노동자들의 항의가 선명투쟁을 내세운 야당 정치권과 연계되는 것을 우려한 박정희 정권은 초강경 태도로 대응했다. 11일 새벽 1천여 명의 경찰을 신민당사에 투입해 농성 노동자들을 강제 해산시키는 한편, 이를 저지하는 신민당 의원과 취재기자들을 무차별 폭행했던 것이다. 그 과정에서 농성 노동자 김경숙이 추락 사망했다.

YH사건에 대한 박정희 정권의 강경 대응은 독재권력의 폭력성을 적나라하게 드러냈다는 점에서 많은 사람들의 분노를 야기시켰다. 그러나 YH사건을 계기로 드러난 박정희 정권의 폭력성은 여기에 그치지 않았다. 유신독재를 강도 높게 비판한 김영삼 총재에 대해 법원으로 하여금 직무정지 가처분 신청을 받아들이게 만들었기 때문이다. 심지어 박정희 정권은 한국의 민주화를 위해 미국의 영향력 행사를 요구했던 김영삼의 『뉴욕

YH무역 여성 노동자들의 강제 해산과 김경숙의 사망을 보도한 신문기사

1979년 8월 11일 새벽 박정희 정권은 회사 폐업조치에 항의하여 신민당사에서 농성 중인 가발제조업체 YH무역 여성 노동자들을 강제 해산시켰는데, 이 과정에서 김경숙 노동자가 추락 사망하는 사건이 발생했다. YH사건은 박정희 정권의 폭력성을 적나라하게 드러냈으며, 이를 계기로 반유신운동은 부마항쟁으로 확대되었다. 박정희는 부마항쟁을 진압하려다가 1979년 10월 26일 궁정동 만찬에서 중앙정보부장 김재규의 총에 맞아 사망했다.

타임스』 기자회견 내용을 이유로 10월 4일 그의 국회의원직을 박탈했다. 결국 1979년 하반기에 들어 전개되었던 이상과 같은 일련의 계기들은 김영삼의 지역 기반인 부산과 마산에서 대규모 시위, 즉 부마항쟁이 발생하는 결과로 이어지지 않을 수 없었다.

그런 점에서 부마항쟁은 김영삼의 신민당 총재 당선을 계기로 박정희 정권이 선명 야당과 정면으로 대치할 수밖에 없었고, 또 그 과정에서 발생한 YH사건을 계기로 박정희 정권이 김영삼 야당 총재에 대해 극단적인 탄압을 가했을 때, 부산과 마산의 시민들이 이에 반발하여 일어난 사건이라 할 수 있다.

그러나 이는 부마항쟁이 발생하게 된 직접적인 계기와 원인을 설명해줄 뿐, 그 구조적인 배경을 설명해주는 것은 아니다. 부마항쟁 발발의 구조적인 배경은 유신독재에 대한 저항이 다시 거세지기 시작했던 1970년대 후반의 전반적인 상황에서 확인할 수 있다. 다시 말해, 1970년대 후반 들어 더욱 강화된 박정희 정권의 억압과 경제위기로 인한 누적된 불만은 일정한 계기가 주어질 경우 폭발할 수 있는 환경을 제공했던 것이다.

먼저, 정치적인 측면에서 1975년 5월 13일에 발표된 긴급조치 9호는 이후 상당 기간 민주화운동의 도전을 불가능하게 만들었다. 긴급조치 9호가 유신헌법의 부정·반대·왜곡·비방·개정 및 폐기의 주장이나 청원·선동 또는 이를 보도하는 일체의 행위를 금지하고 그 위반자는 영장 없이 체포할 수 있게 함으로써, 즉 유신헌법에 대한 일체의 비판을 금지시킴으로써 민주화운동을 크게 약화시켰기 때문이다.

그러나 1970년대 후반에 들어 민주화운동은 다시 강화되고, 사회운동

역시 그 모습을 분명하게 드러내고 있었다. 1977년 10월부터 다시 빈발한 학생 시위, 1970년대 후반에 전개된 동일방직 노동자 투쟁과 함평 고구마 사건 등을 통해 나타난 노동·농민운동이 그 대표적 사례였다. 이 같은 상황에서 재야세력은 1978년 7월 5일 '민주주의국민연합'을 결성하고, 1979년 3월 1일에는 이를 '민주주의와 민족통일을 위한 국민연합'으로 발전시켰다. 이에 반해 1970년대 후반 장기집권과 억압정책의 강화로 인해 박정희 정권에 대한 국민의 지지는 점차 약화되고 있었다. 1978년 12월 12일 치러진 제10대 국회의원 총선 결과 야당인 신민당의 득표율이 공화당보다 1.1% 앞선 것은 그것을 단적으로 보여주었다.

다음으로, 1970년대 말의 경제위기도 부마항쟁 발발의 한 배경을 제공했다. 박정희 정권은 유신체제 이후 1970년대에 중화학공업화를 집중적으로 추진했다. 그 결과 1970년대 말 과잉 중복투자의 문제가 야기되었고, 1979년 제2차 석유 파동의 영향과 더불어 외채 누증, 무역 적자, 기업 도산과 실업, 인플레 등의 경제위기가 초래되었다. 특히 이 같은 경제위기는 수출 지향적 경공업 도시인 부산과 수출자유공단인 마산에 심각한 영향을 미쳤는데, 그 영향은 이 지역의 기층민중으로 하여금 부마항쟁에 적극 참여하게 만들었던 것이다. 부마항쟁 과정에서 체포된 사람 중 다수가 노동자, 노점상, 샐러리맨이었음은 그러한 사실을 잘 보여준다.

이처럼 부마항쟁은 유신독재에 대한 아래로부터 누적된 불만과 민주화 압력이 일련의 계기를 통해 분출된 결과라고 할 수 있었다. 그러나 부마항쟁은 그것만으로 끝나지 않았다. 부마항쟁에 대한 대응책을 둘러싸고 독재권력 내부에서 분열이 야기되었기 때문이다. 권력 내부에서 부마항쟁에 대한 대응책을 놓고 강경 대응을 주장한 박정희 대통령 및 차지철 경호실장과 온건 대응을 주장한 김재규 중앙정보부장 간의 갈등이 그것이었다. 그리고 평소 차지철의 전횡에 마뜩지 않았던 김재규의 불만이 더해져 더욱 증폭된 그 갈등은, 마침내 김재규 중앙정보부장이 박정희 대통령을 총격 사살하는 사태로 이어졌던 것이다. 궁정동 중앙정보부 안가에서 김재규가 쏜 총에 박정희와 차지철이 사망한 10·26사태가 바로 그것이었다. 이로써 1961년 5·16군사쿠데타 이후 18년간 지속된 박정희 독재정권은 비극적인 종말을 맞았다.

그러나 박정희 사망의 10·26사태는 역설적이게도 권위주의 체제에서 민주주의 체제로의 이행, 즉 민주화의 길을 열었다. 이에 따라 많은 사람들은 민주화의 기대에 부풀지 않을 수 없었다. 그렇지만 10·26사태에서 붕괴된 것은 유신체제의 권력구조 전체가 아니었다. 붕괴된 것은 고도로 집중화된 그 구조의 최상층부였을 뿐이다. 따라서 1979~1980년 시기의 민주화 과정은 한편으로는 민주화의 기대가 분출하면서도, 다른 한편으로는 유신 잔존세력의 생존 기도가 공존한 유동적인 상황에서 전개될 수밖에 없었다.

12·12군사반란과 신군부 세력의 등장

10·26사태 직후 박정희 사망의 비상 상황에서 가장 먼저 해결할 문제는 권력 공백의 과도기적 상황을 누가 관리하고 주도할 것인가였다. 이 과도

기적 상황의 관리자가 이후 민주화의 과정을 주도할 가능성이 높다는 점에서 그것은 미묘하면서도 매우 중요한 문제였다. 이와 관련하여 11월 10일 최규하 대통령 권한 대행은 기존의 유신헌법 규정에 따라 과도적인 대통령을 선출하고, 이렇게 선출된 대통령이 임기 중 빠른 시일 내에 헌법 개정을 추진하게 될 것이라고 발표했다. 그러나 비상계엄의 상황에도 불구하고 11월 24일 YWCA위장결혼식에 모인 재야세력은 기존의 통일주체국민회의에 의한 대통령 선출을 반대하는 한편 거국민주내각 구성을 촉구했다. 재야세력의 이 같은 요구에 대해 계엄사는 강력한 탄압으로 대응했다.

한편 권력 공백의 과도기적 상황에서 현실적으로 무엇보다 중요한 것은 군부의 태도였다. 강력한 물리력을 가진 군부의 태도에 따라 민주화의 향배가 좌우될 수 있기 때문이다. 그런 점에서 민주화의 성공에 절대적으로 중요한 것은 군부의 정치적 불개입과 중립의 태도였다. 이와 관련하여 정승화 계엄사령관은 10·26사태 직후 민간정부 지지의 태도를 표명했으나 그것은 오래가지 못했다. 12월 12일 전두환 보안사령관을 비롯한 군내의 강경파가 하극상의 군사반란을 감행하여 정승화 계엄사령관을 체포하고 군을 장악하기에 이르렀기 때문이다.

10·26사태가 발생한 지 두 달도 채 되지 않은 시점에서 하극상의 군사반란이 성공했다는 사실은 이후 그것이 민주화 과정에 장애물이 될 수 있다는 점에서 매우 우려할만한 사태였다. 그렇다면 12·12군사반란을 성공시킨 강경파 세력, 즉 박정희 군사정권에 뒤이어 새롭게 등장한 신군부 세력은 누구였나? 신군부 세력의 뿌리는 4년제 정규 육사의 첫 졸업생인 육사

11기의 영남 출신 장교들, 즉 전두환·노태우·최성택·백운택 등으로 구성된 '오성회'라는 군 내부 사조직에 기원을 두고 있었다. 매 기수마다 후배 장교들뿐만 아니라 선배 장교들도 영입했던 그 모임은 이후 '하나회'로 발전했고, 1970년대 초에는 200~300명가량의 회원을 확보한 군 내의 최대 사조직으로 성장했다. 하나회가 성장하게 된 배경에는 박정희의 후원이 있었는데, 이는 박정희가 영남 출신 장교들을 자신의 친위세력으로 양성하고자 했기 때문이다.

사실 하나회는 1973년 4월 '윤필용 사건'[1]으로 인해 공식적으로는 해체되었다. 그러나 그것은 외형적인 해체였을 뿐, 하나회 인맥은 그 이후에도 군의 핵심 보직을 독차지하며 그 영향력을 계속 유지하고 있었다. 이처럼 군 내부의 사조직으로 성장해온 하나회의 인맥은 다음과 같은 특징을 지니고 있었다. 첫째, 그들은 특전사, 수경사, 경호실, 보안사 등 군 내 핵심 기구의 주요 보직을 독차지했다. 그런 점에서 그들은 군 내부의 특권층이었다. 둘째, 그들은 박정희 대통령의 친위세력적 성격을 지니고 있었다. 그것은 그들이 사실상 대통령에 대한 군부쿠데타를 예방하는 역할을 수행하고 있었기 때문이다.

그런 점에서 하나회는 영남이라는 특정지역을 배경으로 형성된 군의 특권적 정치장교 집단이자 인맥이었다. 10·26사태가 어느 누구도 예기치 못한 갑작스러운 사태였다는 점에서, 그들이 일으킨 군사반란이 오래전부

---

1 1973년 4월 28일 박정희 정권은 당시 수도경비사령관인 윤필용 소장을 '독직 및 군내 사조직 결성' 등의 혐의로 구속했다. 그러나 이는 겉으로 밝힌 이유였을 뿐, 실은 박정희 정권이 군부의 실력자로 떠오른 윤필용을 제거하기 위한 것이었다.

〈표 1-1〉 하나회의 주요 인물과 12·12군사반란의 주도 인물

기수	하나회의 주요 인물	경복궁 군사반란 지휘부
11기 이전	(고문, 후견인 그룹) 윤필용, 박종규, 서종철, 진종채, 차규헌, 유학성, 황영시	차규헌: 수도군단장 유학성: 국방부 군수차관보 황영시: 제1군단장
11기	전두환, 노태우, 백운택, 정호용, 최성택, 손영길, 김복동, 권익현, 안교덕 등	전두환: 보안사령관 및 합동수사본부장 노태우: 9사단장 백운택: 71방위사단장
12기	박희도, 박세직, 박준병, 정동철 등	박희도: 1공수여단장 박준병: 20사단장 장기오: 5공수여단장
13기	최세창, 정동호 등	최세창: 3공수여단장
14기	이춘구, 배명국, 박정기, 안무혁, 우경윤 등	
15기	고명승 등	
16기	장세동, 정순덕 등	장세동: 수경사 30경비단장
17기	허화평, 허삼수, 김진영, 안현태, 이형우, 성환옥, 김용갑 등	김진영: 수경사 33경비단장
18기	이학봉 등	이학봉: 보안사 대공처장 겸 합동수사본부 수사국장

자료: 정해구, 「군 작전의 전개과정」, 광주광역시 5·18사료편찬위원회 편, 『5·18민중항쟁사』, 도서출판 고령, 2001, 259쪽.

터 계획되었던 것이라고는 볼 수 없다. 오히려 하나회의 강력한 후원자였던 박정희가 사망하고 군 내의 권력 중심에서 그들이 배제될 가능성이 높아짐에 따라, 그들은 군 내 온건파를 제거하는 군사반란에 나서게 되었던 것이다. 10·26사태 이후 그 준비 기간이 짧았음에도 불구하고 그들이 단기간에 쿠데타를 성사시킬 수 있었던 것은 하나회를 통해 오랫동안 다져진 그들의 인맥이 있었기 때문이다.[2]

비록 아직은 군 내부의 반란에 그쳤지만, 박정희를 추종하는 신군부 세력이 하극상의 12·12군사반란을 성공시킨 것은 이후 전개될 민주화의 앞날에 암운을 드리우는 것이었다. 민간 차원에서 민주화의 일정이 순조롭게 진행된다고 하더라도, 신군부의 강경파가 장악한 군부의 정치개입과 쿠데타 의도는 민주화의 희망을 좌절시킬 가능성이 컸기 때문이다. 그러나 당시에 민간 정치권에서는 신군부의 정치개입을 예상하지 못했다. 민주화에 대한 국민적 기대가 매우 큰 상황에서 신군부도 쉽게 쿠데타에 나서지는 못할 것이라 여겼기 때문이다. 아니, 어쩌면 민간 정치인들은 그러한 사태의 가능성을 애써 무시하려 했는지도 모른다.

'서울의 봄' 시기 민주화 과정의 전개

신군부 세력이 12·12군사반란을 일으켰음에도 불구하고, 18년간에 걸친 박정희 장기집권의 어두운 터널에서 막 벗어난 당시의 상황에서 민주화의 추세는 거역하기 힘든 것이었다. 물론 신군부에 의한 민주화 거부의 사태가 우려되지 않았던 것은 아니다. 그렇지만 신군부는 처음부터 민주화에 대한 거부 태도를 공공연히 드러내지는 않았다. 오히려 그들은 정치갈등과 사회 혼란이 격화됨으로써 쿠데타의 분위기가 무르익기를 기다리고자 했다. 따라서 신군부가 군을 장악한 불안스러운 상황이 존재했지만, 민주화에 대한 기대 속에서 1980년 '서울의 봄'[2]은 시작되었다.

'서울의 봄' 시기에 정국 주도권 장악을 둘러싼 경쟁과 갈등은 다음과 같은 세력들을 중심으로 이루어졌다. 먼저, 통일주체국민회의를 통해 선출된 최규하 정부 세력이 그 하나였다. 주로 유신체제의 정부 인사들로 구성된 그들은 마지못해 민주화를 수용하면서도 민주화가 자신의 기득권을 손상시키는 것을 원치 않았다. 따라서 그들은 정부 주도의 개헌 추진을 통해 민주화의 수준과 속도를 통제하고자 했다. 다음으로, 유신체제하에서 정부 여당의 지위를 갖고 있는 공화당 세력이 있었다. 그러나 이제 박정희가 없는 상황에서 그들은 독자 생존을 도모하지 않을 수 없었다. 그들은 김종필 중심으로 공화당 내부를 개편하여 민주화 과정의 대통령 선거에 참여하고자 했다.

최규하 정부 세력과 김종필 중심의 공화당 세력이 박정희 정권의 범여권적 세력이었다면, 그 반대편에는 민주 야당으로서 신민당과 민주화 추진의 주도 세력으로서 재야세력이 있었다. 김영삼은 주로 전자를, 김대중은 주로 후자를 대표했다. 물론 '서울의 봄' 시기 민주화의 과정에서 민주화를 성공적으로 이끌기 위해서는 김영삼과 김대중 양 김씨의 협력은 매우 절실했다. 그러나 정치적 경쟁자였던 양 김씨는 민주화의 과정에서 대권 경쟁을 벌여야 하는 위치에 있기도 했다. 이 같은 정치세력 외에 학생운동 세력과 노동운동 세력도 있었다. 물론 그들은 정치세력이 아니었다. 그렇지만 민주화의 과정에 강력한 영향을 미칠 수 있는 사회집단이었다.

2 1979년 10·26사태 이후 1980년 전두환이 이끄는 신군부에 의한 5·17군사쿠데타가 일어나기 전까지 민주화의 기대 속에서 전개되었던 민주화의 과정을 1968년 체코슬로바키아의 '프라하의 봄'에 비유하여 '서울의 봄'이라 일컫는다.

이상과 같은 세력들의 경쟁과 각축 속에서 1980년 '서울의 봄'은 개헌문제로부터 시작되었다. 우선 유신헌법에 따라 통일주체국민회의를 통해 과도기의 임시 대통령으로 선출된 최규하는 약 1년 정도의 개헌 일정을 제시하는 한편, 정부 주도의 개헌 추진 의사를 밝혔다. 그리고 이를 위해 법제처에 헌법연구반을 설치하여 개헌을 위한 구체적인 준비에 나섰다. 이후 그 내용은 전면 공개된 바 없지만, 대통령제와 내각책임제를 절충한 이원집정부제 형태인 것으로 알려졌다. 3월 13일 최규하 정부는 대통령 직속의 자문기구로서 각계 68명의 위원으로 구성된 헌법개정심의위원회를 설치했다.[3]

최규하 정부 주도의 이러한 개헌 시도에 맞서 정치권에서도 그들 중심의 개헌 준비에 나섰고, 이를 위해 국회 내에 헌법개정심의특별위원회를 설치했다. 정부와는 달리, 정치권의 각 당에서 추진된 개헌의 내용은 대체적으로 대통령 임기 4년에 중임을 허용하는 대통령중심제를 근간으로 하고 있었다. 그러나 정부와 국회의 양 축으로 추진된 개헌문제는 1980년 4월 이후 더 이상 진전되지 못했다. 신군부 세력의 영향력이 점차 증대되어 민주화 자체가 위협받는 상황에서 개헌 논의가 더 이상 진전되기는 어려웠기 때문이다.

개헌 논의가 전개되는 동안 정치권의 움직임도 활발해지고, 대통령 선거를 앞둔 경쟁과 갈등도 점차 가열되었다. 먼저, 공화당은 유신체제 당시의 여당에서 김종필 중심의 정당으로 그 변신을 시도했다. 그러나 그 과정에서 공화당은 내부 정풍파 의원들의 정풍운동에 직면했다. 한편 공화당은 통일주체국민회의 대의원, 유정회 국회의원, 전직 장관, 김종필 총재와 불편한 관계에 있는 대구·경북 출신의 공화당 의원, 최규하 정부의 각료 등을 중심으로 친여적 성격의 신당 창당이 추진되고 있다는 소문에도 시달렸다.

민주화 세력의 내부에서도 앞으로 다가올 대통령 선거를 염두에 두고 신민당의 김영삼 총재와 재야세력을 기반으로 한 김대중 사이에 경쟁과 갈등이 심화되었다. 박정희 사망 이후 신민당 총재로 복귀한 김영삼과 연금 해제와 복권을 통해 정치활동을 재개한 김대중 간에 김대중의 신민당 입당을 둘러싼 협상이 전개되었지만, 4월 들어 양 김씨의 협상은 결렬되었기 때문이다. 결국 김대중은 신민당 입당을 포기했다.

양 김씨의 협상이 결렬된 원인은 향후 대권 경쟁에서 신민당의 유리한 기반을 활용하고자 했던 김영삼과, 이에 불리함을 느끼고 신민당과 재야의 연합적 기반 위에서 대통령 후보로 나서고자 했던 김대중의 입장이 합의되기 어려웠기 때문이다. 민주화가 제대로 진전되기도 전에 야기된 양 김씨의 분열은 신군부 세력의 12·12군사반란을 과소평가한 것으로서 과도한 낙관론에 근거한 것이었다. 그러나 과도한 낙관론에 근거한 양 김씨의 분열은 매우 성급한 것이었을 뿐만 아니라 당시의 상황을 오판한 것이기도 했다.

한편 박정희 사망 후 내려진 비상계엄에도 불구하고 '서울의 봄' 시기에 학생운동은 급속히 확산되었는데, 3월 신학기 개학과 동시에 그것은 학원자율화운동 또는 학원민주화운동으로 시작되었다. 먼저, 학생운동은 총학생회 부활을 통해 유신체제하의 학도호국단을 대체하고자 했다. 이에 따라 서울대는 4월 3일 학도호국단 관련 학칙의 삭제를 결정했다. 다음으로,

학생운동은 학내 언론자유, 어용교수 퇴진, 족벌재단의 비리 척결 등을 요구했다.

그 결과 그동안 누적되어온 학내문제들이 한꺼번에 분출되었다. 당시 문교부의 통계에 따르면, 4월 18일 현재 21개교에서 총학장 퇴진을 요구했고, 24개교에서 어용·폭력·무능교수 퇴진을 요구했으며, 12개교에서 이사장 퇴진 요구 및 재단에 대한 비판이 이루어졌다. 또한 11개교에서 시설 확충, 20개교에서 학생회 부활 및 학내 언론자유 등 학내 자율화를 요구했다. 그뿐만 아니라 12개교에서 총학장실이 점거되었고, 24개교에서 철야농성이 이루어졌으며, 4개교에서 총학장 사퇴가 요구되었다. 10개교에서는 총학장이 사의를 표명했다. 이 밖에도 19개 교에서 휴강이 발생했으며, 9개교에서 교수결의문을 채택했다.[4)]

4월 들어 학생운동은 학내문제를 넘어 점차 병영집체훈련 거부투쟁으로 이어졌다. 1976년부터 실시해온 병영집체훈련은 재학 중 10일 동안 전방에 입소하여 군사훈련을 받는 것으로, 박정희 정권이 대학의 교련교육을 강화하기 위한 조치의 일환이었다. 그러나 각 대학의 학생들이 매년 4~5월에 각 대학별로 실시되었던 병영집체훈련을 정면 거부하고 나섬으로써 병영집체훈련 거부투쟁은 학생운동의 새로운 쟁점으로 떠올랐다. 학생운동의 이 같은 확산 속에서 4월 24일 서울 시내 14개 대학의 교수 361명도 학원민주화성명을 발표하고, 학원 내 족벌체제의 타파와 대학의 군사교육제도 개선을 요구했다.

학생운동과 더불어 '서울의 봄' 시기 노동자들의 투쟁도 가열되었다. 그리하여 임금인상을 앞두고 분출하기 시작한 3월의 노동운동은 해태제

과와 청계피복 노조 등의 투쟁을 거쳐 4월에는 사북항쟁으로까지 이어졌다. 국내 최대의 민영탄광인 강원도 정선군 동원탄좌 사북영업소에서 발생한 사북항쟁은 어용노조 지부장의 사퇴와 임금인상을 요구하는 항의농성에서 시작되었다. 그러나 진압경찰과 충돌하면서 더욱 확대된 사북항쟁에는 3천여 명의 광부 및 그 가족들이 대거 시위에 참여하고, 급기야 경찰을 몰아내고 사북일대를 장악하는 유혈사태로까지 이어졌다.[5] 4월 21일부터 24일까지 나흘 동안 전개된 사북항쟁은 24일 회사 측과 광부 대표들 간의 합의를 통해 일단 매듭지어질 수 있었다.

그러나 사북항쟁 이후 노사분규는 더욱 확산되었다. 그 결과 사북항쟁 직후인 4월 25~30일 사이에는 동국제강 노동자 투쟁을 비롯하여 90건의 노사분규가 발생했고, 5월 들어 그것은 전국으로 확산되었다. 그 결과 '서울의 봄' 시기 전개된 노동자 투쟁은 신군부 세력에 의한 5·17군사쿠데타가 일어나기 직전까지 897건의 노동쟁의와 쟁의 참가 총인원이 20만 명에 달하는 폭발적인 모습을 보여주었다.[6] 그러나 당시 분출된 노동운동은 생존권 투쟁에 머물렀을 뿐, 정치투쟁으로까지 이어지지는 못했다.

쿠데타의 준비, '충정훈련'과 'K-공작계획'

12·12사태가 박정희의 친위세력인 신군부 세력에 의한 군 내부 하극상의 군사반란이었음에도 불구하고, 정작 신군부 세력은 '서울의 봄' 초기에 민간정부에 대한 쿠데타 의도를 겉으로 드러내지 않았다. 그것은 그때의

시점에서 많은 국민이 기대해 마지않았던 민주화의 요구에 거슬러 당장 쿠데타를 감행할 준비가 이루어지지 않았기 때문이다. 그러나 12·12사태 이후 그들이 쿠데타 준비를 소홀히 했던 것은 아니다. 오히려 비밀리에 치밀하게 준비해가고 있었다.

신군부 세력의 쿠데타 준비는 '충정훈련'이라 불린 시위 진압훈련을 통해 이루어졌다. 여기에서 충정훈련이란 학생이나 대중 시위가 경찰 통제의 수준을 넘어 격화되었을 때 군을 투입하여 이를 진압하는 훈련이었다. 1980년 2월 18일 육군본부는 충정부대 및 후방 주요 부대에 충정훈련 실시의 지시를 내렸다. 이 지시에 따라 특전부대에서부터 대도시 부근에 주둔한 일반 부대에 이르기까지 대규모의 군이 이에 참여했다. 그리고 3월 4일부터는 충정훈련의 실효성을 확인하기 위해 사흘간에 걸쳐 도상훈련(CPX)과 실전훈련(FTX)이 실시되었다.

이어 3월 6일에는 노태우 소장이 사령관으로 있는 수도경비사령부에서 제1차 충정회의가 개최되었다. 2박 3일에 걸쳐 개최된 이 회의에는 정호용 특전사령관과 1·3·5·9특전여단장, 20·30·26사단장 그리고 치안본부장, 시경국장, 해당관서 경비과장과 수도기계화 사단장이 참석했다. 그들은 이 회의에서 다음과 같은 결론을 내렸다.

① 개강 후 부분적인 저항운동은 예상되나 대규모 학생운동을 주도하는 핵심 요원은 역사적·정치적·사회적·교육적 배경 등에서 부정적 요소에만 집착된 이상주의적 맹목 저항세력임.

② 대다수 선량한 학생의 선도와 보호조치는 요망되나, 문제 학생과

교수는 강경대책으로 사회로부터의 격리가 요망됨.
③ 군의 투입을 요하는 사태 발생시 강경한 응징조치가 요망됨.

이상과 같은 충정훈련의 실시는 비상계엄에도 불구하고 개학과 함께 분출될 가능성이 큰 학생 시위에 대비하기 위한 것이었다. 그러나 당시 실시되었던 충정훈련은 그 규모나 강도에서 단순한 시위 진압훈련을 넘어서고 있었다. 당시 충정훈련에는 대다수 특전부대가 참여했는데, 비정규 특수전을 수행하는 최정예의 특전부대가 충정훈련에 대거 참여한 사실은 그것이 통상적인 시위 진압훈련을 넘어섰음을 보여주고 있었다. 더구나 특전부대원들은 2월부터 정규교육조차 중단한 채 충정훈련에만 매진해왔던 터였다.

> "80년 2월부터 모든 교육훈련은 거의 포기한 채 오로지 충정훈련에만 여념이 없더군요. 대대정문에 한 개 지역대(특전사의 조직체. 지휘관은 고참 대위나 소령. 병력은 14/100명 정도)는 폭도로, 또 한 개 지역대는 방어하는 부대원으로 갈라 쌍방 간 밀고 밀리는 교육훈련을 수없이 하였다오."
> ― 윤재걸, 「내가 보낸 화려한 휴가: 광주항쟁 당시 투입되었던 한 공수대원의 수기」, 1988.

충정훈련은 신군부 세력의 주도로 이루어졌는데, 당시 특전사령관이었던 정호용이나 수경사령관이었던 노태우는 신군부의 핵심적인 인물이었다. 그런 점에서 신군부를 중심으로, 특히 대다수의 특전부대까지 동원된 가운데 실시된 충정훈련은 외견상으로는 시위 진압을 위한 것이었지만,

그 내막은 향후 신군부의 쿠데타를 염두에 둔 군사동원 훈련이었다. 더구나 한미연합사의 직접적인 작전통제권에서 벗어나 있는 특전부대는 신군부 세력이 쿠데타를 감행할 경우 가장 손쉽게 동원할 수 있는 최상의 부대였다.

충정훈련이 신군부 세력의 쿠데타 과정에서 민주화 시위를 제압하기 위한 준비였다면, 'K-공작계획'은 신군부의 권력 장악을 위한 언론대책 공작이었다. 그들은 이미 2월부터 보안사에 정보처를 부활시켜 민간정보를 수집해왔으며, 3월에는 정보처 산하에 언론대책반을 두고 'K-공작계획'을 수립했다. king의 첫 글자를 따 'K-공작계획'이라 작명된 이 계획은 그 목적을 "단결된 군부의 기반을 주축으로 지속적인 국력 신장을 위한 안정세력을 구축함"에 두었다. 그리고 이를 위해 언론계 간부들의 성향을 분석하여 협조 가능한 사람들을 포섭하려 했는데, 7대 중앙일간지와 5대 방송사 그리고 2대 통신사의 사장, 주필, 논설위원, 편집·보도국과 부국장, 정치부장과 차장, 사회부장 94명이 그 일차적인 회유 대상이었다.[7]

사실 12·12군사반란을 통해 군 권력을 장악했을지라도 신군부 세력은 민주화를 원하는 국민의 기대로 인해 민간정부에 대한 쿠데타의 명분을 가질 수 없었다. 따라서 그들에게 무엇보다 필요한 것은 민주화를 저지할 수 있는 쿠데타의 명분이었다. 비상계엄하에서 언론에 대한 통제권을 가진 신군부가 'K-공작계획'을 통해 얻고자 했던 것은 바로 그 점이었다. 즉 그들은 학생운동과 노동운동의 확대를 사회혼란으로 몰아붙이고, 민주화 과정의 3김씨 활동과 경쟁에 대해서는 대권 장악을 위한 추악한 파벌 싸움으로 국민들에게 인식시키고자 했다. 심지어 민주화 과정을 사회혼란으로 오도하기 위해 민간 정치인들의 갈등과 민주화 시위를 오히려 방치하는 경향도 없지 않았다.

학내 민주화운동을 중심으로 전개되던 학생운동이 병영집체훈련 거부투쟁으로 확산될 무렵인 4월 14일, 최규하 대통령은 공석 중인 중앙정보부장 서리에 전두환 보안사령관을 겸임 발령했다. 그러나 이는 단순한 인사가 아니었다. 민간과 군 양측의 정보기관을 장악한 군부의 실력자로서 전두환이 권력의 핵심으로 부상하는 계기이자 신군부의 정치개입 의사를 공공연히 드러내는 계기였기 때문이다.

군부의 실력자로서 전두환이 이같이 전면에 등장함에 따라 비교적 낙관적인 분위기 속에서 전개된 민주화 과정은 갑작스럽게 위기에 직면했다. 군부쿠데타에 의해 민주화 과정이 중단될 가능성이 높아졌던 것이다. 이에 대해 당시 주한 미국 대사였던 글라이스틴은 자신의 회고록에서 이렇게 말했다.

"최 대통령의 굴복은 전두환으로 하여금 무소불위의 막강한 권력기관 장악을 통해 민간 부분으로 진출할 수 있는 길을 열어준 것이었다. 내가 보기에 전국적으로 긴장이 고조되고 4주 후인 5월 중순 드디어 폭발하게 만든 가장 중요한 원인은 그런 갑작스럽고 무분별한 조치 때문이었다."[8]

갈림길에 선 민주화

1980년 '서울의 봄' 시기, 민주화의 열기가 점차 고조되면서 민주화의 압력도 더욱 강화되었다. 그것은 민주화에 대한 낙관적인 기대 속에서 매우 자연스러운 상황의 발전이었다. 그러나 민주화의 열기가 고조되던 4월을 거쳐 5월로 들어서면서 상황은 갑작스럽게 변화했다. 4월 14일 전두환 보안사령관이 중앙정보부장 서리를 겸임함으로써 그동안 드러나지 않았던 신군부 세력의 정치개입 의사가 노골화되었기 때문이다. 이 같은 상황에서 민주화운동은 투명하고도 조속한 민주화 일정을 밝힐 것과 계엄령 해제를 요구함으로써 이에 맞섰다.

먼저, 학내 민주화운동을 거쳐 병영집체훈련 거부투쟁을 전개했던 학생운동은 5월 초 학생들의 안보의식이 결여되었다는 비판에 대응하여 일단 병영집체훈련에 응하기로 결정했다. 대신, 민주화를 위한 본격적인 정치투쟁에 나서기로 했다. 이에 5월 2일 1만여 명이 참여한 가운데 개최된 서울대 민주화대총회에서는 계엄령 해제를 요구했고, 이를 전후하여 전국의 각 대학에서도 계엄령 해제, 이원집정부제 반대, 민주화 일정 단축 등을 요구하는 시위가 잇달았다. 그러나 5월 초의 상황에서 그것은 아직 교내 시위에 머무르고 있었다.

다음으로, 학생 시위의 격화와 더불어 사북사태에 뒤이은 5월의 노동운동도 금속노조 산하 조합원들의 투쟁, 한국노총의 '노동기본권 확보를 위한 전국 궐기대회' 등 급속히 확산되었다. 이처럼 대학가의 시위가 격렬해지고 노사분규가 확산되는 가운데 정치권의 움직임도 더욱 빨라졌다. 5월 9일 김영삼 총재와 김대중은 각각 기자회견을 통해 계엄령 해제, 임시국회 즉각 소집, 정부의 개헌 작업 중지를 요구했다. 12일에는 여당과 야당이 20일 임시국회 소집에 합의했는데, 이는 최근의 학원사태와 노사문제, 계엄령 문제, 민주화 정치일정 문제 등을 다루기 위해서였다.

　5월 들어 전개된 이 같은 사태의 발전 과정에서 민주화 요구의 초점은 한층 분명해졌다. 군부의 정치적 영향력 행사를 가능케 한 계엄령을 즉각 해제하는 것과 함께, 최규하 정부에 의해 불투명하게 추진되고 있는 민주화 일정을 앞당겨 이를 분명히 하라는 것이 그것이었다. 따라서 이러한 민주화 요구의 압력에 직면하여 최규하 정부는 더 이상 민주화 일정을 늦추기 어려워졌다. 쿠데타를 도모하고 있던 신군부 세력 역시 그들의 행동을 더 이상 지체하기 힘들어졌다.

　민주화의 압력이 이같이 계속해서 증대하는 가운데, 민주화 요구의 최종적 압력은 13일 이후 전국적으로 전개된 대규모의 학생 시위로 나타났다. 대학생들은 그동안 자제했던 가두투쟁을 본격화하기 시작했는데, 그 출발은 13일 밤 세종로 일대에서 감행한 연세대 등 6개 대학 2,500여 명의 시위를 통해 이루어졌다. 물론 일부 대학을 중심으로 평화적인 교내 시위를 하자는 주장도 없지 않았다. 그러나 가두투쟁의 흐름은 이제 더 이상 거부하기 어려운 흐름이 되었다. 13일 저녁 고려대에 모인 서울·경인 지역 27개 대학의 총학생회장단은 14일부터 전면 가두투쟁에 돌입할 것을 결정했다.

　14일 계엄령 철폐를 요구하는 대학생들의 시위가 전국 곳곳에서 격렬하게 전개되었다. 이날 서울에서는 21개 대학의 7만여 명의 대학생들이, 지방에서는 10개 도시 11개 대학의 3만여 명의 대학생들이 시위에 참여했다. 시위는 매우 격렬한 양상을 보였는데, 전국에서 경찰과 학생 등 총 286명이 부상하고, 버스 2대가 파손되었으며, 경찰버스 1대가 전소되고,

좌절된 '서울의 봄'

박정희가 사망하자, 박정희를 추종하는 하나회 소속의 군부가 12·12군사반란을 일으켜 권력을 장악하고 민주화 요구를 억압했다. '서울의 봄' 시기 민주화를 요구하는 학생운동과 노동운동은 급속히 확산되어 5월 15일에 10만여 명이 참여하는 서울역 시위로 절정에 이르렀으나, 이후 군부대의 개입을 염려하여 가두시위의 철수를 결정했다. 반면 신군부 세력은 12·12군사반란 이후 이미 '충정훈련'과 'K-공작계획'을 통해 암암리에 쿠데타 준비를 해왔다. 사진은 1980년 5월 15일 서울역 앞 광장을 가득 메운 대학생들의 시위 모습이다.

파출소 3군데가 파괴되었다. 이튿날 15일의 시위는 더욱 확대되었다. 서울역을 중심으로 35개 대학의 학생들이 참여한 서울의 시위는 그 참여자가 10만 명에 달했고, 서울역 주변 도로의 인원까지 포함하면 15만 명에 달했다. 같은 날 지방 24개 대학의 학생들이 주도한 시위에는 약 4만 명의 대학생들이 참여했다. 전날과 마찬가지로 이날도 시위가 격렬하게 전개되어, 전경 1명이 사망하고 113명이 부상당했으며, 대형 가스차 1대가 전소되고, 차량 7대가 파손되었다.[9]

그러나 15일 저녁, 서울·경인지역의 총학생회장단은 가두시위 철수를 결정했다. 이른바 '서울역 회군回軍'의 결정이었다. 그것은 군 병력의 이동 소식이 전해지는 가운데, 시민들의 호응이 부족한 상태에서 군이 투입될 경우 야기될 수 있는 유혈사태를 염려한 결과였다. 또한 그들은 대규모 시위를 통해 자신들의 의사가 충분히 전달되었을 것이라 생각해 일단 사태를 관망하고자 했다. 이후 5·17군사쿠데타에 앞서 학생운동 지도부의 그러한 선택이 과연 타당했는지에 대해서는 많은 논쟁이 야기되었다. 그러나 어쨌든, '서울역 회군' 결정으로 서울의 대규모 시위는 일단 중지되었다.[10]

한편 신군부 세력은 학생들이 가두시위를 시작한 5월 초부터 쿠데타를 위한 충정부대의 이동과 배치를 시작하고 있었다. 물론 16일 이후 광주 등 일부 지방을 제외하고 서울을 비롯한 대부분 지역의 학생 시위는 중단되었지만, 쿠데타를 감행하기로 한 신군부 세력은 충정부대의 이동과 배치를 중단시키지 않았다. 따라서 박정희의 사망과 더불어 시작된 '서울의 봄'의 민주화는 이제 신군부 세력의 쿠데타 기도 앞에서 그 생사의 갈림길

〈표 1-2〉 5·17군사쿠데타 직전 충정부대의 이동 및 배치 상황

일시	내용
5월 3일	• 9특전여단 수도군단 배속
5월 5일	• 육군참모총장이 국방부장관에게 해병 1사단의 1개 연대를 소요사태에 대한 진압부대로 사용할 수 있도록 건의
5월 6일	• 위 건의 승인 • 11, 13특전여단 이동 지시
5월 7일	• 13특전여단 거여동 배치, 11특전여단 김포 배치
5월 9일	• 육군참모총장이 국방부장관에게 해병 1사단 1개 연대의 추가 투입 건의 • 국방부장관이 위 건의 승인
5월 13일	• 경장갑차 차출(1군의 26대 수경사 배속, 3군의 24대 수도군단 배속)
5월 14일	• 소요사태 진압부대 투입 준비 지시 • 소요진압본부 개소 • 특전부대 이동을 위한 차량 245대 지원 • 2군 500엠디 헬기 5대 지원 • 3특전여단 12대대 국립묘지 배치 • 청와대 특정 경비지역 봉쇄 • 7개 방송국 경계 강화
5월 15일	• 20사단, 60연대와 포병단을 제외하고 잠실종합운동장과 효창운동장으로 이동
5월 16일	• 육군참모총장이 국방부장관에게 수도권 질서 유지를 위한 20사단 60연대와 포병단을 상용할 수 있도록 요청 • 한미연합사령관이 국방부장관에게 20사단 60연대와 포병단 사용 승인 • 국방부장관이 육군참모총장에게 20사단의 60연대와 포병단 사용 승인
5월 17일	• 20사단 60연대 태릉으로 이동

자료: 정상용 외, 『광주민중항쟁』, 돌베개, 1990, 139~140쪽 요약.

에 직면하지 않을 수 없었다. 〈표 1-2〉는 5월 들어 이루어졌던 충정부대의 이동 및 배치 상황이다.

02

5·18 광주민중항쟁

신군부 세력의 원래 의도는 쿠데타에 대한 광주의 저항을 초기에 분쇄하는 것이었다. 이를 위해 그들은 3개 여단의 공수부대를 광주에 투입했다. 그러나 역설적이게도 신군부 세력의 과잉진압은 그 만행에 분노한 광주 시민들의 시위를 항쟁으로 전화시켰다. 그리고 그 항쟁은 마침내 계엄군의 시위 진압을 실패로 돌아가게 만들었다.

5·17군사쿠데타

1980년 5월 17일 11시 40분, 정부대변인 이규현 문화공보부장관은 17일 24시를 기해 비상계엄 선포지역을 제주도를 포함한 전국 일원으로 변경한다고 발표했다. "북괴의 동태와 전국적으로 확대된 소요사태 등을 감안할 때 전국 일원이 비상사태하에 있다고 판단됐기 때문"이라는 것이 그 이유였다. 비상계엄을 전국에 확대한다는 이유로 제시된 북한의 책동과 사회혼란은 18일 발표된 최규하 대통령의 특별성명에서도 반복되었다. "계속되는 사회혼란을 이용한 북한 공산집단의 대남 사회책동이 날로 격증되고 (…) 이 같은 중대한 시기에 일부 정치인, 학생 및 근로자들의 무책임한 경거망동은 이 사회를 혼란과 무질서, 선동과 파괴가 난무하는 무법지대로 만들고 있기" 때문에, 정부는 "국가를 보위하고 3,700만 명의 국민의 생존권을 수호하며 (…) 일대 단안을 내리지 않을 수 없다"는 것이었다.

그러나 당시 북한의 대남 책동이 중대했다는 징후는 없었다. 5월 들어 민주화 일정의 지체와 군부의 쿠데타 가능성에 대한 우려에 따라 학생 시위가 격화됐지만, 그것은 사회혼란이라기보다는 군부의 쿠데타를 우려한 민주화 압력의 강화라고 할 수 있었다. 그런 점에서 정부가 내세운 북한의 대남 책동과 사회혼란은 비상계엄 전국 확대의 진정한 이유가 될 수 없었다. 북한의 대남 책동이 날로 중대하는 상황에서 민주화운동 세력이 무책임하게 내부의 혼란을 가중시키고 있다는 주장은 신군부 세력의 쿠데타를 정당화하기 위한 주장일 뿐이었다. 박정희 정권이 독재의 정당화를 위해 수시로 그러했듯, 신군부 세력 또한 이 같은 구실로 비상계엄 전국 확대 속에서 5·17군사쿠데타를 감행하고 나선 것이다.

사실 신군부 세력은 앞에서 살펴본 바와 같이 12·12사태 이후 '충정훈련'과 'K-공작계획'을 통해 암암리에 쿠데타 준비를 해왔다. 그리고 민주화 압력이 급속히 확대되던 상황에서 그들은 5월 들어 쿠데타 강행의 본격적인 준비에 착수했다.

구체적으로, 신군부 세력은 "전두환의 지시에 따라 허화평, 허삼수, 이학봉, 권정달 등은 비상계엄의 전국 확대, 국회해산, 비상대책기구 구성 등을 골자로 하는 '시국수습방안'을 준비하고, 전두환, 노태우, 유학성, 황영시, 차규헌, 정호용 등은 이를 수시로 점검했다. 그리고 이희성, 주영복에게도 이를 설명하며 협조를 약속받은 상태였다. 이와 함께 이학봉 등은 예비검속 대상자, 권력형 부정축재를 이유로 재산을 몰수할 대상자, 정치활동을 금지할 대상자까지 미리 선정해놓고 있었다".[1] 이와 더불어 5월 초부터 소요사태 진압을 위해 특전여단을 중심으로 충정부대의 이동 배치에 착수했다. 14일 신군부 세력은 육군본부에 소요진압본부를 설치하고, 소요사태를 진압하기 위한 전국적인 군 투입 준비를 지시했다.

이상과 같은 쿠데타 준비에 바탕하여 신군부 세력은 17일 쿠데타 감행의 최종적인 절차를 진행했다. 그 첫 번째 절차는 전군 주요지휘관회의의 소집이었다. 이를 통해 그들은 자신들의 쿠데타에 대한 군 전체의 지지를 확보하는 한편, 그 지지를 이용하여 최규하 대통령을 압박하고자 했던 것이다. 그 결과 오전 10시 30분부터 오후 3시까지 개최된 전군 주요지휘관회의에서는 비상계엄의 전국 확대 문제와 정치풍토 쇄신 문제가 집중적으로 논의되었다. 회의 과정에서 일부 신중론도 없지 않았다. 그렇지만 회의를 지배했던 것은 국가보위의 신성한 의무를 가진 군이 이제 혼란을 방지하고 정치풍토를 쇄신하기 위해 결단을 내려야 한다는 신군부 세력의 계엄 확대 논리였다. 신군부 세력의 주도하에 진행된 이날의 회의 결과, 참석자 44명 전원은 신군부가 제시한 백지에 연명으로 서명했다.[2]

쿠데타 감행의 두 번째 절차는 쿠데타의 합법성을 주장하기 위해 최규하 정부로 하여금 이를 받아들이도록 하는 것이었다. 이를 위해 신군부 세력은 전군 주요지휘관회의의 결정으로 최규하 대통령을 압박했고, 그 결과 17일 저녁 비상국무회의의 개최가 결정되었다. 그리하여 이날 오후 9시 30분 중앙청에서 개최된 비상국무회의는 토론도 생략한 채 10분 만에 비상계엄 전국 확대안을 통과시켰다. 국무회의가 개최되는 동안 회의장 주변의 계단과 복도에는 군인들이 배치되었고, 외부로 통하는 전화선은 단절되었다. 17일 24시를 기한 비상계엄의 전국 확대 조치, 즉 사실상 5·17군사쿠데타의 감행은 17일 하루 동안 진행된 이 같은 절차의 최종적 결과였다.

신군부 세력에 의한 비상계엄의 전국적인 확대 조치에 따라 전국 31개 대학과 136개의 보안목표에 계엄군이 배치되었다. 이와 관련하여 주목할 것은 전국의 주요 대학에 특전부대들이 집중 배치되었다는 점이다. 그것은 대학이 군부의 쿠데타에 대한 저항 가능성이 가장 높다는 점, 그리고 특전부대는 혹 발생할지도 모를 대학에서의 저항을 분쇄하기 위한 중요한 수단이라는 점을 시사하고 있었다. 물론 예외가 없지는 않았다. 즉 영남지역에는 계엄군으로 해병 1사단이 배치되었는데, 그것은 부마항쟁 당시 투입되었던 특전부대에 대한 주민들의 부정적 인식을 고려했던 것으로 보인다.

비상계엄의 전국적인 확대 조치와 더불어 신군부 세력은 '권력형 부정축재 혐의자' 및 '사회불안 조성 및 학생 및 노조 소요의 배후조종 혐의자'로 26명을 연행했다. 전자로는 김종필, 이후락, 박종규, 김치열, 김진만, 오원철, 김종락, 장동운, 이세호 등의 기성 정치인 및 전직 고위관료들이 연행되었다. 후자로는 김대중을 비롯하여 문익환, 예춘호, 김동길, 인명진, 고은, 리영희 등이 연행되었는데, 이들은 이후 계엄사에 의해 '김대중 내란음모사건'[1]의 주모자로 내세워졌다.[3] 신군부 세력은 국회의 기능도 정지시켰는데, 20일 개원될 국회는 계엄령 해제를 결의할 예정이었다.

한편 계엄사령부는 김영삼 신민당 총재에 대해서 연금조치를 취했고, 운동권에 대해서는 대대적 검거를 실시했다.

신군부 세력의 과잉진압

비상계엄의 전국적인 확대 조치에 따라 계엄군이 전국적으로 배치되는 가운데, 호남과 광주지역에도 전북 14개교와 전남 20개교에 계엄군이 배치되었다. 특히 이 지역의 주요 대학에는 전북 금마 주둔의 7특전여단

---

1 계엄사령부가 김대중과 그 주변 인사들에게 내란음모 혐의를 씌워 군사재판에 회부한 사건. 이 사건으로 김대중은 계엄군법회의에서 사형선고를 받았고, 나머지 다수 관련자들은 중형을 선고받았다.

병력이 집중적으로 배치되었는데, 충남대에 배치된 32대대를 제외한 3개 대대의 병력이 바로 그들이었다. 즉 31대대가 전북대에, 33대대가 전남대에 그리고 그 일부가 광주교대에, 35대대가 조선대에 배치되었다. 그중 17일 자정 직후 광주에 도착한 33대대와 35대대는 새벽 2시경 각 대학을 완전 장악했다.

계엄군에 의해 광주의 각 대학들이 장악된 상황에서 18일 아침 9시경부터 전남대 교문 앞에서는 7여단의 계엄군과 학생들 사이에 충돌이 발생했다. 학생들의 학교 출입을 막는 계엄군과 이에 투석전으로 맞선 학생들 사이에 벌어진 충돌이었다. 그러나 무자비한 구타와 폭력을 행사하는 7여단의 계엄군들에게 학생들은 상대가 되지 않았다. 따라서 계엄군에게 일방적으로 밀릴 수밖에 없었던 학생들은 계엄군의 만행을 알리고자 광주 시내로 진출했다. 이후 학생들은 시민들의 동참과 호응을 받으며 시내 곳곳에서 진압경찰과 대치하면서 시위를 계속했다.

이처럼 광주에서는 신군부 세력의 비상계엄 확대, 즉 5·17군사쿠데타에 대한 저항이 일어나고 있었다. 그러나 서울을 비롯하여 다른 지역에서는 이에 대한 저항이 발생하지 않았다. 그렇다면 유독 광주에서만 저항이 발생했던 이유는 무엇인가? 먼저, 그 직접적인 원인은 18일 아침 전남대 교문 앞에서 발생했던 학생들과 계엄군의 충돌, 그리고 그 과정에서 7여단의 계엄군이 자행한 무자비한 진압 때문이었다. 계엄군의 무자비한 진압은 이에 분노한 학생들로 하여금 시내로 진출하게 만들었던 것이다. 다음으로, 전남대 학생들의 가두시위에 대해 광주 시민들은 매우 우호적인 태도를 보였는데, 여기에는 몇 가지 요인이 영향을 미쳤던 것으로 보인다.

5월 14~16일에 학생과 시민들이 함께 거행한 '민주화 성회'의 공동 경험[2]과, 특히 '김대중 석방'이라는 구호를 통해 알게 된 김대중의 구속 소식이 그것이었다.

그런데 유독 광주에서만 저항이 발생했다고 할지라도, 그 저항의 강도가 처음부터 특전부대 병력, 즉 공수부대를 투입하지 않으면 안 되는 정도였는지는 의문이다. 공수부대가 투입되기 이전의 시위는 그리 격렬하지 않았기 때문이다. 그런데도 신군부 세력은 18일 오후 광주 시위에 대한 초강경의 진압 의도를 보여주는 두 가지 조치를 취했다. 그 하나는 광주 시내의 시위 진압을 위해 7여단을 투입하기로 한 결정이다. 다른 하나는 17일 밤 서울 동국대에 진주하고 있던 11여단을 급히 광주로 다시 투입한다는 결정이다. 특히 이희성 계엄사령관이 내린 후자의 결정은 정호용 특전사령관을 통해 18일 오후 3시 30분경 동국대의 최웅 11여단장에게 전달되었다.

광주 시내에서 시위가 벌어지고는 있었지만 아직 대규모로 발전하지 않은 상황에서, 신군부 세력이 시위 진압을 위해 7여단에 더해 11여단까지 추가 투입하는 결정을 내린 이유는 무엇인가? 이와 관련하여 '사전계획설'[4]이나 '선별적 전략설'[5]이 거론되기도 한다. 그렇지만 그 결정은

---

2 5월 초부터 연일 교내 시위와 철야농성을 계속했던 전남대 학생들은 14일 오후 경찰의 저지를 뚫고 도청에 도착, 도청 앞 광장에서 '민주화 성회'를 개최한 바 있다. 이어 15일의 '민주화 성회'에는 전남대뿐만 아니라 조선대, 광주교대 학생들을 포함한 1만 6천 명의 학생과 시민들이 참여했다. 16일의 '민주화 성회'에는 광주의 9개 대학 학생들을 포함하여 3만 명이 모였다.

공수부대의 과잉진압
광주에서 발생한 시위가 확대될 가능성을 보이자, 신군부는 그 저항의 싹을 초기부터 자르기 위해 7여단 투입에 이어 서울 동국대에 배치한 11여단까지 광주에 긴급 투입했다. 5월 18일 오후 3시 30분쯤 광주에 투입된 7여단은 시위대에 참여한 젊은이들뿐만 아니라 나이 든 사람에게도 진압봉과 개머리판 등으로 무차별적인 폭력을 가했다. 신군부의 과잉진압은 광주 시민들의 분노를 불러일으켰고, 마침내 학생 시위를 민중항쟁으로 전화(轉化)시키는 중요한 계기가 되었다.

사전 계획에 따른 것이라기보다는, 당시 다른 지역과 달리 쿠데타에 대한 저항이 발생했던 광주의 상황에 직면한 신군부 세력이 과잉 대응한 결과인 듯하다. 다시 말해, 신군부 세력은 쿠데타 직전 저항의 잠재력이 가장 컸던 서울에 특전여단을 집중적으로 배치했지만 예상과 달리 광주에서 저항이 발생하자, 초기부터 그 저항의 싹을 자르고자 2개 특전여단을 긴급 투입했던 것으로 보인다. 물론 이 같은 조치에는 김대중의 구속에 따른 광주 시민의 동요도 감안되었을 것이다.

18일 오후 3시 30분쯤 신군부 세력은 광주에 7여단을 투입하여 본격적인 시위 진압에 나섰다. 그러나 진압봉, 개머리판, 군홧발 등을 사용하여 이루어졌던 그것은 시위 진압이라기보다는 무차별적인 만행에 가까웠다. 공수부대원들은 시위대를 강제 해산시키는 한편, 붙잡힌 사람에 대해서는 마구잡이로 구타하고 도주 방지를 위해 팬티만 입힌 채 트럭에 태워 연행했다. 공수부대의 만행 대상은 시위대의 젊은이들에게만 한정되지 않았다. 그들은 가택수색은 물론이고, 그들의 만행에 항의할 경우 나이를 불문하고 가차 없이 폭력을 행사했다. 심지어 여학생과 주부 등 여자들에게조차 옷을 벗기고 구타했다. 공수부대의 잔혹한 시위 진압은 18일 저녁 늦도록 이어졌다.

19일 공수부대의 시위 진압은 더욱 폭력화되었다. 오전에 금남로 일대에 투입된 그들은 '위력 시위'를 전개하며 시위 진압에 나섰다. 7여단 대신 이날 오전에 투입된 그들은 전날 서울 동국대를 떠나 밤새 광주에 도착한 11여단 소속이었다. 장갑차까지 앞세워 출동한 그들은 지역대 단위로 시위대를 추적하여 곤봉과 소총 개머리판으로 공격하고, 일부 대원은 대검까지 사용했다. 또 다방, 여관, 민가 등을 샅샅이 수색하며 걸리는 사람마다 구타하고 연행했다.

점심시간의 소강상태가 지난 오후에도 다시 공수부대 병력이 투입되었는데, 이번에는 11여단과 7여단의 5개 대대 병력 모두가 투입되었다. 그러나 광주 시민들도 일방적으로 당하지만은 않았다. 그들은 공수부대의 진압을 피해 이리저리 몰려다니면서 끈질기게 산발적인 시위를 전개했다. 이에 더욱 포악해진 공수부대원들은 이제 시위대뿐만 아니라 시내버스나 택시를 세워 운전기사까지 구타했다. 시위 학생을 태워 나르거나 부상자들을 병원으로 운반했다는 이유에서였다. 이는 다음 날인 20일 오후 운전기사들이 전개한 대규모 차량시위의 원인을 제공했다.

이상과 같은 19일의 충돌 과정에서 가장 커다란 희생은 대인동 공용버스터미널 부근에서 발생했다. 오후 4시 40분경 1천여 명의 시위대는 가드레일과 공중전화 부스로 방어벽을 쌓고 11여단 61대대의 공수부대 병력과 대치했다. 장갑차를 돌진시키고 백병전을 벌이다시피 하며 시위대를 공격한 공수부대는 오후 7시 30분쯤에야 겨우 그곳의 시위를 진압할 수 있었다. 오후 6시경 공용버스터미널 주차장에서는 차곡차곡 쌓여 있는 7, 8구의 시체가 목격되었는데, 그것은 공수부대원들의 대검에 찔리거나 진압봉에 맞아 죽은 사람들의 시체였다.

신군부 세력이 초기부터 공수부대 병력을 투입하여 일반인들의 예상을 넘어서는 무차별적 만행을 저지른 이유는 무엇인가? 그 원인은 시위 확산의 가능성이 큰 광주의 저항을 조기에 차단하기 위한 신군부 세력의 초강경 진압 의도에서 찾을 수 있다. 또한 광주 시민에 대한 무차별적 진압에는

12·12군사반란 이후 몇 달에 걸친 혹독한 충정훈련으로 인해 누적된 공수부대원들의 적개심도 한몫했던 것으로 보인다. 공수부대를 앞세운 신군부 세력의 야만적인 시위 진압과 관련하여 한 연구는 다음과 같이 말하고 있다.

> 공수부대의 진압 방법은 한마디로 전시展示적 폭력으로 이해할 수 있을 것이다. 즉 구타를 당하는 사람 외에 그것을 보는 사람들에게 공포를 주는 것이며 따라서 끔찍하면 끔찍할수록 더욱 효과적이라 여겼을 것이다. 공수부대의 진압은 폭력극장暴力劇場을 만드는 것이었다.
> ― 최정운, 『오월의 사회과학』, 풀빛, 1999, 123쪽.

항쟁으로의 전화와 진압의 실패

18일 오전 전남대 정문 앞에서 공수부대의 진압에 밀려 시내로 진출한 학생들은 진압경찰과 대치하며 시위를 계속해나갔다. 이 과정에서 시민들도 점차 시위에 호응하고 동참했다. 시민들의 이러한 반응은 학생들의 '비상계엄 철폐' 주장에 대해 호응한 결과이기도 했지만, 특히 '김대중 석방' 구호를 통해 알게 된 김대중의 구속 사실에 자극된 결과이기도 했다. 그러나 18일 오후에 7여단이 투입되면서 상황은 달라졌다. 공수부대의 야만적인 진압은 이에 대한 광주 시민들의 분노와 함께 공포와 충격으로도 다가왔기 때문이다. 따라서 공수부대 투입 이후의 시위는 분산적이고

수세적일 수밖에 없었다.[6]

　19일 오전 광주 시민들은 아침부터 금남로 일대에 모여들었다. 10시 무렵에는 그 규모가 이미 수천 명에 달했다. 이날 아침부터 다수의 시민들이 모인 것은 갑작스러운 사태 변화에 대한 우려와 더불어 전날 자행된 공수부대의 만행에 대한 충격과 분노 때문이었다. 그러나 19일 오전에, 그리고 오후에 다시 투입된 공수부대의 시위 진압은 더욱 야만스러웠다. 그러나 이 같은 야만과 공포의 상황에 직면하자 시위대의 태도는 달라지기 시작했다. 즉 그들은 그동안의 소극적인 태도에서 벗어나 계엄군에 적극 대응했고, 그것은 19일 오후에 들어 더욱 분명해졌다. 그들은 화염병, 벽돌, 각목 등으로 계엄군에 맞섰고, 도로변의 대형 화분, 공중전화 부스, 가드레일, 버스정차장의 세움간판 등을 뜯어 방어벽을 쌓고 계엄군과 투석전을 벌였다. 또한 그들은 계엄군의 만행을 제대로 보도하지 않는 방송국과 그 차량들을 공격했고, 가톨릭센터 옥상에 있는 공수부대원을 공격하기도 했다. 19일 저녁 대인동 공용버스터미널에서 일어난 비극은 이처럼 공수부대와 시위대가 정면 충돌한 결과였다.

　20일 오전에는 비가 내리는 가운데 일시 사태가 소강상태를 이루었다. 그러나 오후에 신군부 세력은 이미 투입된 7여단과 11여단에 더해 3여단의 병력까지 시위 진압에 투입했다. 공수부대 중에서도 최정예로 알려진 3여단은 이날 새벽 1시에 서울을 출발, 같은 날 오전 7시에 광주에 도착해 있었다. 그리하여 오후 3시경부터 3개 여단 10개 대대의 공수부대가 총동원된 시위 진압작전이 펼쳐졌다.[3] 그러나 이제 시위대는 공수부대에 더 이상 밀리지 않았다. 그뿐만 아니라 오후 4시 무렵에는 시위 군중의 수가

3만 명 수준으로 불어났는데, 이는 시민들이 시위에 적극 참여하고 있음을 보여주고 있었다. 시위대는 공수부대가 진격해오면 일단 밀려났다가도 그들이 물러나면 다시 그 빈 공간을 채웠다. 시위대의 손에는 각목, 쇠파이프, 돌, 연탄집게, 식칼, 화염병 등 그것이 무엇이든 무기가 될 만한 것들이 들려 있었다.

이처럼 시위대의 저항이 거세지는 가운데, 20일 저녁에 시위대에게 결정적으로 유리한 상황을 만들어준 일이 벌어졌다. 오후 7시 무렵 대형 차량 10여 대를 앞세우고 헤드라이트를 켠 200여 대의 차량이 경적을 울리며 도청을 향해 전진해왔던 것이다. 물론 이 차량시위는 도청 앞에서 계엄군에 의해 저지되었다. 그렇지만 대규모 차량들을 앞세운 이 위력적인 시위는 시위대의 사기를 극적으로 드높였다. 그런 점에서 20일 저녁의 차량시위는 시위대가 계엄군에게 적극적인 공세를 펼치는 결정적 계기가 되었다.

20일 저녁 금남로 일대에는 약 20만 명의 시위 군중이 모였다. 밤 9시경에는 시청 건물이, 10시경에는 광주경찰서와 서부경찰서가 시위대에 점거되었고, MBC도 불타기 시작했다. 광주역을 비롯하여 광주 시내 곳곳에서는 시위대와 계엄군 사이에 치열한 공방전이 전개되었다. 그 결과 21일

---

3 이 무렵 신군부 핵심 인사들인 2군 사령관 진종채 중장, 육본 작전교육참모부장 김재명 소장, 특전사령관 정호용 등이 광주에 내려와 특전여단장들에게 실질적인 지휘권을 행사했다. 이는 육군본부 – 2군 사령관 – 전교사 – 31사의 지휘계통에서 정웅 31사단장의 지휘권이 사실상 박탈되었음을 의미하는 것으로, 시위 진압에서 정식 지휘계통에 있지 않았던 정호용 특전사령관의 중심적 역할을 보여주는 것이었다.(정해구, 「군 작전의 전개과정」, 광주광역시 5·18사료편찬위원회 편, 『5·18민중항쟁사』, 도서출판 고령, 2001, 273쪽)

차량시위

5월 19일부터 공수부대의 시위 진압이 더욱 야만스럽게 전개되자, 시위대도 점차 계엄군에 적극적으로 대항하기 시작했다. 19일 오후부터 방어벽을 쌓아 계엄군과 투석전을 벌였고, 20일 오후 7시 무렵에는 대형 차량 10여 대를 앞세우고 헤드라이트를 켠 200여 대의 차량이 경적을 울리며 차량시위를 벌였다. 차량시위는 도청 앞에서 계엄군에 의해 저지되었지만, 시위대의 사기를 드높이고 계엄군에 대해 적극적인 공세를 펼치게 된 결정적인 계기가 되었다.

새벽 2시쯤 3개 공수부대가 장악한 도청, 광주역, 전남대, 조선대, 광주교도소 등을 제외한 광주 전 지역이 계엄군의 통제에서 벗어났다.[7] 따라서 이제 사태는 계엄군이 시위대를 해산시킨다기보다는, 거꾸로 시위대에 의해 그들이 포위돼가는 형국이 되었다.

18일에서 21일 새벽에 이르는 동안 시위대 규모가 점차 커지는 가운데 광주 시민들이 보여준 저항은, 공수부대를 앞세운 신군부 세력의 시위 진압이 그들이 의도했던 것과는 전혀 반대로 실패로 돌아가고 있음을 의미했다. 앞에서 언급했듯이, 원래 신군부의 의도는 쿠데타에 대한 광주의 저항을 초기에 분쇄하는 것이었다. 이를 위해 3개 여단이나 되는 공수부대를 투입했다. 그러나 역설적이게도, 신군부 세력의 과잉진압은 그 만행에 분노한 광주 시민들의 시위를 항쟁으로 전화轉化시켰고, 마침내 계엄군의 시위 진압을 실패로 돌아가게 만들었던 것이다. 특히 19일 오후 시민들이 태도를 바꾸어 계엄군에게 적극 맞서고, 대규모 차량시위를 계기로 20일 저녁에서 21일 새벽 사이에 전개된 사태의 극적인 변화는 그것을 분명하게 보여주고 있었다.

'절대공동체' 광주의 '해방'

전날의 사태에 고무되어 21일에는 아침 10시쯤부터 이미 10만 명이 넘는 시민들이 금남로 일대를 가득 메웠고, 시간이 흐를수록 그 규모는 더욱 커졌다. 일부 시민들은 아세아자동차에서 장갑차와 버스 등 수십

대의 차량을 몰고 나와 시위대에 합류하고, 변두리를 돌면서 시민들을 시내 중심가로 실어 나르기도 했다. 반면 시내 곳곳에서 밤새 시위대에 밀려났던 계엄군은 도청만을 지키고 있었다. 따라서 21일 오전은 도청을 중심으로 이를 지키고자 하는 계엄군과 이에 맞선 대규모 시위대가 전면 대치하는 상황이었다.

그러나 오후 1시 애국가가 울려 퍼지면서 시작된 계엄군의 일제발포는 양측의 팽팽한 대치를 깨뜨렸다. 약 10분 동안 계속된 이 발포로 금남로 일대는 순식간에 피바다를 이루었다. 계엄군의 발포로 최소한 54명이 숨지고, 500명 이상이 총상을 입은 것으로 알려졌다.[8] 계엄군의 일제사격은 이에 대한 시위대의 강경 대응을 야기시켰다. 즉 시위대의 학생과 젊은이들은 수십 대의 차량을 몰고 화순·나주·장성·영광 등 광주 인근지역으로 진출하여 광주 소식을 전하면서 시민들의 궐기를 호소하는 한편, 무기고를 접수하여 칼빈, M-1, TNT 등을 탈취해 광주로 돌아왔다.[4] 인근지역의 경찰들이 광주로 차출된 상황에서 시위대의 무기고 접수와 무기 탈취는 비교적 쉽게 이루어졌다.

오후 1시의 이 시점에서 계엄군의 일제발포가 이루어졌던 이유는 무엇인가? 물론 그 이전에도 계엄군의 우발적인 발포가 없었던 것은 아니다. 그렇지만 수백 명의 사상자를 낼 정도의 일제발포는 이때가 처음이었다. 왜 이러한 사태가 발생했나? 그 진상은 무엇인가? 이에 대한 일반적인

---

4 당시 광주 시위대가 인근지역으로 진출한 것은 함평, 무안, 목포, 나주, 화순, 영산포, 영암, 강진, 해남 등지로 항쟁을 확산시키는 역할을 했다.

해석은 상부의 발포 지시에 따라 오후 1시 애국가 소리를 신호로 일제발포가 이루어졌다는 것이다. 그러나 당시의 발포는 계엄군에게 실탄을 배분함으로써 사실상 자위권 행사가 허용된 가운데, 1시 직전 시위대에 의한 버스와 장갑차 돌진으로 야기된 갑작스러운 사태였는지도 모른다. 하지만 유감스럽게도 당시의 발포에 대한 진상은 아직까지 분명하게 밝혀지지 않고 있다.[9]

이후 계엄군과 무장한 시위대 간에 총격전이 전개되었지만, 오후 4시쯤 광주의 계엄군은 상부로부터 철수 명령을 받았다. 그리하여 도청, 조선대, 전남대에 주둔하고 있던 그들은 광주 외곽으로 철수하기 시작했다. 사실 광주의 계엄군을 철수시킨다는 결정은 이미 21일 오전에 내려져 있었다. 21일 오전 이희성 계엄사령관은 관계 지휘관과 참모들을 불러 계엄군의 광주 외곽 전환배치, 자위권의 발동, 1개 연대의 추가 투입, 23일 이후 의명依命에 따른 폭도 소탕작전 실시, 경계조치 강화 등을 지시했던 것이다.[10]

신군부의 계엄군 철수 결정은 시위의 초기 진압을 위해 공수부대를 대거 투입했음에도 불구하고 오히려 이에 자극받아 더욱 확산되었던 시위와 저항, 그 결과로서 계엄군이 도청으로 밀려나야 했던 그간의 상황을 반영하고 있었다. 그리고 항쟁으로 전화된 대규모 시위로 인해 신군부는 일단 그 진압을 포기하기에 이르렀던 것이다. 반면 3개 여단 공수부대의 만행에 맞서 수많은 희생을 무릅쓰고 항거한 광주 시민들은 마침내 계엄군으로부터 광주를 '해방'시키기에 이르렀다.

이와 관련하여 광주 시민들의 항쟁에 대한 한 연구는 광주 '해방'의 과정을 '절대공동체'의 등장으로 설명하고 있다. 즉 광주 시민들이 계엄군에 맞서 싸운 과정은 "폭력에 대한 공포와 자신에 대한 수치를 이성과 용기로 극복하고 목숨을 걸고 싸우는 시민들이 만나 서로가 인간임을, 공포를 극복한 용기와 이성 있는 시민임을 인정하고 축하하고 결합한 절대공동체"의 등장 과정이었다. 거기에는 "사유재산도 없고 생명도 내 것 네 것이 따로 없었다. 물론 이곳에는 계급도 없었다".[11]

광주가 '해방'된 첫날인 22일 아침 계엄군이 물러가고 도청이 시민군의 손에 들어왔다는 소식에 시민들이 도청 앞 광장으로 몰려들었다. 그들은 '해방'의 흥분과 감격과 더불어, 향후 사태 전개와 그 수습대책을 궁금해 했다. 그러나 광주 시민들은 무엇보다도 먼저 스스로의 노력으로 '해방' 광주의 안정과 평온을 되찾고자 했다. 이를 위해 그들은 그동안의 혼란으로 흐트러진 거리를 청소하고, 물자가 부족한 상황에서 매점매석이 발생하지 않도록 노력했으며, 민간인의 총기 소지로 인한 불상사가 일어나지 않도록 주의했다. 특히 많은 광주 시민들은 부상자로 초만원을 이룬 병원에 혈액이 부족하다는 소식을 듣고 기꺼이 헌혈에 나섰다. 각 병원마다 헌혈 희망자들로 넘쳐나 그 대기행렬이 병원 밖 500m까지 이어지기도 했다. 황금동의 술집 접대부들도 이에 동참했다. '해방' 광주는 곧 시민 스스로에 의한 자치 질서를 창출해냈는데, 그것은 광주 시민에 대하여 '폭도'라고 매도하던 신군부의 주장을 무색케 했다.

그러나 광주의 '해방' 직후인 22일 오전의 시점에서 '해방' 광주를 이끌 그 어떤 항쟁 지휘부도 존재하지 않았다. 광주의 '해방'은 시민들의 자연발생적인 항쟁의 결과였을 뿐, 어느 누구의 계획적인 지도에 따라 이루어진 것이 아니었기 때문이다. 그나마 조직적인 움직임이 있었다면, 그것은 일단의 무장 시위대가 도청 1층을 본부로 사용하고 있었던 것과 광주공원에서 우왕좌왕하고 있는 500여 명의 무장 시위대가 '시민군'으로 편성되어 경계와 치안 유지를 위해 시내 주요지역에 배치된 정도였을 뿐이다.

광주의 고뇌

공수부대의 극악무도한 만행에 대항하여 광주 시민들은 계엄군으로부터 광주를 '해방'시켰지만, 문제는 그것으로 사태가 종결될 수 없다는데에 있었다. 광주 시민들은 공수부대의 만행에 맞서서 자신의 생명을 보호하고 공수부대에게 짓밟힌 인간의 존엄성을 위해 목숨을 걸고 싸웠다. 그렇지만 그것은 신군부 세력이 장악한 막강한 국가권력을 상대로, 또한 공식적인 정부에 대항하여 싸우는 것이나 다름없었다. 더구나 계엄군은 외곽으로 일시 철수했을 뿐이고, 진압을 위해 다시 광주에 진입할 예정이었다. 이러한 상황에서 '해방' 광주는 앞으로 어떤 선택을 해야 할지 고뇌하지 않을 수 없었다.

22일 오전 광주의 도청 간부들과 각계 인사들은 사태 수습을 위해 논의한 끝에 시민들의 신뢰를 받을 수 있는 사회 각 분야의 인사들로 시민수습대책위원회(시민대책위)를 구성했다. 그들은 사태 수습 전에는 군 투입을 하지 말 것, 연행자를 전원 석방할 것, 군의 과잉진압을 인정할 것, 사후 보복을 금지할 것, 상호 책임을 면제할 것, 사망자에 대해 보상할 것,

그리고 이상의 요구가 관철될 경우 무장을 해제할 것 등의 7개항을 결의했다. 이는 도청 내의 비교적 온건한 의견을 반영하고 있었다. 이후 그들은 대표를 뽑아 상무대의 전남북 계엄분소를 방문해 이 같은 제안을 제시했다. 그러나 계엄군은 이 제안을 거부했다. 한편 이날 오후에는 학생들을 중심으로 '학생수습대책위원회'가 별도로 구성되었다.

23일 오전에는 시민대책위의 일부가 개편되었다. 시민수습위원 일부가 사퇴함으로써 시민대책위를 새롭게 개편할 필요가 있었기 때문이다. 그들은 일부 회수된 200정의 무기를 가지고 다시금 계엄분소를 방문해 훈방된 34명의 시민들을 데리고 돌아왔다. 그러나 이를 계기로 더 이상의 유혈사태를 막기 위해 총기를 무조건 반납하자는 온건파와, 이에 반대하는 강경파 사이의 갈등이 표면화되기 시작했다. 대체적으로 온건파는 더 이상의 유혈사태를 막아야 한다며 총기 회수와 반납을 주장했다. 반면 강경파는 광주 시민의 피값에 대한 보상 없이 이루어지는 그 같은 일방적인 양보에 반대했다. 특히 기층민중 출신이 많았던 시민군의 정서는 후자에 훨씬 가까웠다. 따라서 총기 회수와 반납을 둘러싼 항쟁 지도부, 특히 학생수습대책위 내부의 분열은 날로 더해갔다.

그러나 어쨌든, 도청 내의 항쟁 지도부는 점차 정비되었다. 그들은 점차 도청 내 상황실의 통제를 강화했고, 시민군의 조직과 활동도 더욱 체계화했다. 또한 이 같은 과정을 통해 시민대책위는 주로 계엄군 측과의 협상을 맡고, 학생수습대책위는 실질적인 대민 업무를 맡는 등 역할 분담도 어느 정도 이루어졌다. 이처럼 항쟁 지도부가 체계를 잡아가는 동안 도청 앞에서는 광주 시민들에 의한 대중집회가 연일 개최되었다. 23일부터 수만 명의 시민들이 모인 가운데 거행했던 '민주수호범시민궐기대회'가 그것이다. 광주의 '해방' 후에도 항쟁의 열기를 지속시키는 데 기여한 이 대회는 26일에 이르기까지 다섯 차례에 걸쳐 개최되었다.

한편 광주 시내에서 철수한 계엄군은 광주 '해방' 기간 광주 주변의 외곽도로를 차단함으로써 광주를 봉쇄하고자 했다. 그것은 21일 계엄군의 일제사격 이후 광주 주변지역을 넘나들던 시위대를 차단함으로써 타 지역으로 항쟁이 확산되는 것을 막기 위해서였다. 그러나 계엄군의 도로 차단과 광주 봉쇄 과정에서 다수의 시민들이 희생되었다. 광주 주변지역을 넘나들던 시위대 차량들이 계엄군의 공격을 받았고, 봉쇄 사실을 잘 모르고 봉쇄선을 통과하던 일반 시민들이 자주 계엄군의 총격을 받았기 때문이다. 광주교도소 앞길에서 자행된 총격사건, 주남마을 앞 총격사건을 비롯하여 광주-화순 간 도로에서 발생한 사건들이 그 대표적인 사례였다. 그뿐만 아니라 계엄군은 부대 이동 중에도 원제마을에서 참극을 벌이는 등 마을의 죄 없는 양민들을 학살하고, 심지어 그들은 자신의 부대끼리 서로 오인 사격하는 경우도 발생했다.

광주는 '해방'되었지만, 이처럼 이를 둘러싼 계엄군의 봉쇄가 강화됨에 따라 '해방' 광주의 고립은 더해갔다. 게다가 시간이 흐를수록 계엄군의 광주 재진입 가능성은 높아지고 있었다. 따라서 '해방' 광주는 이제 자신의 선택을 강요받지 않을 수 없었다. 이 같은 상황에서 항쟁 지도부에 변화가 나타났다. 25일 저녁 그동안 총기 반납을 주장해온 투항적 성격의 학생수습대책위 지도부 대신, 정상용과 윤상원 등 광주의 재야 청년운동권을 중심으로 하는 새로운 항쟁 지도부가 등장한 것이다.

광주 고립

광주 시민들은 계엄군을 쫓아내고 광주를 '해방' 시켰지만, 광주 시내에서 철수한 계엄군이 광주 주변의 외곽 도로를 차단함으로써 '해방' 광주는 철저하게 고립되었다. 광주의 '해방' 이후 항쟁 지도부가 총기 반납 등 투항적인 모습을 보이자 광주의 재야 청년운동권을 중심으로 하는 새로운 항쟁 지도부가 구성되었다. 이들은 계엄군에 맞서 끝까지 싸우는 투쟁의 길을 선택했다.

사실 광주의 운동권은 신군부의 쿠데타와 동시에 연행되거나 도피함으로써 항쟁 과정에서 그 역할을 제대로 수행하지 못하고 있었다. 역할이 있었다면, 광주항쟁 과정에서 그 진상을 알리고자 『투사회보』를 발간했던 윤상원 중심의 활동 정도가 있었을 뿐이다. 그러나 광주의 '해방' 이후 항쟁 지도부가 총기 반납 등 투항적인 모습을 보이자, 이에 반발한 그들은 대중집회를 통해 영향력을 강화하는 한편 새로운 항쟁 지도부 구축에 나섰다. 그 결과 그들은 25일 저녁 학생수습대책위의 개편을 통해 도청의 주도권을 장악하기에 이르렀다. 26일 학생수습대책위원회는 학생시민투쟁위원회로 개칭되었다. 이로써 광주는 총기 반납의 투항이 아니라, 끝까지 계엄군에 맞서 싸우는 투쟁의 길을 선택했다. 계엄군의 진압을 피할 수 없는 현실에서 그것은 그들의 희생을 기꺼이 각오한 선택이었다.

상무충정작전

계엄군의 광주 진압작전은 원래 25일 02시 이후 명령에 의해 개시토록 계획되어 있었다. 그러나 신군부 세력은 이를 27일 0시 이후에 실시하기로 연기했다. 이는 항쟁 지도부의 온건파에 의한 무기 반납 가능성을 고려했기 때문인 것으로 보인다. 그러나 25일 저녁을 계기로 항전을 주장하는 강경파가 사태의 주도권을 장악하자, 신군부는 곧장 진압작전을 개시하기로 결정했다. 계엄군의 광주 진압작전, 즉 '상무충정작전'은 27일 01 : 00에 시작되었는데, 이후 전개된 진압작전의 경과는 다음과 같다.

01 : 00 　특공부대 행동 개시

02 : 00 　20사단 행동 개시

03 : 00 　작전 개시

04 : 00 　31사단 행동 개시

05 : 06 　광주공원 점령

05 : 10 　광주 전 지역 장악

06 : 25 　특공대 부대 철수 완료

계엄군의 이 같은 진압작전에 시민군의 저항이 없었던 것은 아니다. 25일 저녁에야 등장할 수 있었던 새로운 항쟁 지도부는 26일 오전 기존의 시민군을 개편해 13개조의 기동타격대를 만들었다. 8천여 명의 군 병력이 동원된 계엄군에 비해 100명도 채 되지 않는 이들의 저항은 미미할 수밖에 없었다. 그러나 그들은 월산동, YWCA 앞, 계림초등학교 앞 등 시내 곳곳에서, 그리고 도청에서 항쟁 지도부와 함께 끝까지 저항했다. 물론 그 저항은 성공하지 못했고, 성공할 수도 없었다.[12]

〈표 2-1〉은 광주항쟁의 10일 동안 동원된 군 병력 전체 상황을 보여주고 있다. 이를 보면 신군부 세력은 광주항쟁을 진압하기 위해 3개 공수부대원 3,400여 명을 포함하여 무려 2만 명의 군 병력을 동원했음을 알 수 있다.

한편 광주항쟁이 진행되는 동안 미국은 어떤 태도를 취했을까? 미국은 1979년 12·12사태의 경우 신군부와의 충돌을 우려하여 이를 쿠데타로 규정하지 않고 군 내부의 문제로 축소시키고자 했다. 그리고 광주항쟁

⟨표 2-1⟩ 광주 진압 가용 병력 및 장비

부대(병력)		대대 수	인원	총계
특전사	3공수	5	265 / 1,212	10개 대대 504 / 2,901
	7공수	2	92 / 780	
	11공수	3	147 / 909	
20사	60연대	3	87 / 1,563	9개 대대 279 / 4,667
	61연대	3	85 / 1,535	
	62연대	3	86 / 1,449	
	사단 직할		21 / 120	
전교사	31사	3	55 / 1,367	28개 대대 3,944 / 8,022 (피교육생 포함)
	보병학교	7	1,923 / 864	
	포병학교	7	1,165 / 1,700	
	기갑학교	5	357 / 1,775	
	화학학교	2	75 / 253	
	직할	4	369 / 2,063	
총계		47	4,727 / 15,590	

자료: 조선일보사, 「광주진압 계엄군의 작전보고서」, 1988, 659쪽; 정해구, 「군 작전의 전개과정」, 광주광역시 5·18사료편찬위원회 편, 『5·18민중항쟁사』, 도서출판 고령, 2001, 283쪽.

당시 공개적으로는 자제와 대화를 통한 사태의 평화적 해결을 주장하면서도, 실제적으로는 광주항쟁의 확산을 막기 위해 신군부 세력의 진압작전을 지원했다.

먼저, 미국은 신군부의 요청을 받아들여 한미연합사의 작전통제권하에 있는 20사단의 광주 투입을 승인해주었다. 그들의 주장에 따르면 그것은 무자비한 진압에 나선 공수부대를 대체하기 위한 것이었다. 그렇지만 그

〈표 2-2〉 날짜별 사망자와 그들의 직업

직업	사망일									총합계
	19	20	21	22	23	24	25	26	27	불명	
공무원						1			1		2
사무직			4	5	1				3		13
학생		1	8	1	2	3	1		14		30
자영업			8	2	1				1		12
운수업 및 운전기사			5	3	2	1				1	12
노동자	1		14	6	6	3		1	4		35
서비스직		1	4	2				1	3		11
농업		1	1	1		1					4
무직	1		8	5	6		1		2		23
방위병		1		1							2
불명			6	3	5	2				1	17
총합계	2	4	58	29	23	11	2	2	28	2	161

자료: 최정기, 「5·18과 양민학살」, 광주광역시 5·18사료편찬위원회 편, 『5·18민중항쟁사』, 도서출판 고령, 2001, 420쪽.

승인은 공수부대 투입으로도 진압되지 않았던 광주항쟁 진압을 지원하기 위한 것이었다. 다음으로, 미국은 신군부가 광주의 진압작전을 안정적으로 수행할 수 있도록 오키나와로부터 조기경보기 2대와 필리핀 수빅 만에 정박 중인 항공모함 코럴시호를 한국 근해에 출동시켰다. 신군부의 광주 진압작전이 '외부로부터', 즉 북한으로부터 위협받지 않도록 하기 위해서였다. 요컨대, 광주항쟁 당시 미국은 한국의 민주화보다 북한으로부터

안보를 지키는 것이 더 중요했고, 이를 위해 신군부를 지원했다.[13]

결국 5월 18일부터 시작되어 27일 새벽에 이르도록 10일 동안 전개되었던 광주민중항쟁은 계엄군의 유혈진압이라는 참혹한 결과만을 남긴 채 종료되었다. 그리하여 민주화의 부푼 꿈으로 시작된 '서울의 봄'은 신군부 세력의 쿠데타와 이에 저항한 광주 시민들의 유혈참사만을 남겼다. 나중에 이루어진 공식 통계에 따르면, 광주항쟁은 사망자 154명, 행방불명자 74명, 상이 후 사망자 95명, 부상자 3,310명, 구속·구인자 1,430명 등 총 5,063명에 이르는 막대한 인명 피해를 낳았다.[14] 이와 관련하여 한 연구는 광주지검의 검시조서에 나타난 사망자 161명의 날짜별·직업별 통계를 〈표 2-2〉와 같이 보여주었는데, 노동자와 학생들이 사망자의 대부분을 차지했다.

03

전두환 정권의 등장과 체제 정비

개정 헌법에 따라 관제성 야당들이 출현하는 사이 개정 헌법에 따른 대통령 선거 준비도 마무리되었다. 1981년 2월 11일 선출된 5,278명의 대통령선거인단은 2월 25일 잠실체육관에서 대통령을 선출했다. 그 결과 유효투표 총수의 90.2%를 얻은 민정당의 전두환이 다시 대통령에 당선되었다. 이로써 6개월 전에 유신헌법에 따라 제11대 대통령으로 당선되었던 전두환은 3월 3일 개정 헌법에 따라 제12대 대통령에 다시 당선되기에 이르렀다.

국보위 설치, '숙정'과 '정화'

광주항쟁을 진압한 이후 신군부 세력의 다음 목표는 정권 장악이었다. 그러나 정권 장악에 앞서 그것을 정당화해줄 기구와 조치들이 필요했다. 신군부가 국가보위비상대책위원회(국보위)를 설치하는 한편, 이를 중심으로 정치와 사회의 각 부문에서 대대적인 '숙정肅正'과 '정화淨化' 조치들을 시행했던 것은 바로 이 때문이었다.

우선 신군부 세력은 광주항쟁을 진압한 직후인 5월 31일 대통령을 의장으로 하고 8명의 각료와 14명의 장성 등 26명을 위원으로 하는 국보위를 발족시켰다. 국보위는 그 산하에 전두환을 위원장으로 18명의 현역 장성을 포함한 30명의 위원으로 구성된 상임위원회를 두고, 상임위원회는 다시 그 산하에 13개 분과위원회를 두었다.

새롭게 등장한 국보위는 공식적으로는 비상계엄하에서 대통령이 계엄업무를 지도·감독하는 것을 보좌하고 자문하는 기관으로, "국가의 위기에 대처하여 국가보위의 임무를 충실히 수행하고 계엄당국과 행정부 간의 긴밀한 협조를 위해" 설치되었다.[1] 그러나 대통령이 의장을 맡는 전체회의보다 위원장이 주재하는 상임위원회가 국보위의 중심적인 역할을 수행했는데, 그것은 전두환이 위원장인 상임위원회가 실권을 장악할 수 있도록 하기 위해서였다. 이후 국보위 상임위원회는 행정 각 부를 통제하는 권력기구로 운영되었다. 이는 사실상 국무회의를 대신하는 것이었다. 그런 점에서 국회 활동도 중단된 상황에서 어느 누구에 의해서도 견제되지 않은 국보위 상임위원회는 일종의 군사혁명평의회였다.

국가보위비상대책위원회 발족

광주민중항쟁을 진압한 신군부는 1980년 5월 31일 국가보위비상대책위원회(국보위)를 설치했다. 최규하 대통령을 의장으로 각료와 장성들이 위원으로 참석했으나 실질적인 권한은 전두환을 위원장으로 하는 상임위원회가 장악하고 있었다. 국보위 상임위는 행정 각 부를 통제하는 권력기구로, 신군부의 권력 장악을 위한 사전 정지작업을 추진했다. 사진은 1980년 6월 5일 국보위 현관을 단 뒤 전두환 상임위원장(왼쪽 두 번째)과 박충훈 국무총리 서리(오른쪽에서 두 번째)가 악수를 나누고 있는 장면이다.

국보위 설치에 이어 신군부 세력은 정치와 사회 각 부문에서 대대적인 숙정과 정화를 추진했다. 그들의 집권을 정당화하고 신군부에 비판적인 세력을 제거하기 위해서였다. 정치적인 차원에서 정화의 첫 대상은 김종필, 이후락, 김진만, 박종규 등 구 여권 인사 9명이었다. 6월 18일 계엄사령부는 그들을 권력형 부정축재자로 몰아 853억 원에 달하는 재산을 헌납시키고, 공직에서 사퇴시켰다. 이어 7월 1일에는 사회혼란 조성 및 소요 관련 배후조정 혐의로 예춘호를 비롯한 야당의원 4명의 의원직을 박탈했다. 19일에는 정치비리와 부패행위를 이유로 김현옥 등 전직 장관 3명, 현오봉과 정해영 등 공화당과 신민당의 주요 의원 14명을 연행한 뒤 앞서와 똑같이 그 재산을 헌납시키고 공직에서 사퇴시켰다.

한편 7월 4일에는 김대중과 그 관련 인사 36명이 내란음모 및 국가보안법·반공법·외환관리법·계엄포고령 위반 등의 혐의로 군사재판에 회부되었다고 발표되었다. "김과 추종 분자들이 소위 국민연합을 전위세력으로 하여 대학의 복학생들을 행동대원으로 포섭, 학원소요사태를 폭력화하고 민중봉기를 꾀함으로써 유혈혁명사태를 유발, 현 정부를 타도한 후 김대중을 수반으로 하는 과도정권을 수립하려고 했음이 드러났다"[2]는 이른바 김대중 내란음모사건이 그것이었다. 그러나 이 사건은, 김대중의 연행이 광주항쟁 발생 이전인 5월 17일에 이루어졌고 그 이후 발생한 광주항쟁이 쿠데타에 대한 자연발생적 저항에서 비롯되었다는 점에서 그 기본적인 논리조차 말이 되지 않았다. 그럼에도 그들은 고문 등 강압적인 수단을 동원하여 관련 인사들을 김대중 내란음모사건의 주모자로 만들었다. 한편 5·17군사쿠데타와 동시에 연금된 김영삼 신민당 총재도 신군부의 압력을 못 이겨 8월 13일 정계 은퇴를 선언했다.

정치인들에 대한 이 같은 조치와 더불어, 신군부 세력은 공무원사회에도 대대적인 숙정 조치를 취했다. 그것은 먼저 중앙정보부에서부터 시작되었는데, 6월 20일 기구 축소와 일대 인사 쇄신 조치를 통해 간부급을 중심으로 300여 명이 퇴진했다. 또한 6월 4일부터 7월 31일까지 2개월에 걸쳐 추진된 정화작업으로 입법부 11명, 사법부 61명, 행정부 5,418명 등 공직자 5,490명과 국영기업체, 금융기관 및 정부 산하단체 등 127개 기관 임직원 3,111명 등 총 8,601명이 해직되었다. 그중 2급 이상 고급공무원은 정원의 12.1%인 243명에 달했고, 국영기업체 임직원급은 전체의 23%인 176명에 달했다.[3]

정계와 공무원사회에 이어 신군부는 언론계에 대해서도 사회정화의 이름으로 숙정을 시도했다. 그리하여 7월부터 8월 초에 이르기까지 자율정화의 이름으로 행해진 각 언론사의 숙정에 따라 717명의 기자를 포함하여 총 933명이 해직되었다. 당시 해직된 기자는 전체 기자의 30%에 달했다. 또한 신군부는 7월 31일 사회정화의 일환으로 정기간행물 172개의 등록을 취소시켰는데, 이는 전체 정기간행물의 12%에 해당됐다. 이에 따라 대중적 영향력을 가졌거나 권력에 비판적인 논조를 펼쳤던 간행물, 이를테면 『기자협회보』, 『월간중앙』, 『뿌리깊은 나무』, 『씨올의 소리』, 『창작과 비평』, 『문학과 지성』 등의 정기간행물들이 등록 취소되었다.[4]

사회정화는 언론계에 이어 노동계로까지 이어졌다. 그리하여 7월 말에 이르기까지 한국노총과 그 산하의 17개 산별노조와 전국 지역지부에 대한 특별검사가 이루어졌다. 그 결과 비리가 현저한 전국 단위 위원장급 12명이 퇴진하고, 운수노조와 항만노조가 항운노조로 통합되었으며, 지역지부 107개소가 폐지되었다. 이어 9월 20일에는 노조 자율정화의 이름으로 노조 간부 191명이 사퇴했다.[5]

'사회악 일소'와 삼청교육

권력 장악을 위한 국보위의 조치는 정치와 사회 각 영역의 숙정과 정화로 끝나지 않았다. 8월 들어 '삼청5호 계획'에 따라 전국에 걸친 '사회악 일소' 조치로 이어졌기 때문이다. 그리하여 국보위 상임위는 8월 4일 '사회악 일소 특별조치'를 발표하고, 이를 위해 계엄령 포고 제13호를 통해 "사회 저변에서 국민생활을 괴롭혀온 폭력, 사기, 밀수, 마약사범 등 각종 사회적 독소를 뿌리 뽑기 위해" 전국적으로 불량배 일제검거에 나섰다.

이후 11월 27일까지 네 번에 걸친 불량배와 폭력배 단속이 이루어졌는데, 이를 통해 연행된 사회악 사범은 6만여 명에 달했다. 이들은 군, 검찰, 경찰, 지역정화위원 등 6~7명으로 구성된 심사위원회의 분류작업을 통해 4등급으로 분류되었다. 죄질이 가장 나쁜 A급은 군사재판에 회부되거나 검찰에 송치되었다. 그 다음의 죄질자인 B급은 군부대에 인계되어 순화교육을 받은 후 재심사를 받아야 했다. C급은 폭력 사실이 경미하고 우발적인 범죄자와 B급 해당자 중 정상이 참작된 자로서, 순화교육 후 사회복귀 대상자였다. D급은 그 죄질이 가장 경미한 자로서, 서약 후 훈방될 대상이었다.[6]

삼청교육대 현장

국보위 상임위는 1980년 8월 4일 '사회악 일소 특별조치'를 발표하고 11월 27일까지 네 번에 걸쳐 6만여 명의 불량배와 폭력배를 강제 연행하여 군부대에서 순화교육을 시켰다. 영장 없이 삼청교육대로 잡혀간 사람들은 혹독한 군사훈련과 인간 이하의 가혹행위를 당했다. 의문사진상규명위원회의 조사에 따르면, 2003년 3월 10일 현재 가혹행위로 인한 현장 사망자는 54명, 후유증 사망자는 397명, 행방불명이 4명, 정신질환자 등 각종 질환자가 2,768명이었다고 한다.

그러나 사회악 일소 조치에 따른 불량폭력배 단속은 심각한 인권침해를 낳았다. 먼저 그들은 영장 없이 체포되었다. 그뿐만 아니라 단속 과정에서 경찰서별로 강제 할당된 숫자를 채우기 위해 군이나 경찰에 미움을 받거나 아무 잘못도 없는 시민들이 잡혀온 경우도 많았다. 따라서 검거자 중에는 무고한 시민들도 다수 포함되어 있었다. 무엇보다 최악의 인권침해를 낳은 것은 군부대에 의해 시행된 순화교육이었다. 순화교육을 받아야 했던 B, C급의 사회악 사범은 그 교육과정, 즉 삼청교육 과정에서 군으로부터 심각한 가혹행위에 시달려야 했기 때문이다.

다음의 증언은 당시 삼청교육이 그 당사자들의 인권을 얼마나 심각하게 침해했는지를 잘 보여준다. 앞에서 언급한 바와 같이 노동계 정화 조치로 노조 지도자 191명이 숙정되었는데, 그중 70여 명은 계엄사 합동수사본부에 끌려가 고문을 당했고, 19명은 삼청교육대로 넘겨졌다. 아래의 증언은 그중 한 명의 체험담이다.

> "내무반 생활은 욕설과 구타, 원산폭격, 쥐잡기(내무반 마루 밑으로 빨리 기어들어갔다 나오기), 한강철교(내무반 이쪽 마루와 저쪽 마루 끝을 엎드려 짚고 건디기), 손가락을 깍지 끼게 하고 손을 중심으로 돌게 하면서 웃기 등 인간을 괴롭히는 것을 취미로 하는 모든 짓들이 되풀이되었다. 기합을 받다가 얼마나 맞았는지 장출혈로 죽어 실려 나가는 사람도 있었다.
>
> — 강준만, 『한국현대사 산책』, 2003, 243쪽.

이처럼 삼청교육대에서 심각한 인권침해가 자행되고 있었음에도 불구하고, 당시 한 일간지는 '머리 깎고 금연·금주 검은 과거를 씻는다'는 제목으로 신군부의 사회악 일소 조치를 다음과 같이 긍정적으로 평가했다.

> "산기슭에 자리한 넓은 연병장은 몸에 밴 악惡의 응어리를 삭여 내뿜는 땀과 열기로 가득 차 있었다. 얼마 전까지만 해도 도시의 뒷골목을 주름잡던 주먹들과 서민을 울리던 공갈배들이 머리를 박박 깎고, 전봇대 크기의 육중한 멸공봉滅共棒을 들고 비지땀을 흘리며 훈련받는 모습은 기자의 눈에는 차라리 희극적이었을지는 몰라도 당사자들은 그렇게 진지할 수 없었다. (…) 귀로에 오르면서 저들이 제대로만 순화된다면 아이러니컬하게도 일선 기자들이 경찰서에서 취재해야 할 일이 그만큼 줄겠구나 하는 생각이 들며 고소가 머금어졌다"
> ─『조선일보』 1981. 8. 13.

민주화 이후 의문사진상규명위원회가 조사한 바에 따르면, 당시 일제검거로 전국 각지에서 60,755명이 체포되고, 그중 3,252명이 군사재판에 회부되었으며, 39,786명이 전국의 25개 군부대에서 강제 순화교육을 받았다. 삼청교육으로 인한 피해는 2003년 3월 10일 현재 군부대의 순화교육 중 가혹행위 등으로 인한 장파열·뇌진탕·질식사 등의 현장 사망자가 54명, 후유증 사망자가 397명, 행방불명이 4명, 정신질환자 등 각종 질환자가 2,768명이고, 당시 강제 연행된 피해자가 21,000여 명, 미성년자가 15,000명 그리고 순화교육 종료 후 재판 없이 보호감호 처분을 받은 자가 7,578명인 것으로 나타났다.[7]

1980년 5·17군사쿠데타로부터 19년 전인 1961년 5·16군사쿠데타 당시에도 비슷한 사례가 있었다. 당시 박정희 군부 세력은 쿠데타 직후 사회악 일소의 명분으로 다수의 깡패들을 검거하여 그 일부를 국토개발사업장에 동원했다. 또한 그들은 혁명재판을 열어 정치깡패 이정재와 임화수를 사형에 처했다. 사회악 일소의 이름으로 실시된 신군부 세력의 삼청교육은 바로 19년 전 5·16쿠데타 세력이 자행한 이 같은 사례로부터 영감을 받은 것으로 보인다. 그러나 신군부의 사회악 일소는 막대한 인권침해를 수반했다는 점에서 1960년 5·16쿠데타 직후의 그것보다 훨씬 야만적이었다.

군사쿠데타는 그 자체가 민주주의의 정당한 절차를 파괴하고 그 억압력을 자의적으로 사용함으로써 막대한 인권침해를 야기시킨다. 그런 점에서 군사쿠데타는 가장 커다란 사회악이라 할 수 있다. 그러나 역설적이게도 쿠데타를 일으킨 군부세력은 자신들을 정당화하기 위해 쿠데타 직후 불량배와 폭력배 등 작은 사회악들을 일제 소탕하고자 했다. 폭력적으로 이루어졌던 그 과정은 심각한 인권침해를 수반하지 않을 수 없었다. 1981년 신군부 세력의 사회악 일소 조치는 바로 그 단적인 사례였다. 더구나 부마항쟁과 광주항쟁 당시 사회 저변의 시민들이 항쟁에 적극 참여했는데, 사회악 일소는 바로 이에 대한 신군부 세력의 보복이기도 했다.

전두환 정권의 출범과 '관제 민주주의'

1980년 8월 16일 최규하 대통령은 하야 의사를 밝혔다. '책임정치의 구현'과 '평화적 정권 이양'의 선례를 남기고 '새로운 사회 건설'을 위한 역사적 전기를 마련키 위해서라는 것이 하야의 공식적인 이유였다. 그러나 그것은 그야말로 공식적인 이유였을 뿐, 하야의 실제적인 이유는 신군부 세력의 압력 때문이었다. 이후 전두환 정권의 출범은 두 차례에 걸쳐 이루어졌는데, 1차는 기존의 유신헌법에 따른 출범이고, 2차는 개정 헌법에 따른 출범이었다. 전자가 쿠데타에 성공한 신군부 세력의 임시적인 정권 인수라 한다면, 후자는 그들이 원하는 방식으로 헌법 개정과 정계 재편을 이룬 후 그에 따른 전두환 정권의 공식적인 출범이었다.

전두환 정권의 1차 출범은 최규하 대통령의 하야 직후 전두환을 대통령으로 추대하려는 운동에서 시작되었다. 그 운동은 8월 18일부터 각 지역별로 열린 통일주체국민회의 대의원 안보보고회를 통해 이루어졌다. 이어 21일에는 전군 주요지휘관회의가 개최되어 전두환 장군을 국가원수로 추대했다. 이로써 전군 주요지휘관회의는 두 번에 걸쳐 공개적으로 정치에 개입했는데, 그 첫 번째 개입은 비상계엄 전국 확대를 결정함으로써 신군부의 쿠데타를 지지한 것이었으며, 그 두 번째 개입은 신군부의 전두환을 대통령으로 추대하는 것이었다. 이 같은 요식 행위에 부응하여 전두환은 군에서 전역하고, 군인에게 수여되는 최고의 훈장인 태극무공훈장까지 받았다.[1] 이어 8월 27일 개최된 통일주체국민회의는 그를 제11대 대통

---

[1] 광주항쟁을 무력으로 진압한 충정작전 유공자 66명에게 1980년 6월 20일 각종 포장과 훈장이 수여되었다. 정호용 특전사령관, 박준병 20사단장, 최세창 3특전여단장은 충무무공훈장을, 조창구 11특전여단 63대대장과 임수원 3특전여단 11대대장은 화랑무공훈장을 받았다. 그러나 이 서훈은 1997년 신군부 세력의 반란죄와 내란죄에 대한 대법원의 판결을 통해 취소되었다.

령으로 선출했는데, 총투표자 2,525명 중 2,524명이 찬성하고 1명만이 기권했다.

1980년 9월 1일 제11대 대통령에 취임한 전두환은 곧바로 헌법 개정에 착수했다. 헌법 개정이 이루어져야만, 이를 통해 그들이 주도하는 새로운 정치체제를 구축할 수 있기 때문이다. 전두환 정권의 헌법 개정 준비는 최규하 정부하에서 구성된 헌법개정심의위원회를 활용하여 이루어졌다. 즉 최규하 정부에 의해 3월 14일 발족된 헌법개정심의위원회는 광주항쟁 이후 그 작업을 계속하여 9월 9일 헌법 개정안을 확정하고, 9월 29일 정부의 공고를 거쳐 10월 22일 국민투표에 회부되었다. 그 결과 91.6%의 찬성으로 통과된 헌법 개정안은 27일 공포되었다.

개정 헌법은 국회해산권과 비상조치권을 제한함으로써 대통령이 권력을 남용할 수 있는 소지를 줄이는 한편, 연좌제 금지, 사생활 비밀 보호, 환경권, 행복추구권, 적정임금보장 규정 등 국민의 기본권을 강화하는 조항을 신설했다. 그러나 그것은 생색 내기에 그쳤을 뿐, 그 핵심은 유신헌법의 골간을 그대로 유지하고 있었다. 개정 헌법이 여전히 대통령 선출방식에서 선거인단에 의한 간선제를 유지하고, 대통령 임기는 비록 단임제로 바뀌기는 했지만 7년의 장기간으로 규정하고 있었기 때문이다. 그뿐만 아니라 개정 헌법은 그 부칙을 통해 기존 국회와 정당을 해산시켰다. 대신 그 부칙은 개정 헌법에 따라 새롭게 구성되는 국회의 개원 시까지 국가보위입법회의가 국회 역할을 대신하도록 했고, 특히 국가보위입법회의가 정치풍토 쇄신을 위해 정치활동을 규제할 수 있는 법을 제정할 수 있도록 했다.[8] 그런 점에서 개정 헌법은 신군부의 장기집권을 보장하는 한편 그들의 입맛대로 기존의 정당체제를 재편할 수 있는 길을 열어주었다.

헌법 개정이 이루어지고 이에 따른 대통령 선거가 준비되는 동안, 전두환 정권의 출범에 맞춰 그들의 입맛에 맞는 정계 재편도 진행되었다. 이를 위해 우선 정치활동의 재개가 이루어졌는데, 정당 창설을 목표로 하는 옥내 집회를 허용한 11월 21일자 계엄포고 15호가 그 첫 출발이었다. 이어 이듬해인 1981년 1월 24일에는 전국에 내려진 비상계엄이 해제되었고, 이에 따라 정치활동이 전면 재개되기에 이르렀다. 그리고 이 같은 상황에서 정치활동 규제 대상에서 제외된 정치인들과 정치 신인들을 중심으로 정계 재편의 창당 작업이 시작되었다. 제일 먼저 신군부 세력이 1981년 1월 15일 민주정의당(민정당) 창당대회를 개최하여 전두환 대통령을 총재로 선출했다. 다음으로, 1월 17일에는 구 신민당계 의원들을 중심으로 민주한국당(민한당)이 창당되고, 유치송을 총재로 선출했다. 구 민주공화당과 유정회 의원들도 1월 23일 한국국민당(국민당)을 창당했고, 혁신계 일부는 1월 20일 민주사회당을 창당했다.

그러나 자율적으로 이루어졌어야 할 창당 작업에서 이해하기 어려운 희한한 사태가 벌어졌다. 야당의 창당을 주도한 사람들이 신군부에 의한 정치 규제에서 제외되었던 인사들이라는 점에서, 다시 말해 신군부에 순종적인 인사들로 구성되었다는 점에서 야당의 창당은 처음부터 무기력했다. 하지만 사태는 여기에 그치지 않았다. 야당의 창당을 신군부가 기획하고 지원했을 뿐만 아니라, 국회의원 총선을 앞둔 야당의 공천 과정에도 그들이 깊숙이 개입했기 때문이다. 그러한 개입은 보안사와, 이제는 그 이름을 국가안전기획부로 바꾼 중앙정보부에 의해, 그리고 관계기관회의

민주정의당 창당 발기인 총회(1980년 1월 15일)

신군부 세력은 김대중, 김영삼 등 주요 정치인들의 정치활동을 규제해놓고 1981년 1월 15일 민주정의당을 창당했다. 그런가 하면 정치활동 규제 대상에서 제외된, 즉 신군부에게 순종적인 정치인들과 정치 신인들을 중심으로 민주한국당과 한국국민당 등 관제 야당을 만들었다. 신군부는 야당의 창당을 기획하고 지원했을 뿐만 아니라, 야당의 공천 과정에도 보안사와 국가안전기획부를 통해 개입하여 국회의원 후보도 조정했다. 신군부는 국회의 기능을 유신시대보다 더 철저하게 무력화했다.

등 청와대와 신군부의 실세들에 의해 이루어졌다. 당시 창당된 야당은 그 창당이 신군부에 의해 조종되었다는 점에서 관제官製 야당적 성격을 면할 수 없었다.[2]

 개정 헌법에 따라 관제성 야당들이 출현하는 사이, 개정 헌법에 따른 대통령 선거 준비도 마무리되었다. 1981년 2월 11일 선출된 5,278명의 대통령선거인단은 2월 25일 잠실체육관에서 대통령을 선출했다. 그 결과 유효투표 총수의 90.2%를 얻은 민정당의 전두환 후보가 다시 대통령에 당선되었다. 이로써 6개월 전에 유신헌법에 따라 제11대 대통령으로 당선되었던 전두환은 3월 3일 개정 헌법에 따라 제12대 대통령으로 다시 당선되기에 이르렀다. 이에 뒤이어 3월 25일에는 제11대 국회의원 총선도 치러졌는데, 민정당은 전국구를 포함하여 151석을, 민한당은 81석을, 국민당은 25석을 얻었다. 민정당의 이 같은 의석수는 지역구 90석에 더해 제1당에게 배분되도록 되어 있는 전국구의 3분의 2를 차지한 결과였다.[9]

 이로써 개정 헌법에 따른 제5공화국의 전두환 정권이 다시금 출범하게 되었다. 그리고 5·17군사쿠데타로 중단되었던 정당체제도 다시금 작동하게 되었다. 그렇지만 전두환 정권의 출범과 더불어 시작된 제5공화국의 정당민주주의는 신군부 세력의 민정당 주도 아래 야당까지도 그들의 입맛에 맞게 만들어진 '관제 민주주의'가 아닐 수 없었다.

---

2 이와 관련하여 민주정의당은 신군부의 '1중대'로, 민주한국당은 '2중대'로, 한국국민당은 '3중대'로 불렸다. 물론 그것은 신군부에 의해 관제적으로 만들어진 전두환 정권의 정당체제에 대한 일종의 비판이자 조롱이었다.

국가보위입법회의와 악법의 양산

앞에서 살펴보았듯이 헌법 개정이 이루어지고 이에 따라 전두환 정권이 새로이 출범하는 사이, 개정 헌법의 부칙에 의거하여 국가보위입법회의(입법회의)가 1980년 10월 발족했다. 이로써 국보위 활동은 막을 내리고, 그 역할은 대통령이 임명한 81명의 입법의원으로 구성된 입법회의가 대신하게 되었다. 이후 국가보위입법회의는 이듬해 4월 11일 제11대 국회가 새롭게 개원될 때까지 약 5개월간 활동했다. 물론 입법회의는 계엄령으로 국회 활동이 정지된 상황에서 임시적으로 이를 대신하기 위한 것이었다. 그러나 신군부 세력은 입법회의를 통해 전두환 정권의 대표적인 악법들을 대거 양산했다.

국가보위입법회의가 가장 먼저 처리한 법은 1980년 11월 3일 통과시킨 '정치풍토 쇄신을 위한 특별조치법'이었다. 이 법에 따라 설치된 정치쇄신위원회는 12일 국회의원 210명, 정당 간부 245명, 권력형 부정축재자 347명 등 정치활동 피규제자 811명을 발표했고, 15일에는 여기에 24명을 추가했다. 그러나 25일 정치쇄신위원회는 그중 268명을 구제함으로써 567명의 정치활동 피규제자를 최종 확정했다. 정치풍토쇄신법에 따르면 이들의 정치활동은 1988년 6월 30일까지 금지토록 되어 있었다.[3]

---

[3] 그러나 이들에 대한 정치 규제는 1983년 2월 25일 1차 해금을 통해 250명, 1984년 2월 25일 2차 해금을 통해 202명, 같은 해 11월 30일 3차 해금을 통해 84명, 그리고 1985년 3월 6일 4차 해금을 통해 14명이 해제됨으로써 1988년 이전에 모두 풀렸다.(숫자상의 차이는 사망자 때문임)

국가보위입법회의가 다음으로 처리한 대표적인 악법 중의 하나는 12월 26일 통과시킨 '언론기본법'이었다. 앞에서 살펴본 것처럼 신군부는 7~8월에 이미 기자들을 대량 해고한 바 있었다. 여기에 더해 신군부는 11월 15일 '건전언론 육성과 창달'의 이름으로 언론 통폐합 조치를 시행했다. 보안사에 의해 강압적으로 이루어진 언론 통폐합 조치는 방송 공영화, 신문과 방송 겸영 금지, 신문 통폐합, 중앙지의 지방주재 기자 철수, 지방지의 1도 1사제, 통신사의 통폐합 등이 그 주요 내용이었다.[10] 〈표 3-1〉은 당시 언론 통폐합 조치로 이루어진 언론기관 통합·흡수·조정의 주요 내용이다.

언론 통폐합이 시행된 데 이어, 국가보위입법회의는 12월 26일 언론기본법을 통과시켰다. 언론기본법은, 언론이 공공질서를 문란케 하는 위법행위를 현저하게 고무·찬양할 경우 문공부장관이 그 정·폐간을 명령할 수 있는 권한을 부여했다. 또한 언론기본법은 방송위원회, 한국방송공사, 한국언론연구원, 언론중재위원회, 방송심의위원회 등의 법정 언론유관기관을 설립케 함으로써 언론에 대한 행정적 통제 및 지원체제를 마련했다. 이 외에 전두환 정권은 프레스카드제, 입사 1년 내외 견습기자들의 언론인 연수 등을 통해 언론에 대한 통제력을 강화했다.[11] 결국 전두환 정권 초기에 이루어진 이 같은 언론통제 조치들은 이후 전두환 정권 기간 내내 권력에 의한 언론통제와 권언유착의 기반을 제공했다.

그 밖에도 국가보위입법회의는 12월 30일 노동관계법을 개정했다. 먼저, 그들은 노사협의회법을 추가하여 사업장에서 노사협의회의 설치와 운영을 의무화했다. 다음으로, 그들은 기업별 노조만을 인정하고 노조

〈표 3-1〉 언론 통폐합 조치에 따른 언론기관의 통합·흡수·조정

구분	회사명	개편 내용
종합일간지	신아일보	경향신문에 흡수통합
	서울신문	석간에서 조간으로 전환
	경향신문	문화방송과 법인 분리
경제지	서울경제	한국일보에 흡수통합
	내외경제	코리아 헤럴드에 흡수통합
통신사	동양통신	양사를 해체, 1개의 대형 민영통신사 신설, 양사가 주식의 49% 소유, 신문·방송협회 전 회원사가 51% 투자
	합동통신	
	시사통신	신설 민영통신사에 흡수
	경제통신	
	산업통신	
	무역통신	무역협회보로 전환
방송	동아방송	KBS에 흡수통합
	동양방송	
	기독교방송	복음방송만 전담
	문화방송	21개 지방사의 주식 51% 소유, 계열화
	전일방송	KBS에 흡수통합
	서해방송	
	대구FM	
지방지	부산일보	1도 1사 원칙에 따라 양사 통합 (위쪽 사가 아래쪽 사를 51 : 49%로 흡수)
	국제신문	
	매일신문	
	영남일보	
	경남매일신문	
	경남일보	
	전남일보	전남과 전매가 51 : 49%로 협의 통합
	전남매일	

자료: 『동아일보』 1980. 11. 17.

설립의 최저 인원 한도를 설정하는 한편, 유니온숍 제도를 폐지함으로써 노동자의 단결권을 현저히 약화시켰다. 또한 그들은 제3자 개입금지 조항을 만들어 외부의 지원이나 연대를 차단했고, 쟁의행위를 규제하는 복잡한 절차를 만들어 단체행동권을 크게 제한했다. 그 밖에도 그들은 노동조합에 대한 행정관청의 간섭을 합법화시키는 등, 노동운동을 통제할 수 있는 제반 규정들을 만들었다. 다른 한편, 입법회의는 반공법을 폐지하는 것과 동시에 그 법을 국가보안법에 흡수시켰으며, '집회 및 시위에 관한 법률'을 대폭 개정하여 그 규제 대상을 확대 강화했다.

정당성의 부족과 대체적 정당성의 모색

이상에서 살펴본 것처럼 신군부 세력은 광주항쟁 진압 직후 숙정과 정화의 이름으로, 그리고 사회악 일소라는 명분으로 권력 장악을 정당화했다. 그러나 많은 사람들이 민주화를 열망했던 '서울의 봄' 상황에서 그 기대를 짓밟고 광주항쟁에 대한 유혈적인 진압을 통해 권력을 장악한 신군부 세력에게는 여전히 정권의 정당성이 부족했다. 따라서 신군부 세력과 전두환 정권은 그들의 부족한 정당성을 보충하기 위해 국민의 지지를 끌어낼 수 있는 또 다른 조치들도 시행했다.

먼저, 신군부 세력은 정화와 숙정의 과정에서 교육개혁 조치를 취했는데, 1980년 7월 30일 발표한 대입본고사 폐지, 졸업정원제 실시, 과외금지 등을 주요 내용으로 하는 '교육 정상화 및 과열 과외 해소방안'이 바로 그것이었다. 대학 입시의 경쟁을 완화시키고자 한 이 조치는 국민들로부터 큰 환영을 받았다. 그러나 입학은 쉽지만 졸업은 어렵게 만든 졸업정원제는 입학 후 학업 경쟁을 유도함으로써 대학생의 정치의식을 약화시킬 또 다른 의도도 내포하고 있었다. 한편 전두환은 3월 3일 제12대 대통령 취임과 더불어 민청학련사건, 부마항쟁, 광주항쟁 등의 관련자들을 포함하여 총 5,221명에 대해 대규모 사면·복권·감형의 조치를 취했다. 이 역시 새로운 출범을 앞둔 전두환 정권의 안정화를 위한 조치였다.

다음으로, 전두환은 대통령 취임사에서 전쟁·빈곤·탄압으로부터의 해방을 강조하고, 이를 위해 민주주의의 토착화, 복지사회의 건설, 정의사회의 구현, 교육혁신과 문화창달 등 국정의 4대 지표를 밝혔다. 물론 취임사에서 밝힌 이 같은 정책의 대부분은 정치적 수사에 불과했다. 그렇지만 전두환 정권은 다음의 몇 가지 정책에 대해서는 이후에도 지속적인 관심을 기울였다. 첫째는 대통령 취임사에서 전두환이 밝힌 민주주의 토착화와 관련하여 평화적 정권교체를 기회 있을 때마다 강조했다는 점이다. 물론 이는 단임제를 지키는 것이 곧 평화적 정권교체이며, 그것이 곧 민주화라는 그들만의 논리에 근거한 것이었다. 둘째는 문화창달과 관련하여 전두환 정권이 서울올림픽대회와 아시안게임을 적극 유치하는 한편, 프로스포츠의 출범에도 매우 적극적인 태도를 보였다는 점이다. 물론 그것은 국민의 탈정치화를 유도하고, 그들의 부족한 정당성을 확보하기 위한 의도를 내포하고 있었다.

한편 전두환 정권을 안정시키기 위한 미국과 일본의 노력도 전두환 정권의 부족한 정당성을 보충해주었다. 12·12사태 때 신군부 세력의 군사행동을 방조하고 광주항쟁 당시 20사단의 광주 투입을 승인한 바 있던 미국은 전두환 정권의 출범에 즈음하여 그 안정화를 위해 노력했다. 즉 미국의 레이건 정권은 전두환이 제12대 대통령에 선출되기 직전인 1981년 2월 말 그를 워싱턴으로 불러, 그에 대한 미국의 지지를 분명하게 확인시켜주었다. 그뿐만 아니라 1982년 4월에는 미국 부통령 부시가, 1983년 11월에는 대통령 레이건이 직접 한국을 방문함으로써 전두환 정권에 대한 미국의 확고한 지지를 다시 한번 과시했다.[4] 일본 역시 1983년 1월 나카소네 총리의 방한을 통해 안보경협의 이름으로 한국에 40억 달러의 차관을 제공함으로써 전두환 정권의 안정을 도모하고자 했다.[12]

민주화운동의 시련과 내연

광주항쟁 이후 전두환 정권이 들어서고 그 체제 정비가 이루어졌던 기간에 민주화운동은 신군부 세력과 전두환 정권의 탄압으로 인해 다시금 시련의 상황에 접어들지 않을 수 없었다. 그 시련은 단순히 민주화운동의 축소와 침체만을 의미하지는 않았다. 자국의 군대에 의해 국민들이 대량

---

4 전두환 정권의 등장을 전후하여 미국에서는 레이건 정권, 영국에서는 대처 정권, 일본에서는 나카소네 정권의 보수정권이 등장함으로써 국제적으로 신냉전의 상황이 도래하고 있었다. 이 같은 상황에서 미국 레이건 정권은 대외정책의 기조로 '커크패트릭 독트린'을 견지했는데, 이는 미국의 국익에 부합하고 친미반공정권이라면 비록 제3세계 독재정권이라 할지라도 계속 지원해주겠다는 정책이었다.

살상되는, 일반인으로서는 상상하기조차 어려운 광주의 충격은 민주화운동으로 하여금 그러한 시련 속에서도 다시 일어서기 위해 내연內燃하지 않을 수 없게 만들었기 때문이다. 즉 광주 시민만이 쿠데타의 집중적인 희생양이 되었다는 사실에 대한 죄책감과 광주항쟁에 대해 공수부대까지 투입하여 이루어진 계엄군의 유혈적인 진압에 대한 분노는 이후 전두환 정권에 대한 민주화운동이 급속히 확산·강화될 수 있는 잠재적 기반을 제공했던 것이다.

  광주항쟁 이후 전두환 정권의 등장 과정에서 학생운동은 당국의 탄압을 받아 크게 약화되었다. 그럼에도 불구하고 광주 참사와 전두환 정권에 대한 학생들의 항의시위는 갈수록 점차 확대되고, 그 과정에서 전두환 정권에 대한 투쟁을 둘러싸고 학생운동 내부의 노선 갈등이 심화되었다. 이 같은 상황에서 1980년 12월 11일 서울대에서는 '반파쇼학우투쟁선언' 유인물이 살포되는 것과 동시에 전두환 정권에 대한 반대시위가 일어났다. 그러나 이를 계기로 당국의 대대적인 수사가 착수되어 서울대생 11명이 구속되고, 수십 명의 재학생들이 군에 강제징집되었다. 이른바 '무림사건'이었다.

  12월 11일 시위를 주도했던 '무림그룹'은 1980년 상반기 운동을 주도해 온 서울대의 언더 운동권으로, 이들은 학생운동이 전체 운동 형성의 중요한 모체이므로 시위 만능주의를 자제하고 기층민중으로의 이전에 주력해야 한다는 대기론적 입장을 갖고 있었다. 그러나 무림그룹의 이 같은 노선에 반대하여 학생운동이 직접 선도적인 투쟁을 전개하고 그 성과를 통해 노동운동을 강화시켜야 한다고 주장하는 새로운 그룹도 형성되었다. 이미

1980년 5월 3일 '전국민주노동자연맹(전민노련)'을 결성한 바 있던 이들은 1981년 2월 27일에는 '전국민주학생연맹(전민학련)'을 건설했다. 이후 5월 내내 다수의 대학에서 발생한 학생 시위는 주로 이들의 주도로 전개되었다. 그러나 이들 역시 6월 이후 대거 검거되었는데, 당국은 이를 '학림사건'이라 칭했다.[13]

이상과 같은 사태의 전개와 관련하여, 전두환 정권 들어 정권의 탄압과 이에 대한 학생운동은 과거와는 다른 새로운 양상을 보여주고 있었다. 먼저, 전두환 정권의 탄압은 박정희 정권에 비해 그 폭력성이 더 강화되고 있었다. 그 결과 고문은 박정희 시대에 비해 더욱 일상화되었고, 여기에 강제징집과 같은 조치들도 덧붙여진 것이다. 다음으로, 광주의 경험을 거친 학생운동도 변화하기 시작했다. 그들은 노동운동을 비롯한 전체 운동과의 관계 속에서 학생운동을 바라보기 시작했고, 이는 노학연대 강화의 모습으로 나타났다. 또한 학생운동은 한층 과학적이고 체계적인 투쟁 전략을 고민하기 시작했는데, 그것은 동시에 노선을 둘러싼 학생운동 내부의 갈등도 수반했다.

과거와는 다른 학생운동의 특징은 이에 그치지 않았다. 광주항쟁 이후 과거에는 찾아볼 수 없던 반미운동의 격렬한 움직임이 태동하고 있었기 때문이다. 그 움직임은 마침내 1980년 12월 광주 미문화원 방화사건으로 나타났다. 당국의 통제로 인해 언론에 제대로 보도되지 않았던 이 사건은 그 피해도, 파장도 그리 크지 않았다. 그러나 1982년 3월 18일에 발생한 부산 미문화원 방화사건은 광주 미문화원 방화사건과는 달리 인명 피해를 냈다는 점에서, 또한 언론에 전면 보도되고 그 사건의 수사 과정에서 정부당국과 사건 주모자들을 보호하려던 천주교 사이의 갈등이 급속히 증대했다는 점에서 세인의 큰 관심을 끌었다. 아무튼, 광주와 부산에서 발생한 미문화원 방화사건은 신군부 세력의 광주항쟁 진압을 지원했던 미국에 대한 항의이자 응징의 행동이었다. 그런 점에서 이 사건들은 반미의 무풍지대였던 한국에서 반미운동의 출발을 알리고 있었다.

노동운동 역시 광주항쟁 이후 전두환 정권의 등장 과정에서 극도로 침체되었다. 앞에서 살펴보았듯이 신군부와 전두환 정권은 노동계 정화 조치와 노동관계법 개정을 통해 노동운동을 크게 약화시켰다. 노동운동에 대한 전두환 정권의 탄압은 이후에도 지속되었는데, 그것은 주로 다음과 같은 조치들을 통해 이루어졌다. 첫째, 전두환 정권은 민주노조를 파괴하고자 했는데, 1981년 1월 청계피복 노조의 해산, 3월 반도상사 노조의 해산, 6월 서통 노조의 어용화, 1982년 7월 콘트롤데이타사의 한국 철수, 그리고 1982년 10월 원풍모방 노조의 해산 등이 그 대표적 사례였다. 둘째, 전두환 정권은 임금인상 가이드라인을 설정함으로써 임금인상을 억제시키는 한편 중앙과 지방에 노동대책회의를 설치하여 노동자의 저항을 분쇄하고자 했다. 셋째, 전두환 정권은 1천여 명에 달하는 해고노동자 명단의 블랙리스트를 작성하여 이를 사업장과 노동부 및 정보기관 등에 배포함으로써 이들의 취업을 차단하고자 했다.

그러나 학생운동과 노동운동에 대한 전두환 정권의 이 같은 탄압에도 불구하고, 1982년 후반 이후 민주화운동의 새로운 출발을 위한 노력들이 경주되고 있었다. 특히 노학연대의 노력이 새롭게 모색되고 있었는데, 그것은 소그룹 활동과 노동야학의 성행으로, 학생 출신들의 대거 노동현장 이전으로, 그리고 해고노동자들의 실천활동 등으로 나타났다. 학생운동의 경우 그것은 1982년 하반기에 일본 역사교과서 왜곡에 대한 항의시위로, 원풍모방 노조 탄압에 대한 항의시위로, 학생의 날 가두시위 등으로 나타났다. 또 1983년 들어 상반기에는 학원민주화 투쟁으로, 하반기에는 국제의원연맹(IPU) 서울총회 반대투쟁과 레이건 방한 반대투쟁으로 나타났다.

한편 전두환 정권에 대한 반대투쟁은 1982년 12월 형 집행정지로 석방되어 신병 치료차 미국으로 건너간 김대중의 정치활동 재개와, 1983년 5월 김영삼 전 신민당 총재의 단식투쟁으로도 나타났다. 또한 같은 해 9월 30일에는 1970년대 이후 민주화운동을 주도해온 청년활동가들이 '민주화운동청년연합(민청련)'을 결성하여 공개적인 민주화운동에 나섰다. 이상과 같이 각 영역에서 민주화운동이 재개된 결과, 1983년이 끝나갈 무렵에는 광주항쟁 이후 전두환 정권의 탄압으로 침체를 면할 수 없었던 민주화운동이 다시금 부활할 준비를 갖추게 되었다. 광주항쟁의 경험과 시련을 거쳐 다시 등장했기에, 그것은 광주항쟁 이전보다 훨씬 강한 역동성을 내재하고 있었다.

04

민주화운동의 부활과
전두환 정권의 대응

유화조치 이후 급속히 확산, 강화된 민주화운동은 1985년 상반기에 들어 전두환 정권을 직접적으로 위협하기에 이르렀다. 이 시기에 발생한 민주화운동의 주요 사건들, 즉 2·12총선과 이를 통한 신민당의 등장, 3월 재야세력의 중심 조직으로서의 민통련의 등장, 4월 대우자동차 파업, 학생들의 5월 광주투쟁과 그 일환으로 발생한 미문화원 점거농성 사건, 그리고 6월 구로동맹파업은 그 점을 분명하게 보여주고 있었다.

유화조치

1983년 12월 21일 권이혁 문교부장관은 전국 대학 총학장회의에서 '국민화합'의 명분 아래 5·17군사쿠데타 이후 정치적 이유로 제적된 1,363명에 대한 복교허용 조치를 발표했다. 이와 더불어 권이혁 장관은 학원 대책도 처벌 위주에서 선도 위주의 예방정책으로 바뀔 것이라고 말했다. 다음 날인 22일에는 수감 중인 학생사범 131명을 포함해 공안사범 172명과 일반 형사범 1,623명의 형 확정자에게 특별사면과 형 집행정지의 조치가 취해졌고, 142명의 공민권 상실자에게는 특별복권 조치가 취해졌다. 이른바 유화조치였다. 이로써 숙정과 정화를 앞세워 이루어졌던 전두환 정권의 체제 정비와 이에 따른 억압정책은 한층 완화되었다.

그러나 전두환 정권의 유화조치는 이미 1983년 초부터 부분적으로 이루어지고 있었다. 정치활동 피규제자 250명에 대한 1차 해금(2. 25), 부산 미문화원 방화사건과 김대중 내란음모사건 및 광주민주화운동 관련자 등 695명을 포함해 1,944명에 대한 광복절 특사(8. 12), 1980년 해직교수의 단계적 복직허용(8. 16)과 타 대학 복직허용(12. 6) 등이 그것이었다. 그런 점에서 1983년 12월 말에 취해진 유화조치는 그동안 부분적으로 이루어졌던 이 같은 유화조치가 더욱 확대된 것이라 할 수 있었다. 1984년에도 유화조치는 계속 이어졌는데, 정치활동 피규제자 202명에 대한 2차 해금(2. 25), 학교 투입 사복경찰의 철수(2. 29), 학원사태 관련 학생 159명을 포함해 1,176명에 대한 3·1절 특사(3. 1) 등이 그것이었다.

1983년 말을 전후하여 전두환 정권이 이처럼 유화조치에 나선 이유는

정치활동 피규제자에 대한 해금조치

전두환 정권은 1983년 초부터 정치활동 피규제자 250명에 대한 1차 해금, 부산 미문화원 방화사건과 김대중 내란음모사건 및 광주민주화운동 관련자 등에 대한 광복절 특사, 해직교수의 복직허용 등과 같은 유화조치를 취했다. 유화조치는 전두환 정권의 성공적인 출범 및 경제회복을 통한 권력 기반의 안정적 구축에 따른 자신감의 표현이었다. 그러나 유화국면을 타고 학생운동과 노동운동, 도시 빈민의 생존권 투쟁이 크게 활성화되면서 전두환 정권을 위협하기 시작했다.

무엇인가? 첫째, 그것은 신군부 세력의 정권 인수와 전두환 정권의 출범이 성공적으로 마무리되었다고 판단한 결과였다. 전두환 정권은 국가보위비상대책위원회를 중심으로 시행했던 숙정과 정화 조치 그리고 사회악 일소 조치에 의해, 또한 국가보위입법회의를 통해 언론기본법과 노동관계법 등을 개악함으로써, 그리고 그들이 만들어냈던 '관제 민주주의'를 통해 권력이 안정적으로 구축되었다고 판단하기에 이르렀던 것이다. 게다가 전두환 정권 초기의 경제회복 성과는 그들의 자신감을 더욱 높였는데, 1980년 -5.2%였던 경제성장률은 1981년에 6.6%, 1982년에 5.4%, 그리고 1983년에는 11.9%에 달했다.

둘째, 그것은 정권의 안정화와 관련이 있었다. 신군부 세력은 박정희 사후 사회혼란이라는 비상사태를 내세워 그들이 일으킨 쿠데타와 정권장악을 정당화했다. 그러나 비상사태를, 그것도 의도적으로 과장한 비상사태를 언제까지나 지속시킬 수는 없었다. 비상사태는 일상의 정치현실로 돌아와야 했고, 더구나 이제는 정상적인 정당정치를 통해 정권을 유지시켜야 했다. 또한 다가올 1985년의 제12대 국회의원 총선은 더 이상 비상사태가 아니라 일상의 정치현실 속에서 치러야 했다. 전두환 정권이 비록 관제 정당에 바탕을 두었다고는 하지만 외견상 정당정치를 유지하려 했던 것은 이러한 현실 때문이었다. 그뿐만 아니라 전두환 정권의 등장에 적극적인 지지를 표명했던 미국 역시 군사정권의 민간화를 요구하고 있었다.

셋째, 쿠데타로 집권한 전두환 정권은 그들의 부족한 정당성을 보충할 필요가 있었다. 이를 위해 전두환은 이미 대통령 취임사에서 한반도 평화정착과 북한의 개방에 대한 관심, 평화적 정권교체 전통의 확립 등을 강조한 바 있었다. 이에 더해 전두환 정권은 특히 대규모 스포츠 행사를 통해 정권의 업적을 올리고자 했는데, 그것은 1986년 아시안게임과 1988년 올림픽대회 유치로 나타났다. 따라서 86아시안게임과 88올림픽대회의 성공적인 개최를 위해서도 국내의 안정과 평화의 모습을 과시할 필요가 있었다. 전두환 정권이 유화조치를 실시한 데에는 이러한 필요성도 한 원인을 제공했다.

  그러나 이상과 같은 필요로 취해졌던 유화조치는 의도하지 않은 결과를 초래했다. 유화국면이 전개되면서 민주화운동이 폭발적으로 분출했고, 1985년 후반 전두환 정권의 억압정책이 다시 강화되기 전까지 민주화운동의 급성장으로 이어졌기 때문이다. 다시 말해, 유화국면의 분위기 속에서 학생운동이 새롭게 부활했고, 이에 힘입어 노동운동과 재야운동을 비롯하여 사회 각 분야의 민주화운동이 급속히 확산되는 현상이 발생했던 것이다. 그러나 유화조치의 효과는 이에 그치지 않았다. 신군부 세력에 의해 정치권에서 강제로 배제되었던 정치인들 역시 '민주화운동추진협의회(민추협)'를 결성해 전두환 정권에 대한 전면적인 반독재 투쟁에 나섰기 때문이다.

학생운동의 부활

  신군부 세력의 5·17군사쿠데타와 전두환 정권의 등장 과정에서 급속히 위축되었던 학생운동은 유화조치 이후의 변화된 상황에서 다시금 회복되기 시작했다. 먼저, 1984년 상반기에 학생운동은 복교대책운동으로 출발하여 학원 민주화운동 또는 학원 자율화운동으로 발전했다. 그리고 이를 통해 학생 활동 금지 및 제한 규정의 폐지, 학내 언론의 활성화, 졸업정원제와 상대평가제의 폐지, '학원자율화추진위원회(학자추)' 또는 '학원민주화추진위원회(학민추)'의 인정, 그리고 지도휴학제와 강제징집의 철폐 등을 요구하고 나섰다. 특히 강제징집의 철폐와 관련하여, 학생들은 강제로 징집된 후 군에서 의문사를 당한 학생들에 관한 보고와 항의집회를 전개했다. 5월 4일 6개 대학 연합으로 고려대에서 개최된 강제징집 사망 학우 6명에 대한 합동위령제가 그 대표적인 사례였다.[1]

학내 중심의 학생운동은 1984년 하반기에도 계속되었다. 그리하여 1학기에 전개된 학자추와 학민추 운동은 2학기에 들어 총학생회 부활투쟁으로 이어졌다. 그 결과 고려대를 비롯하여 각 대학에서는 학생들의 직접선거로 선출된 총학생회가 구성되었다. 물론 이때의 총학생회는 공식적으로 인정받지 못한 임의단체였다. 그렇지만 아래로부터 학생들의 자발적인 참여와 열기를 바탕으로 등장한 총학생회는 학생 대중의 진정한 대표기구

---

[1] 국방부 과거사진상규명위원회의 조사에 따르면, '소요 관련 대학생 특별조치 방침'으로 취해졌던 강제징집은 1980년 9월 4일에 시작되어 1984년 11월에 폐지될 때까지 총 1,152명에 대해 이루어졌다. 강제징집과 더불어, 좌경화 및 반정부 시위를 원천적으로 억제하고자 시행된 '녹화사업'은 보안사 대공처 소속 심사과 및 예하 보안부대에 의해 이루어졌다. 그들은 조사 대상자를 임의동행한 후 운동권 가담 여부 및 그 활동을 강압적으로 조사했고, 심지어 일부 학생들에게는 '프락치 활동'을 강요했다. '녹화사업'은 강제징집자 921명을 포함하여 1,192명을 대상으로 실시되었는데, 그 직간접적 영향으로 6명의 사망자가 발생했다.(국방부 과거사진상규명위원회 2007a, 37~46쪽; 국방부 과거사진상규명위원회 2007b, 5~145쪽)

였다. 총학생회 부활투쟁을 비롯한 학내의 학생운동이 이처럼 확산되자, 정부당국은 1985년 1월 마침내 총학생회를 공식적으로 허용하기에 이르렀다. 이로써 1975년 9월 유신체제하에서 부활하여 그동안 학생에 대한 통제기구로 이용되었던 학도호국단 체제는 마침내 폐지되기에 이르렀다.

유화국면을 맞아 빠르게 회복되어가던 학생운동은 학내 투쟁에만 머물지 않았다. 1984년 하반기부터 총학생회 부활투쟁이 전두환 정권에 대해 민주화를 요구하는 정치투쟁으로 발전했기 때문이다. 그리고 그 과정에서 학생운동은 더욱 '급진화'되었다. 이는 전두환 정권에 대한 단순한 저항을 넘어 점차 한국 사회의 변혁을 사고하기에 이르렀기 때문이다. 또한 그런 만큼 학생운동은 한층 더 '과학적'이고자 했다. 변혁운동의 이론과 노선, 그리고 그 전략과 전술에서 무엇이 올바른 방도인지를 모색하고자 했기 때문이다. 물론 이처럼 학생운동이 급진화, 과학화하게 된 정서적 배경에는 광주의 충격이 있었다. 그러나 여기에 이론적 자원을 제공한 것은 마르크시즘을 비롯한 급진적 이론들이었다. 당시 다수의 사회과학적 급진 이론들이 한국에 때 늦게 수용되기 시작한 것은 학생운동의 바로 이 같은 분위기 때문이었다.

아무튼, 학내 투쟁을 벗어나 민주화 요구의 정치투쟁으로 발전한 당시의 학생운동은 주로 두 방향에서 이루어졌다. 한 방향은 학생운동이 노동운동을 지원하거나 이와 연대하고자 한 투쟁, 즉 노학연대 투쟁이었다. 당시 노학연대 투쟁이 부상할 수 있었던 것은 광주항쟁 이후 더욱 급진화된 학생운동이 산업노동자들을 한국 사회 변혁운동에서 가장 강력한 잠재적 동맹세력으로 인식했기 때문이다. 이에 따라 학생운동은 노동운동을 지원하고 노동자들과 연대하고자 했다. 또한 그럼으로써 그들을 의식화시키고 정치적으로 동원하고자 했다.[1)]

구체적으로, 노학연대는 노동운동에 대한 학생들의 지원과 직접적인 노동현장 투신이라는 두 가지 방법으로 이루어졌다. 전자의 경우, 그것은 노동자들의 투쟁에 학생들이 지원하고 참여하는 것으로 나타났다. 후자의 경우, 그것은 주로 대학 재학 중에 또는 졸업 후에 학생 스스로 직접 노동현장에 뛰어드는 것으로 나타났다. 물론 이러한 노동현장 투신은 대학생의 신분을 숨긴 '위장취업' 형태로 이루어졌다. 특히 대학생들의 노동현장 진출은 1980년대 중반 광범위하게 이루어졌는데, 서울 및 수도권의 공장지대에서 집중적으로 이루어졌던 그것은 그 규모가 대략 1,000~3,000명 수준으로 파악되고 있다.[2]

정치투쟁으로 발전한 학생운동의 또 다른 방향은 선도투쟁의 모습으로 나타났다. 전두환 정권에 대항하는 민주화 투쟁에서 학생들이 연대투쟁 조직을 결성하고, 이를 바탕으로 그 주요 활동가들이 민주화 투쟁의 최전선에 나섰던 것이 바로 그것이었다. 이와 관련하여 서울의 주요 대학들은 1984년 11월 3일 학생의 날을 맞아 연세대 교정에서 1만여 명의 학생들이 모인 가운데 '전국학생대표기구회의(전대의)'와 그 투쟁기구로서 '민주화투쟁전국학생연합(민투학련)'을 결성했다. 그리고 민투학련은 11월 14일 민정

---

2 학생들의 노동현장 진출은 주로 서울과 수도권의 공장지대를 중심으로 이루어졌는데, 이와 관련하여 유경순(2007, 41~42쪽)은 그 규모를 1985년까지 1,000명 정도로, 구해근(2002, 1·60쪽)은 죠지 오글을 인용(Ogle 1990, 99쪽)하여 3,000명으로 파악하고 있다. 반면 임영일(1998, 81쪽) 그 규모를 1만 명으로 파악하고 있다.

당사 점거농성투쟁을 주도했다. 학생운동의 소수 정예들의 사전 모의 아래 독재권력의 상징적인 기관을 전격적으로 점거, 당국의 진압에 맞서 격렬한 농성을 전개했던 이 같은 투쟁방식은 그 선명한 효과를 통해 민주화운동을 확산시키고자 의도된 것이었다.

한편, 1985년 2·12총선의 결과도 학생운동의 확산에 긍정적인 영향을 미쳤다. 2·12총선을 통해 선명 야당으로서의 신한민주당(신민당)이 관제적 성격의 민한당을 대체함으로써 학생운동을 한층 고무시켰기 때문이다. 그 결과 전국 62개 대학의 학생회는 4월 17일 '전국학생총연합(전학련)'을 결성했고, 그 산하에 '민족통일·민주쟁취·민중해방을 위한 투쟁위원회(삼민투위)'를 설치했다.

결국 1983년 말 유화조치 이후 학내 민주화를 넘어 전두환 정권에 대한 민주화의 정치투쟁에 나섰던 학생운동은 한편으로 노학연대를 통해, 다른 한편으로 선도투쟁을 통해 민주화 투쟁의 확산에 기여했다고 할 수 있다. 1985년 광주항쟁 5주년을 맞아 각 대학들이 5월투쟁을 활발히 전개할 수 있었던 데는 학생운동의 이 같은 발전과 확산에 기인한 것이었다. 그리하여 5월투쟁의 절정을 이룬 17일에는 전국 80개 대학에서 3만 8천여 명의 학생들이 광주사태의 진상 규명과 책임자 처벌을 요구하며 학내외에서 시위를 전개했다.

바로 이 같은 상황에서 5월 23일 서울 미문화원 점거농성사건이 발생했다. 서울지역 5개 대학교 73명이 참여한 가운데 26일까지 나흘에 걸쳐 미문화원에서 농성을 감행했던 이 사건은 광주 학살에 대한 전두환 정권의 책임과 미국의 지원에 대해 그 책임을 물었다. 그 효과로 볼 때, 선도투쟁으로서의 서울 미문화원 점거농성사건은 대성공이었다. 서울 미문화원 점거농성사태가 국내외 언론을 타고 전 세계에 타전됨으로써, 전두환 정권과 미국에 광주의 책임을 묻고자 했던 그들의 의도가 극적인 효과를 거두었기 때문이다.

물론 미문화원 투쟁이 진압된 이후, 이에 직접 참여한 73명 가운데 25명이 구속되었고, 그중 19명이 최종적으로 기소되었다. 그렇지만 그것은 1980년대 초 광주와 부산의 미문화원 방화사건과 더불어 반미의 무풍지대였던 한국에서 새로운 반미운동의 흐름을 만들어냈다.

노동운동의 확산과 강화

전두환 정권의 등장 과정에서 노동운동은 정권의 집중적인 탄압 대상이 되었고, 그 결과 전두환 정권 초기에 노동운동은 크게 위축되지 않을 수 없었다. 그러나 유화국면이 시작되면서 학생운동과 마찬가지로 노동운동 역시 다시 활성화되기 시작했다. 1980년대 전반기 노동운동의 실태를 보여주고 있는 〈표 4-1〉은 전두환 정권 등장 당시 크게 줄어들었던 노동조합 수가 유화국면을 전후하여 증가하기 시작했고, 특히 1985년에 들어 그 증가 폭이 더욱 커졌음을 알려준다.

전두환 정권하의 노동운동이 유화국면과 더불어 다시 활성화되었다는 점 이외에도, 1980년대 전반기 노동운동의 특징은 그것이 과거와는 다른 모습을 보여주고 있었다는 점이다. 이와 관련하여 1970년대의 노동운동

〈표 4-1〉 1980년대 전반기 노동조합 및 조합원 수의 변화

연도	노동조합 수 (개)	조합원 수(명)			피용자 수 (천 명)	조직률(%)
		총계	남자	여자		
1979	4,947	1,088,061	723,583	364,478	6,479	16.8
1980	2,618	948,134	566,368	381,766	6,464	14.4
1981	2,141	966,738	628,259	338,479	6,605	14.6
1982	2,194	984,136	633,106	351,030	6,839	14.4
1983	2,238	1,009,881	673,411	336,470	7,171	14.1
1984	2,365	1,010,522	683,542	326,980	7,632	13.2
1985	2,534	1,004,398	691,911	312,487	8,104	12.4
1986	2,658	1,035,890	724,566	311,324	8,433	12.3
1987	2,725	1,050,201	–	–	8,974	11.7

※ 1979년 노동조합 수는 지부 분회를 합한 것이며, 1980~1987년은 중앙조직을 제외한 단위노조 수임. 1987년은 6월 30일 현재의 수치임.
자료: 이원보, 『한국노동운동사 5: 경제개발기의 노동운동 1961~1987』, 고려대 노동문제연구소(지식마당), 2004, 667쪽.

은 박정희 정권의 강력한 탄압 속에서 아래로부터 노동자들의 요구와 이해를 대변할 수 있는 민주노조 건설에 집중되었다. 그리고 어려운 환경 속에서 전개되었던 까닭에 기독교를 비롯한 외부 집단의 지원에 상당 정도 의존하지 않을 수 없었다.

그러나 광주의 경험과 전두환 정권의 등장 과정에서 혹심한 탄압을 겪어냈던 1980년대의 노동운동은 다음과 같은 점에서 1970년대의 그것과 달랐다. 하나는 전두환 정권의 탄압을 거치면서 노동운동이 외부의 지원에서 벗어나 점차 독자적인 운동으로 발전했다는 점이다. 따라서 노동운

동에 대한 종교계의 지원은 상대적으로 약화되었다. 다른 하나는 학생운동의 급진화 속에서 노동운동 역시 급진화·정치화되었다는 점이다. 주로 노학연대를 통해 나타났던 그것은 노동운동이 한국 사회 변혁의 가장 강력한 잠재세력이 될 것으로 인식한 학생운동의 영향 때문이었다.

유화국면 이후 급속히 확산된 1980년대의 노동운동은 구체적으로 다음과 같은 다양한 형태로 나타났다. 첫째는 1970년대부터 노동운동을 해오다가 전두환 정권에 의해 해고된 노동자들을 중심으로 전개되던 노동운동이었다. 전두환 정권은 그 등장 과정에서 노동자들을 대량 해고하고 이들에 대한 탄압을 강화했는데, 이는 그들을 전문적인 노동운동가로 만드는 역설적인 결과로 이어졌다. 전두환 정권의 탄압 속에서 새롭게 단련된 그들을 중심으로 1984년 3월 10일에는 '한국노동자복지협의회(노협)'가 결성되었는데, 그들은 블랙리스트 철폐투쟁, 청계피복 노조 합법성 쟁취투쟁, 노동법 개정투쟁에 적극 나섰다.

둘째는 자연발생적 노동운동이었다. 유화조치 이후 자연발생적인 노동운동이 분출하기 시작했는데, 1984년 5월 말과 6월에 걸쳐 대구에서 시작되어 부산 등 전국 각지로 파급되었던 택시 기사들의 파업과 시위가 그 대표적인 경우였다. 생존권적 차원에서 전개되었던 택시 기사들의 이 같은 파업과 시위는 사납금 인하 등 노동조건을 개선시키는 한편, 수많은 노동조합 결성으로 이어졌다. 예컨대, 대구의 경우 5·25파업 당시 12개였던 택시노동조합이 7월 중순 50여 개로 늘어났고, 전국적으로도 1984년 4월 현재 330개였던 노동조합이 6월 말 현재 423개로 늘어났다.[2]

셋째는 노학연대로 전개된 노동운동이었다. 앞에서 언급했듯이, 전두환 정권하에서 급진화된 학생운동은 노동자들을 한국 사회 변혁을 위한 가장 강력한 잠재세력으로 인식하여 그들을 의식화시키고 정치적으로 동원하고자 했다. 따라서 당시의 노동운동은 학생운동의 지원투쟁에 힘입어, 그리고 다수 학생들의 노동현장 투신을 통해 발전할 수 있었다. 특히 후자의 경우, 위장취업 형태로 노동현장에 진출한 학생운동 출신의 노동운동가들은 소그룹 활동과 지역 차원의 노동운동을 통해 노동운동의 확산과 강화에 기여했다.

이렇듯 다양한 형태로 노동운동이 확산·강화되는 가운데, 유화국면 이후 해고노동자들과 학생들의 노학연대 투쟁을 상징적으로 보여준 사례가 '청계피복 노조 합법성 쟁취투쟁'이었다. 전두환 정권이 등장하면서 강제적으로 해산되었던 청계피복 노조는 유화국면 이후 준비위원회를 결성하여 그 복구를 준비해왔는데, 그 복구투쟁은 노학연대의 모습을 잘 드러내주고 있었다. 즉 세 차례에 걸쳐 시도되었던 청계피복 노조 합법성 쟁취투쟁은 1984년 9월과 10월의 1, 2차 투쟁에서는 노동자들과 학생들의 연대하에 약 2,000여 명이 참여한 가운데, 그리고 1985년 4월의 3차 투쟁에서는 약 2,500명의 노동자들과 학생들이 참여한 가운데 격렬한 가두투쟁의 형태로 전개되었다.[3]

유화조치 이후 노동운동의 성장과 강화를 가장 분명하게 보여준 것은 1985년 상반기에 발생한 대우자동차 파업과 구로동맹파업이었다. 4월 16일부터 25일까지 열흘간에 걸쳐 발생한 대우자동차 파업은 10%의 기본급 인상, 40%의 수당 신설 및 사원아파트 건설을 포함한 합의안을 관철시켰다. 대우자동차 파업은 과거와는 달리 재벌기업에서도 그리고 남성 중심의 중공업 부문에서도 조직적 파업이 가능하다는 점을 최초로 보여주었다는 점에 그 의의가 있었다.[4] 대우어패럴 노조위원장의 구속이 발단이 되어 6월 24일부터 29일까지 엿새 동안 전개된 구로동맹파업에는 구로지역 10개 사업장의 노동자 2,500여 명이 참여했다. 구로동맹파업은 기업별 한계를 넘어 지역연대투쟁이 가능하다는 점과, 비록 초보적인 수준이지만 구속 간부 석방과 노동악법 철폐를 내건 정치투쟁의 모습을 보여주었다는 점에서 의의가 있다.[5]

유화조치 이후 이루어진 이 같은 노동운동의 확산과 강화에 대응하여 정부당국은 이미 1984년 하반기부터 탄압을 다시 강화하고 있었다. 그리고 이러한 탄압의 분위기 속에서 정부당국은 구로동맹파업에 참여했던 43명을 구속하고, 38명을 불구속 입건했으며, 47명을 구류에 처했다. 또한 구로동맹파업의 결과 700여 명의 노동자들이 해고되거나 강제 사직을 당했다. 그럼에도 불구하고 구로동맹파업은 이후 노동운동의 정치화에 커다란 영향을 미쳤다. 즉 노동자들의 대중정치조직으로서 1985년 8월에 '서울노동운동연합(서노련)'이, 1986년 2월에 '인천지역노동자연맹(인노련)'이 결성되었던 것이다.

노동운동의 확산과 강화가 이루어지고 있던 이 시기에 농민들과 도시빈민들의 생존권 투쟁도 격화되었다. 먼저, 1980년대 들어 경제개방의 일환으로 개방농정이 추진되면서 농민들은 심각한 피해에 직면해 있었다. 1985년 7~8월 전국 각지에서 소와 경운기를 앞세운 농민들의 '소몰이 투쟁'이 일어났는데, 그것은 정부의 외국 소 과다 수입으로 인한 소값 폭락과 농축산물 수입개방에 대한 농민들의 항의였다. 다음으로, 도시

빈민들의 생존권 투쟁도 격렬하게 일어났는데, 신시가지 조성 계획에 따라 강제로 철거되었던 목동 주민들의 생존권 투쟁이 그 대표적인 사례였다. 그들은 1984년 8월부터 이듬해 3월에 이르기까지 100여 회에 이르는 철거반대 시위를 전개했다.[6]

2·12총선과 선명 야당의 등장

유화조치 이후 학생운동과 노동운동이 강화되는 동안 신군부 세력의 정치풍토쇄신법에 따라 제도정치권에서 배제되었던 야당 정치인들도 점차 활동을 모색하기 시작했다. 1983년 5월 18일부터 23일간에 걸쳐 이루어진 김영삼 전 신민당 총재의 단식투쟁이 그 단초를 제공했다. 이를 계기로 신군부 세력에 의해 배제되었던 야당 정치인들이 결집하기 시작했고, 이들의 두 거두인 김영삼과 김대중이 전두환 정권에 대한 민주화 투쟁을 위해 상호 접촉을 시작했기 때문이다. 결국 1년여에 걸친 양측의 접촉과 교섭은 1984년 5월 18일 '민주화운동추진협의회(민추협)'의 결성으로 이어졌다. 그런 사이 1, 2차 정치해금을 통해 상당수 야당 인사들의 정치활동도 자유로워졌는데, 그들 역시 민추협 결성에 적극 동참했다.

민추협이 결성되면서 곧바로 직면한 문제는 이듬해에 치러질 2·12총선의 참여 여부였는데, 이를 둘러싸고 민추협 내부에서는 논란이 발생하기도 했다. 총선에 불참해야 한다는 주장은, 총선에 참여할 경우 그것 자체가 전두환 독재를 정당화시킬 수도 있다는 우려에서 비롯되었다. 그러나 결

2·12총선과 신민당 돌풍

창당된 지 한 달도 채 되지 않은 신민당은 1985년 2·12총선에서 30%에 육박하는 득표율을 얻는 돌풍을 일으켰다. 선거 직후 민한당 의원의 대부분과 일부 야당 및 무소속 의원들까지 신민당에 대거 입당함으로써 신민당은 102석의 거대 야당이 되었다. 이로써 2·12총선은 신군부 세력에 의해 강제적으로 만들어졌던 '관제 민주주의'를 뒤엎고, 대통령 직선제 요구를 민주주의의 실현을 위한 핵심적인 과제로 부각시켰다.

국 민추협은 "민주화운동 기구로서 민추협의 조직을 계속 유지, 확대, 강화하면서 범국민적 민주화 추진의 일환으로 선거투쟁을 전개하기"로 결정했다.[7] 이에 따라 비민추협 계열의 인사들까지 포괄하는 신당 창당이 추진되었고, 그 결과 1985년 1월 18일 신한민주당(신민당)이 창당되었다.

전두환 정권은 그 출범 당시에 기존의 야당세력을 배제하고, 그 자리에 민한당과 국민당 등의 관제 야당으로 채운 바 있다. 그러나 정권의 안정화를 위해서는 정당정치를 점차 정상화시키지 않을 수 없었다. 이러한 상황에서 2·12총선에 직면한 전두환 정권은 이제 야당세력을 분열시켜 분리지배하고자 했다. 따라서 그들은 정치권에서 배제되었던 야당 정치인 중심의 신당 창당을 용인했다. 그러나 전두환 정권의 야당세력에 대한 분리지배의 의도는 적중하지 못했다. 선거 유세가 시작되자 신민당 지지의 바람이 거세게 몰아쳤고, 그 결과 민주화 투쟁을 분명하게 내세운 선명 야당으로서의 신민당이 오히려 민한당을 압도하는 현상이 나타났기 때문이다.

그런 점에서 2·12총선은 신민당의 돌풍이 지배했던 선거였다. 신민당 지지 바람은 서울을 비롯한 주요 대도시에서 주로 발생했는데, 이를테면 정치 1번지로 불리는 종로 유세장에는 추운 겨울이었음에도 불구하고 약 10만 명의 인파가 몰렸다. 더구나 신민당이 내건 '대통령 직선제' 구호는 많은 시민들의 관심과 지지를 이끌어냈고, 장영자·이철희 어음사기사건, 명성그룹사건, 정래혁 축재사건 등 권력형 비리사건에 대한 야당의 비판은 국민의 폭넓은 공감을 얻었다. 또한 2·12총선을 민주화 투쟁의 공간으로 적극 활용했던 학생들은 전국 곳곳의 유세장을 채워 민정당

〈표 4-2〉 제12대 국회의원 총선 결과

구분	득표율(%)	지역구 의석	전국구 의석	합계
민주정의당(민정당)	35.25	86	61	147
신한민주당(신민당)	29.26	50	17	67
민주한국당(민한당)	19.68	26	9	35
한국국민당(국민당)	9.16	10	5	15

자료: 김운태 외, 『한국정치론』, 박영사, 1989, 474쪽의 〈표 5-41〉 '제12대 국회의원 선거 결과'를 수정하여 작성.

심판의 분위기를 돋우었다. 그뿐만 아니라 미국에 체류 중이던 김대중이 총선 직전인 2월 8일 귀국하면서 이 같은 분위기는 한층 고조되었다.

2·12총선은 5·16 이후 가장 높은 84.6%의 투표율을 보였는데, 그 결과는 〈표 4-2〉와 같다. 여기서 알 수 있듯이, 창당된 지 한 달도 채 되지 않은 신민당은 30%에 육박하는 득표율을 올렸다. 이에 비해 민한당의 득표율은 약 20%에 그쳤고, 집권여당인 민정당도 약 35%의 득표율에 머물렀다. 이로써 민심의 소재는 분명해졌다. 게다가 선거 직후 민한당 의원의 대부분과 일부 야당 및 무소속 의원들이 신민당에 대거 입당함으로써 신민당은 102석을 차지하는 거대 야당이 되었다. 그런 점에서 2·12총선은 신군부 세력에 의해 강제적으로 만들어졌던 관제 민주주의를 민심을 통해 정상화시킨 선거라고 할 수 있다. 다른 한편, 2·12총선은 민주화의 핵심적 요구로서 대통령 직선제를 전면화시키고, 유화국면 이후 다시 부활하기 시작한 민주화운동 전반에 자신감을 불어넣었다.

재야세력의 결집과 민통련의 등장

1960년 4·19혁명 이후 지속적으로 전개된 민주화운동은 그 과정에서 재야세력과 함께 그 구심적 조직체를 만들어냈다. 1960년대의 '대일굴욕외교 반대 범국민투쟁위원회'와 '3선개헌 반대 범국민투쟁위원회', 1970년대 전반기의 '민주수호협의회'와 '민주회복국민회의', 그리고 1970년대 후반기의 '민주주의국민연합'과 '민주주의와 민족통일을 위한 국민연합'이 그것이었다. 그렇지만 다른 운동과 마찬가지로 재야세력의 활동도 1980년대 초 전두환 정권의 등장 과정에서 위축되지 않을 수 없었다. 그러나 유화조치 이후 재야세력은 활동을 재개하기 시작했는데, 1983년 9월에 결성된 '민주화운동청년연합(민청련)'이 그 첫 출발을 알렸다.

재야세력의 활동 재개와 관련하여 유화국면 이후 사회 각 부문에서는 다수의 운동조직들이 결성되었는데, 1983~1986년 사이 결성되었던 그 주요 조직들은 〈표 4-3〉과 같다. 이들은 독자적으로 또는 통합적으로 1980년대 민주화운동을 이끌었다.

각종 운동조직들의 등장과 관련해 특히 주목할 것은 1960~1970년대에 등장했던 재야세력의 구심적 조직체들에 뒤이어, 1980년대에도 민주화운동을 전체적으로 아우르는 연합체적 운동조직이 나타났다는 점이다. 연합체적 운동조직의 한 형태는 먼저 1984년 6월 '민중민주운동협의회(민민협)'의 결성으로 나타났는데, 그것은 청년·노동자·농민·문화·종교 등 각 부문 운동조직들의 연합체 조직이라 할 수 있었다. 연합체적 운동조직의 또 다른 형태는 같은 해 10월 재야 명망가들을 중심으로 한 '민주·통일국민회

〈표 4-3〉 1980년대 주요 운동조직(1983~1986)

결성일	명칭
1983. 9. 30.	민주화운동청년연합(민청련)
12. 20.	해직교수협의회
1984. 3. 10.	한국노동자복지협의회(노협)
4. 14.	민족문화운동협의회(민문협)
5. 18.	민주화추진협의회(민추협)
6. 29.	민중민주운동협의회(민민협)
10. 16.	민주·통일국민회의(국민회의)
11. 3.	전국민주화투쟁학생연합(전학련)
12. 19.	자유실천문인협의회(자실)
12. 19.	민주언론운동협의회(민언협)
1985. 3. 29.	민주통일민중운동연합(민통련)
5. 4.	민중불교연합(민불련)
8. 25.	서울노동운동연합(서노련)
12. 28.	민주화실천가족운동협의회(민가협)
1986. 2. 7.	인천지역노동자연맹(인노련)
5. 15.	민주교육실천협의회(민교협)
6. 21.	한국출판문화운동협의회(한출협)

자료: 정대화, 「한국의 정치변동 1987~1992: 국가 - 정치사회 - 시민사회의 관계를 중심으로」, 서울대학교 정치학과 박사학위논문, 1995, 86쪽 〈표 3-1〉의 '재야운동 조직상황, 1983~1986'을 일부 수정하여 작성.

의(국민회의)'의 결성으로 나타났다. 부문운동에 바탕을 둔 전자가 민중적 성격을 좀 더 지향했다면, 명망가 중심의 후자는 민주주의와 민족통일을 폭넓게 지향했다.

그러나 당면 과제로서 민주화의 공동 목표를 가진 양 조직은 서로 통합하여 1985년 3월 29일 '민주통일민중운동연합(민통련)'을 결성했다. 이에 따라 민통련은 1980년대 민주화운동의 대부분을 아우르는 연합체적 운동조직으로 부상했다. 그뿐만 아니라 민통련은 같은 해 9월, 2차 통합대회를 통해 민청련과 서노련 및 기독교단체 등 11개 단체를 추가로 가입시킴으로써 명실상부한 민주화운동의 구심점으로 자리잡게 되었다. 이로써 민통련은 각 부문과 지역의 운동조직 전반을 포괄하게 되었고, 따라서 이후 재야세력의 중심 조직으로서, 나아가 민주화운동의 전체적인 구심체로서 1980년대 민주화운동을 이끌게 되었다.

개헌정국의 갈등과 민주화운동 진영의 분열

이상에서 살펴보았듯이 유화조치 이후 급속히 확산·강화된 민주화운동은 1985년 상반기에 들어 전두환 정권을 직접적으로 위협하기에 이르렀다. 이 시기에 발생했던 민주화운동의 주요 사건들, 즉 2·12총선과 이를 통한 신민당의 등장, 3월 재야세력의 중심 조직으로서의 민통련의 등장, 4월 대우자동차 파업, 학생들의 5월 광주투쟁과 그 일환으로 발생했던 미문화원 점거농성사건, 그리고 6월 구로동맹파업은 그 점을 분명하게 보여주고 있었다. 이 같은 사태에 직면하여 그동안 민주화운동에 비교적 유화적인 태도를 보였던 전두환 정권은 강경책으로 전환했다.

전두환 정권의 강경책은 먼저 1985년 7월 18일 당국에 의해 발표된 삼민투위(민족통일·민주쟁취·민중해방을 위한 투쟁위원회)사건으로 나타났다. 당국은 미문화원 점거농성사건의 배후로 전학련과 삼민투위를 주목했는데, 이 삼민투위사건을 통해 전국 19개 대학에서 63명을 검거하고 그중 56명을 구속했던 것이다.[8] 전두환 정권의 강경책은 8월에 들어 '좌경 의식화' 학생에 대해 선도교육을 실시할 수 있도록 한 학원안정법의 추진으로 나타났다. 그뿐만 아니라 전두환 정권의 강경책은 9월에 들어 치안본부에 연행된 김근태 전 민청련 의장에 대한 전기고문과 9일 구미유학생간첩단 조작사건의 발표로 나타났다.

그러나 전두환 정권의 강경책에도 민주화운동 세력은 위축되지 않았다. 민주화운동 세력은 '학원안정법 반대 투쟁위원회'와 '민주화운동에 대한 고문수사 및 용공조작 저지 공동대책위원회(고문공대위)'를 결성하여 전두환 정권에 맞섰다. 그 결과 학원안정법 추진은 보류되었고, 김근태 고문수사에 대한 폭로투쟁도 지속적으로 전개될 수 있었다. 한편 학생운동은 전두환 정권의 강경책에 대응하여 전학련과 삼민투위 복구 노력으로, 또한 11월 18일 민정당 중앙정치연수원 점거농성으로 맞섰다. 그뿐만 아니라 그들은 10월에 국제통화기금(IMF) 및 국제부흥개발은행(IBRD) 서울대회 반대투쟁과 미국의 수입개방 요구 반대투쟁을 전개했다.

전두환 정권의 강경정책 추진과 이에 맞선 투쟁 속에서도 1985년 하반기에는 관심의 초점이 점차 개헌문제로 이동하고 있었다. 학생운동권에서 나타난 삼민헌법 쟁취론, 파쇼헌법 철폐론과 같은 개헌 주장들이 바로 그것이다. 다만 1985년 하반기의 시점에서 개헌 논의는 학생운동권의 일이었을 뿐, 아직 대중의 일반적인 관심사가 아니었다. 그러나 1986년에 들어 상황은 바뀌었다. 개헌문제가 일반 대중의 최우선적인 관심사로 떠올랐기 때문이다.[9] 그 첫 계기는 1986년 초 전두환 대통령의 국정연설이 제공했다. 즉 그는 국정연설을 통해 개헌 논의를 88서울올림픽 개최 이후인 1989년까지 유보한다는 태도를 밝혔는데, 이것이 국민들의 광범위한 반발을 불러일으킨 것이다.

이후 개헌문제는 다음과 같은 일련의 계기들을 통해 급속히 확산되었다. 2월 4일 서울대에서는 15개 대학 소속의 1천여 명이 모여 '파쇼헌법 철폐 투쟁 대회 및 개헌서명운동 추진본부 결성식'을 거행했다. 이어 12일에는 신민당과 민추협이 공동으로 '대통령 직선제 개헌 1,000만 명 서명운동'을 개시하기로 전격 결정했다. 3월 5일에는 민통련이 '민주헌법 쟁취를 위한 범국민 서명운동 선언'을 발표했고, 17일에는 신민당과 민통련이 '민주화를 위한 국민연락기구(민국련)'를 구성했다. 이 같은 상황에서 개헌 서명운동을 대중적으로 확산시킨 것은 신민당 개헌추진위원회 각 시·도 지부 결성대회였다. 신민당의 본격적인 장외 투쟁으로 추진된 개헌서명운동은 3월 23일 부산대회에서 4만 명, 3월 30일 광주대회에서 10만 명, 4월 5일 대구대회에서 2만 명의 시민들을 결집시켰다.

개헌서명운동이 걷잡을 수 없이 확산되자, 전두환 정권은 4월 말 그 입장을 바꾸었다. 국회가 합의한다면 임기 내 개헌에 반대하지 않겠다는 것이다. 무엇이 전두환 정권의 이 같은 태도를 변화시켰나? 국민의 광범위한 개헌 압력이 그 한 원인이었다. 그러나 개헌 협상을 빌미로 신민당을 국회로 끌어들이고자 했던 것도 또 하나의 원인이었다. 그럼으로써 전두환 정권은 야당과 재야세력을 분리시키고자 했다. 전두환 정권의 태도 변화에는 미국의 압력도 상당 정도 작용했다. 즉 1986년 2월 필리핀에서 피플파워

(people power)로 마르코스 독재정권이 붕괴하고 코라손 정권이 들어서는 과정을 경험했던 미국은 한국에서도 독재정권의 양보와 이에 따른 타협을 통해 친미정권이 유지되기를 원했다.

전두환 정권이 이렇게 태도를 바꾸자 신민당은 장외 투쟁의 기존 입장 대신 국회 내 개헌 협상에 참여하기로 결정했다. 이에 따라 국회에서는 7월 30일 헌법개정특별위원회가 공식 발족되었고, 8월 15일에는 개헌특위 전체회의가 개최되어 민정당과 신민당 사이에 본격적인 개헌 협상이 시작되었다. 이에 민정당은 내각책임제 개헌안을 제출했고, 신민당은 대통령 직선의 대통령 중심제 개헌안을 제출했다. 그러나 이후 개헌특위는 더 이상 진전되지 못했다. 개헌 협상에 임하기에는 양자의 입장 차이가 너무나 컸기 때문이다. 더구나 전두환 정권은 내부의 직선제 개헌 압력과 미국의 협상 압력으로 개헌 협상에 나섰지만, 이에 진지하게 임할 생각이 없었다. 결국 9월 말 김영삼과 김대중 양 김씨는 개헌특위 활동 불참을 선언했다.[10]

한편 국회 내에서 민정당과 신민당의 개헌 협상이 진행되는 사이, 민주헌법 개헌의 공동 전선을 형성해온 민주화운동 진영에서는 분열이 일어났다. 먼저, 학생운동의 노선 분화가 더욱 뚜렷해졌다. 그동안 '민족통일' '민주쟁취' '민중해방'의 삼민 노선에 머물러 있던 학생운동은 1986년 상반기에 들어 '반미자주화 반파쇼민주화 투쟁위원회(자민투)' 계열과 '반제반파쇼 민족민주투쟁위원회(민민투)' 계열로 분화되었기 때문이다. 이와 관련하여 자민투 계열은 자신의 이론적 기반을 '민족해방 민중민주주의(National Liberation People's Democratic Revolution: NLPDR)'에서 구했고, 민민투 계열은 그것을 '민족민주혁명(National Democratic Revolution: NDR)'에서 구했다. 특히 민족해방의 자민투 계열 학생운동은 1986년 상반기 투쟁을 '반전·반핵투쟁'과 '전방입소 반대투쟁'에 집중했는데, 4월 28일 서울대생 이재호와 이세진의 분신은 그 과정에서 발생했다.

양 계열의 학생운동은 개헌문제에서도 입장 차이를 드러냈다. 자민투 계열의 학생운동은 당시의 국면을 미 제국주의의 파쇼권력 재편기로 파악해 대통령 직선제 개헌을 주장했다. 이에 반해 민민투 계열의 학생운동 진영은 대통령 직선제 개헌을 반대하고 '제헌의회(Constitutional Assembly: CA)' 구성을 주장했다. 개헌문제에 대해 전자가 좀 더 대중적인 노선을 주장했다면, 후자는 좀 더 급진적인 노선을 주장했다고 할 수 있다.[11]

학생운동 노선의 분화와 이에 따른 개헌문제에 대한 입장 차이가 주로 이론적인 논쟁에 치우쳤다면, 신민당과 민통련 사이에서 야기된 분열은 민주화운동 진영의 실제적인 분열을 의미했다. 신민당과 민통련은 5·3인천대회를 앞두고 분열했는데, 그 분열은 신민당이 재야세력의 반미운동을 비난하자 이에 반발한 민통련이 양자의 연대기구인 민국련에서 탈퇴함으로써 촉발되었다. 국회 내 개헌 협상에 임하기로 한 신민당의 입장에서는 가능하면 미국에 대해 온건한 태도를 유지하고자 했고, 재야 입장을 대변했던 민통련은 미국에 대해 강한 비판적 입장을 지니고 있었기 때문이다. 그리고 양자의 입장 차이는 결국 5·3인천대회를 앞두고 폭발에 이르렀던 것이다.

원래 5·3인천대회는 신민당 개헌추진위원회의 경기·인천 지부 결성대회로 추진되었다. 그렇지만 여기에는 당시의 제반 상황들이 반영되지 않을 수 없었다. 먼저, 5·3인천대회는 온건 입장의 신민당과 강경 입장의 재야세력 간 갈등이 반영되었다. 다음으로, 급진주의적인 주장들도 다수 반영되었다. 운동권의 각 조직들이 제각각 5·3인천대회를 통해 자신들의 주장을 외치고자 했기 때문이다. 한편 정부당국도 이 같은 상황을 이용하여 5·3인천대회에 대한 강경진압을 꾀했다. 결국 5·3인천대회는 경찰의 무력진압이 자행되는 가운데 재야 인사, 학생, 노동자들의 격렬한 시위로 끝났다. 신민당의 개헌추진위 결성대회가 개최되지 못했음은 물론이다.

전두환 정권의 탄압 강화

본격적인 개헌정국이 전개되는 가운데 민주화운동 진영의 대통령 직선제 개헌운동이 급속히 확산됨에 따라 전두환 정권은 한편으로는 개헌협상을 내세워 신민당을 국회 내로 끌어들이고, 다른 한편으로는 신민당과 분리된 재야세력과 운동권에 대해서 탄압을 강화했다. 특히 운동권의 각 조직들이 분열된 가운데 급진적 주장들이 다수 등장했던 5·3인천대회는 전두환 정권이 그들을 강력하게 탄압할 수 있는 여건을 제공했다. 다시 말해 전두환 정권은 5·3인천대회를 '좌경·용공세력의 반정부 폭력행위'로 몰아, 이를 재야세력과 운동권에 대한 대대적인 탄압의 기회로 삼았던 것이다.

그러나 5·3인천대회를 계기로 강화된 전두환 정권의 탄압이 새삼스러운 것은 아니었다. 유화조치 이후 잠시 탄압의 강도를 낮추기는 했지만,

사실 5·3인천대회 이전부터 탄압의 강도를 높여오고 있었기 때문이다. 이와 관련하여 전두환 정권은 1985년 6월 구로동맹파업 이후 재야세력과 운동권에 대해 강경한 탄압조치를 취한 바 있었다. 삼민투위사건, 학원안정법의 추진, 그리고 김근태 민청련 전 의장에 대한 고문사건 등이 그 대표적인 사례였다. 특히 김근태 전기고문 사건은 전두환 정권이 고문을 통해 인권을 얼마나 유린할 수 있는지를 적나라하게 보여주었다. 이에 대해 김근태는 법정에서 다음과 같이 폭로했다.

"고문을 할 때에는 온몸을 발가벗기고 눈을 가렸습니다. 고문대에 눕히면서 몸을 다섯 군데 묶었습니다. 발목과 무릎과 허벅지와 배와 가슴을 완전히 동여매고 그 밑에 담요를 깝니다. 머리와 가슴, 사타구니에는 전기고문이 잘 되게 하기 위해서 물을 뿌리고 발에는 전원을 연결시켰습니다. 처음에는 약하게 짧게, 점차 강하고 길게 강약을 번갈아 하면서 전기고문이 진행되는 동안 죽음의 그림자가 코앞에 다가와(본인도 울면서 진술했고, 방청석에서도 울음이 터지기 시작), 이때 마음속으로 '무릎을 꿇고서 사느니보다 서서 죽기를 원한다'(방청석은 울음바다가 되고, 교도관들조차 숙연해짐)는 노래를 뇌까리면서, 과연 이것을 지켜내기 위한 인간적인 결정이 얼마나 어려운 것인가를 직감했습니다."

— 김정남, 『진실, 광장에 서다』, 창비, 1995, 499~501쪽.

1985년 하반기부터 강화된 이 같은 탄압에 이어, 전두환 정권은 1986년 5·3인천대회 이후 그리고 서울아시안게임이 끝난 직후인 10월 이후 그 탄압의 강도를 더욱 높였다. 먼저 5·3인천대회 직후인 5월 5일 전두환 정권은 5·3인천대회의 배후조종 혐의로 장기표를 비롯하여 민통련 산하 4개 단체의 간부 10여 명을 지명수배했고, 8일에는 민통련 간부와 학생, 노동자 32명을 지명수배했다. 이어 15일에는 서노련의 핵심 관련자들이 5·3사태의 배후로 지목되어 구속되었다. 그뿐 아니라 전두환 정권은 5·3 인천대회 이후 학생운동과 노동운동에 대해서도 대대적인 검거선풍을 일으켰다.

5·3인천대회 이후 이루어졌던 이상과 같은 탄압과 관련하여 전두환 정권의 인권침해 현실을 적나라하게 보여준 사건 중의 하나가 권인숙에 대한 부천경찰서 성고문사건이었다. 5·3인천대회 직후 검거선풍 과정에서 부천경찰서에 연행된 권인숙은 그 조사 과정에서 문귀동에 의해 두 차례에 걸쳐 성고문을 당했다. 그러나 권인숙은 이 같은 사실을 용기 있게 폭로했고, 이는 사회 각계에 큰 파문을 일으켰다. 검찰당국은 권인숙의 고문 폭로를 '혁명을 위한 성 도구화'로 몰아붙이는 인면수심人面獸心의 몰염치를 드러냈다.[12]

전두환 정권의 강경정책은 서울아시안게임 직후에 더욱 노골화되었다. 먼저, 당국에 의해 10월 18일 '전국노동자연맹추진위원회(전노추)' 사건, 24일 '마르크스·레닌주의(ML)당' 사건, 11월 12일 '반제동맹당' 사건 등의 조직사건들이 양산되었다. 다음으로, 당국에 의한 매카시즘적 용공조작 사건들도 남발되었다. 그 결과 10월 14일 신민당의 유성환 의원이 통일국시 발언으로 구속되었고, 30일에는 북한의 금강산댐이 남한 수공水攻을 위해 건설된 것으로 발표함으로써 국민에게 충격을 주었다. 또한 11월 17일에는 김일성 사망설이 갑작스럽게 유포되기도 했다.[13]

학생운동에 대한 매카시즘적 탄압의 대표적인 사례는 건국대 애학투 사건이었다. 당시 전국 26개 대학 2,000여 명의 학생들은 10월 28일 건국대에서 '전국 반외세 반독재 애국학생 투쟁연합(애학투)' 발대식을 가졌는데, 당국은 이를 포위한 가운데 나흘에 걸쳐 대대적인 진압작전을 펼쳤다. 당국의 주장에 따르면, 그것은 '애학투 공산혁명분자 점거난동사건'이었다. 당국에 의해 이같이 어마어마한 명칭이 붙여진 것은 학생운동 세력을 '좌경·용공 분자'로 매도함으로써, 그들에 대한 강경 탄압을 정당화하고자 했던 당국의 의도 때문이었다. 결국 건국대 애학투 사건으로 1,525명의 학생들이 연행되었고, 그중 1,290명이 구속되었다.[14]

전두환 정권의 이상과 같은 대대적인 탄압으로 인해 1986년 말 무렵 학생운동을 비롯한 민주화운동은 크게 약화되었다. 그러나 정부당국의 과도한 탄압은 국민들로 하여금 점차 전두환 정권에 대한 직접적인 저항에 나서게 만드는 역설적인 결과를 가져왔다. 그 결정적인 계기는 1987년 1월 14일 서울대생 박종철의 고문치사사건이 제공했는데, 그것은 결국 1987년 6월민주항쟁의 도화선이 되었다. 그러나 사고 발생 당시 경찰은 박종철의 사망에 대해 책상을 '탁' 치니 '억'하고 쓰러졌다는 어처구니없는 발표를 했다.

한편, 지지부진하던 국회의 개헌 협상은 12월 전두환 정권의 '합의성 합법 개헌' 시도, 즉 일부 야당세력과 결탁하여 국회 다수의 힘으로 내각제 개헌안을 통과시키려는 시도로 이어졌다. 이에 대해 신민당의 이민우 총재는 자신이 내건 7개항의 민주화가 선행된다면 민정당의 내각제 안을 긍정적으로 검토하겠다는 의사를 밝혔다. 이른바 '이민우 구상'이었다.

그러나 이민우 총재의 입장은 양 김씨를 중심으로 한 신민당 다수의 대통령 직선제 개헌 입장과는 다른 것이었다. 따라서 이 문제를 놓고 신민당은 분열되지 않을 수 없었다. 결국 김영삼과 김대중 양 김씨는 1987년 4월, 74명의 신민당 의원을 데리고 신민당을 탈당하여 통일민주당을 결성했다. 이로써 1년여에 걸쳐 진행되었던 국회의 개헌 협상은 아무런 성과 없이 끝났다.

05

6월민주항쟁

6월민주항쟁의 거대한 흐름에 직면하여 민정당의 노태우는 6·29선언을 전격적으로 발표했다. 대통령 직선제 수용을 골자로 한 이 선언은 대통령선거법 개정, 김대중의 사면·복권 및 극소수를 제외한 시국 관련 사범 석방, 국민 기본권 신장, 언론자유 창달, 지방자치제 및 교육 자율화 실시, 정당의 자유로운 활동 보장, 과감한 사회정화 조치 등 8개항을 약속했다. 이로써 1980년대 민주화운동은 마침내 대통령 직선제를 쟁취하기에 이르렀다.

항쟁의 배경과 촉발

민주화 항쟁이란 권위주의 통치에 대한 아래로부터의 민주화 압력이 더 이상 억제되기 어려운 상황에서 일련의 계기를 통해 그 압력이 폭발함으로써 야기되는 대규모 대중 시위라 할 수 있다. 이러한 의미에서 볼 때 권위주의 통치 기간에 이에 저항한 민주화운동은 주기적으로 민주화 항쟁으로 발전하곤 했다. 1960년 4월혁명, 1980년 광주민중항쟁, 그리고 1987년 6월민주항쟁이 그것이었다. 특히 6월민주항쟁은 그 성공을 통해 권위주의 체제에서 민주주의 체제로의 이행, 다시 말해 민주화 이행의 결정적 계기를 제공했다.

그렇다면 민주화 항쟁으로서 6월민주항쟁을 가능케 했던 배경과 원인은 무엇인가? 6월민주항쟁을 가능케 했던 배경으로는 다음의 두 측면을 지적할 수 있다. 첫째는 전두환 정권의 정당성이 매우 취약했다는 점이다. 전두환 정권은 출범 당시부터 원천적으로 정당성이 취약했다. 신군부 세력의 권력 장악이 12·12군사반란 및 5·17군사쿠데타를 통해 이루어졌을 뿐만 아니라, 그 과정에서 이에 저항했던 광주 시민들에 대한 야만적인 살육행위가 뒤따랐기 때문이다. 또한 정권의 업적이라는 차원에서도 전두환 정권의 정당성은 박정희 정권에 비해 약했다. 박정희 정권은 절대 빈곤의 상황에서 급속한 경제발전을 이룩함으로써 나름대로 지배의 정당성을 확보할 수 있었다. 그렇지만 전두환 정권의 경우 경제발전이 정권의 정당성 강화에 미쳤던 효과는 박정희 정권에 비해 훨씬 적었다. 게다가 전두환 정권 내내 민주화운동에 가한 탄압조치는 그 정당성을 더욱 약화시켰다.

둘째는 1980년대 민주화운동 세력의 역할과 영향이다. 광주민중항쟁 직후 전두환 정권의 등장 과정에서 민주화운동 세력이 전두환 정권의 억압으로 크게 약화되었음은 앞에서 살펴본 바와 같다. 그러나 1983년 말 유화조치 이후 민주화운동은 폭발적으로 성장했는데, 이는 광주의 경험을 거치면서 그 저항의 도덕성과 정당성을 한층 강화시킬 수 있었기 때문이다. 그런 점에서 1980년대 민주화운동의 강력한 투쟁은 바로 광주의 경험 때문에 가능했다고 말할 수 있다. 결국 민주화운동의 이 같은 성장과 발전은 야당과 운동세력 그리고 국민 대중의 '최대 민주화연합' 구축으로 이어질 수 있었고, 마침내 1987년 6월항쟁을 가능케 만들었다.

그러나 이상의 배경만으로 6월민주항쟁이 가능했던 것은 아니다. 이 같은 배경에 더해 6월항쟁의 발발을 촉발시켰던 일련의 계기들이 필요했기 때문이다. 그 첫 계기는 1987년 1월 14일 발생한 박종철 고문치사사건이었다. 전두환 정권은 1986년 국회에서 개헌 협상이 진행되는 동안, 특히 5·3인천대회와 9월 서울아시안게임 이후 재야세력과 운동권에 대한 탄압을 한층 강화했다. 그러나 이러한 탄압은 다수의 심각한 인권유린 사태를 야기시켰는데, 치안본부 남영동 대공분실에서 조사받던 서울대 학생 박종철이 경찰의 물고문으로 사망한 사건이 그 대표적인 경우였다. 사건 직후 전두환 정권은 시민들의 분노가 확대되는 것을 차단하고자 고문경찰 2명을 구속하고 치안본부장과 내무장관을 교체했다. 그렇지만 사태를 조기에 수습하려 했던 그러한 시도는 이미 끓어오르기 시작한 시민들의 분노를 진정시키기에는 역부족이었다.

박종철 고문치사사건에 대한 시민들의 분노는 1987년 2월 7일 거행된

박종철 고문치사사건

1987년 1월 14일 치안본부 남영동 대공분실에서 조사를 받던 서울대생 박종철이 경찰의 물고문으로 사망한 사건은 6월민주항쟁을 촉발시키는 첫 번째 계기가 되었다. 전두환 정권은 국민들의 분노를 막기 위해 사건을 은폐·축소하려고 했으나, 2월 7일 거행된 '고 박종철 범국민추도회'를 계기로 시위는 전국적으로 확산되기 시작했다. 사진은 박종철 고문치사사건에 항의하기 위해 명동에서 열린 시위 모습이다.

'고 박종철 범국민추도회'에서부터 그 모습을 드러냈다. 경찰의 원천봉쇄에도 불구하고 전국 16개 지역에서 행해진 이 대회에는 약 6만 명의 시민들이 참여했다. 경찰은 이날 추도집회가 전국 69개소(민주화운동단체 사무실 4, 교회와 성당 13, 신민당 지구당사 52)에서 행해졌고, 그 과정에서 전국 8개 도시에서 798명이 연행되었다고 발표했다. 시민들의 대중적 항의는 고 박종철의 49재인 3월 3일 '고문추방 민주화 국민평화대행진'에서도 계속되었다. 이날 경찰은 전국에서 439명을 연행했다.[1]

박종철 고문치사사건에 대한 시민들의 분노가 점차 증대하는 가운데 전두환 정권은 4월 13일 모든 개헌 논의를 유보하고 현행 헌법에 따라 정부를 이양하겠다는 호헌조치를 발표했는데, 이 조치는 6월항쟁을 촉발시키는 또 하나의 계기가 되었다. 따라서 박종철 고문치사사건에 대한 분노는 이제 개헌을 통한 민주화의 좌절에 따른 시민들의 분노로 이어졌다. 먼저, 함석헌을 비롯한 재야 인사들이 무기한 단식농성에 돌입했다. 다음으로, 4·13호헌조치 직후 당국에 의해 동원된 관변단체들의 호헌지지 성명에도 불구하고 대한변협, 민통련, KNCC를 비롯하여 종교계, 학계, 문화계 등 사회 각계각층에서 호헌반대 성명이 봇물처럼 터져 나왔다. 또한 이제까지 당국의 통제 속에서 침묵을 지켜왔던 신문과 방송 등 언론계마저 언론의 자유와 공정보도를 촉구하는 자유언론실천선언에 나섰다.

그러나 6월항쟁을 최종적으로 촉발시켰던 가장 결정적인 계기는 박종철 고문치사사건에 대한 당국의 은폐·축소 조작사태였다. 5월 18일 명동성당에서 치러진 광주민중항쟁 희생자 추모미사에서 천주교정의구현사제단의 김승훈 신부에 의해 폭로되었던 그것은 이후 6월항쟁의 폭발에 결정적인 영향을 미쳤기 때문이다. 이날의 폭로에 따르면, 구속된 2명의 고문경찰 이외에 3명의 고문경찰이 더 있고, 경찰 간부모임에서 범인의 은폐·축소 조작이 이루어졌다는 것이다. 이 같은 폭로에 전두환 정권은 박처원 치안감을 비롯하여 6명을 더 구속하고, 5월 26일 전격적인 문책 개각을 단행함으로써 이를 무마하고자 했다. 그러나 그것으로 사태를 되돌리기는 어려웠다. 박종철 고문치사사건과 4·13호헌조치에 이어 이 같은 은폐·축소 조작 사실이 밝혀짐으로써 전두환 정권에 대한 시민들의 분노를 더 이상 억누르기가 어려워졌기 때문이다.

국본의 탄생

이상에서 살펴보았듯이 박종철 고문치사사건과 그 은폐·축소 조작사태 그리고 4·13호헌조치는 전두환 정권에 대한 시민들의 분노를 급속히 증대시키고 있었다. 이 같은 상황에서 민주화운동 세력에게 무엇보다 중요했던 것은 시민들의 분노를 동원하고 조직화하여 이를 민주화 항쟁으로 전환시킬 수 있는 중심세력의 구축이었다. 이와 관련하여 재야세력은 1985년 11월 야당 인사들까지 참여한 가운데 '고문 및 용공조작 저지 공동대책위원회(고문공대위)'를 결성한 바 있다. 박종철 고문치사사건에 대한 항의로 전개된 2·7대회와 3·3대회를 주도한 것은 '박종철군 국민추도회 준비위원회'였는데, 이 준비위원회는 바로 고문공대위가 확대 발전된 기구였다.

광주민중항쟁 7주년을 맞아 전국의 대학에서 항의집회가 전개되는 한편, 박종철 고문치사사건의 은폐·축소 조작이 폭로됨으로써 전두환 정권에 대한 시민들의 불만과 비판이 급속히 증대하는 가운데, 5월 27일 '민주헌법쟁취 국민운동본부(국본)'가 결성되었다. '박종철군 국민추도회 준비위원회'가 확대 발전하여 만들어졌던 그것은 민통련을 비롯한 재야세력뿐만 아니라 종교계와 정치권까지 그 포괄 범위가 확대된 호헌 철폐를 위한 범국민적 연합전선적 기구였다. 따라서 각 지역과 부문의 운동단체들을 대부분 망라했던 국본은 6월민주항쟁을 이끌 최대 민주화연합의 중심기구로 떠올랐다.

국본은 이후 전개될 민주화 항쟁과 관련하여 다음과 같은 방침을 정했다. 첫째, 전국에 걸친 동시다발적 시위를 감행하고자 했다. 그렇게 함으로써 항쟁의 전국적 연대를 모색하는 한편, 경찰력을 분산시킬 수 있었기 때문이다. 둘째, 재야와 종교계 그리고 정치권에 이르는 대연합전선을 추구하고자 했다. 셋째, 일반 시민들이 참여할 수 있는 최저 수준의 강령을 내세우고자 했다. 요컨대, 국본은 그 주장을 가능한 한 온건하게 내걸어 더 많은 대중의 참여를 유도함으로써 항쟁을 확산시키고자 했던 것이다.[2]

한편 유화조치 이후 급성장한 학생운동은 개헌정국의 과정에서 매우 급진화된 모습을 보였다. 그러나 이에 대한 전두환 정권의 탄압에 의해, 특히 1986년 10월 건국대 애학투 사건 당시 당국의 대량 검거에 의해 학생운동은 현저히 약화되어 있었다. 제헌의회파를 비롯하여 여전히 급진 노선을 추구하는 분파가 없었던 것은 아니지만, 이 같은 상황에서 학생운동 세력의 대부분은 대통령 직선제를 내세운 온건한 대중노선으로 전환하지 않을 수 없었다. 그뿐만 아니라 1986년 11월과 1987년 3월에 치러졌던 각 대학의 총학생회 선거에서 민족해방(NL)계 학생회가 대거 등장한 것은 그러한 전환을 더욱 용이하게 만들었다. 이 같은 노선 전환 속에서 서울지역의 각 대학 학생회는 5월 8일 '서울지역대학생대표자협의회(서대협)'를 발족시켰다.[3]

국본은 결성 당일인 5월 27일 '박종철 고문살인 은폐조작 규탄 및 민주헌법 쟁취 범국민대회'를 6월 10일에 개최하기로 결정했다. 대회 날짜를 10일로 잡은 것은 바로 그날 전두환 정권이 새로운 대통령 후보를 선출하는 민정당의 전당대회가 개최되기 때문이었다. 27일 이후 국본의 모든 노력은 6·10대회의 개최 준비, 즉 대회의 국민행동지침을 마련하고, 그것을 국민들에게 알리며, 그 동참을 요구하는 것에 맞춰졌다. 서대협 역시 5월 29일 '호헌철폐와 민주개헌쟁취를 위한 서울지역학생협의회(서학협)'를 결성하여 6·10대회 총궐기를 위한 준비에 나섰다. 이로써 범국민적 민주화 항쟁의 6·10대회 준비는 점차 무르익었다.

6월민주항쟁의 전개

6월민주항쟁은 국본의 주도로 개최된 '박종철 고문살인 은폐조작 규탄 및 민주헌법 쟁취 범국민대회', 즉 6·10국민대회로부터 시작되었다. 이후 6·29선언이 발표된 6월 29일까지 20일간에 걸쳐 전개되었다. 이 기간에 전개된 항쟁의 과정은 3단계로 나눌 수 있는데, 6·10국민대회부터 6월

18일 '최루탄 추방 결의대회' 이전까지가 제1단계 항쟁이었다. 그리고 18일 '최루탄 추방 결의대회'부터 26일 '국민평화대행진'까지가 제2단계 항쟁이었다. 이후 6·29선언까지가 제3단계 항쟁이었다.[4]

(1) 6·10 민주헌법 쟁취 범국민대회 6월 10일 10시부터 잠실체육관에서는 민정당의 대통령 후보를 선출하는 전당대회가 진행되고 있었다. 그러나 같은 시각 시내 곳곳에서는 6·10대회가 시작되고 있었다. 서울 20여 개 대학의 학생들이 출정식을 가진 후 시내에 진출하기 시작했기 때문이다.[1]

---

1 당시 국본은 '6·10국민대회 행동요강'을 만들어 대량 살포했는데, 그 내용은 다음과 같다.
1. 6월 10일 오전 10시 각 부문별 종파별로 고문살인 조작 규탄 및 호헌철폐 국민대회를 개최한 후 오후 6시를 기하여 성공회대성당에 집결, 국민운동본부가 주관하는 국민대회를 개최한다.
2. (1) 오후 6시 국기 하강식을 기하여 전 국민은 있는 자리에서 애국가를 제창하고,
   (2) 애국가가 끝난 후 자동차는 경적을 울리고,
   (3) 전국 사찰, 교회, 성당은 타종을 하고,
   (4) 국민들은 형편에 따라 만세삼창(민주헌법쟁취 만세, 민주주의 만세, 대한민국 만세)을 하던지 제자리에서 1분간 묵념을 함으로 민주쟁취의 결의를 다진다.
3. 경찰이 폭력으로 대회 진행을 막는 경우
   (1) 전 국민은 비폭력으로 이에 저항하며,
   (2) 연행을 거부하고,
   (3) 연행된 경우에도 일체의 묵비권을 행사한다.
4. 전 국민은 오후 9시에서 9시 10분까지 10분간 소등을 하고 KBS, MBC 뉴스 시청을 거부함으로 국민적 합의를 깬 민정당의 6·10전당대회에 항의하고 민주 쟁취의 의지를 표시할 수 있는 기도, 묵상, 독경 등의 행동을 한다.
5. 대회가 만의 하나 경찰의 폭력에 의해 무산되는 경우 부문별 단체별로 교회, 성당, 사찰 기타 편리한 장소에서 익일 아침 6시까지 단식농성한다.
6. 8, 9일 양일간 전 국민은 6·10국민대회 참여를 권유하고 상호 격려하는 '전 국민 전화걸기 운동'을 전개해주기 바란다.

낮 동안 산발적으로 전개되던 시위는 오후 6시를 전후하여 본격적인 항쟁으로 이어졌다. 먼저, 오후 6시를 기해 애국가 소리와 더불어 자동차들의 경적음이 울리는 가운데 성공회대성당에서는 국민대회식이 거행되었다. 물론 그것은 경찰의 봉쇄 속에서 고립된 채 이루어졌다. 그러나 그 무렵 시내 중심가 곳곳에서는 대규모 항쟁이 시작되고 있었다. 학생들뿐만 아니라 퇴근하는 시민들까지 대거 시위에 합세하여 "독재 타도", "호헌 철폐"를 외치고 나섰기 때문이다. 이후 시간이 흐르면서 특히 서울역, 남대문시장, 을지로 5가, 종로 3가, 충무로 5가 등 도심 곳곳에는 대규모 시민들이 집결했다. 지하철역 폐쇄 등 경찰의 원천봉쇄에도 불구하고 시위에 적극 동참한 그들은 시내 곳곳에서 진압경찰과 대치하며 일진일퇴의 공방전을 벌였다. 그런 가운데 신세계백화점과 미도파백화점 사이의 대로변에서는 경찰의 방어선이 무너져 40여 명의 전경들이 시위대에 무장해제를 당하는 사태도 벌어졌다.

밤 늦도록 전개된 이날의 시위에는 전국 22개 지역에서 24만 명이 참여했다. 10일 하루 동안 전국에서 전개된 이 같은 항쟁의 결과 상당수의 시민과 학생 그리고 경찰들이 부상을 당하고, 국본의 핵심 간부 13명을 비롯하여 전국적으로 220명이 구속되는 등 총 3,831명이 당국에 연행되었

7. 또 한번 부탁하거니와 6·10국민대회는 철저하게 평화적으로 참여해주시기 바라며 폭력을 사용하거나 기물 손괴 등을 자행하는 사람을 국민대회를 오도하려는 외부 세력으로 규정한다.
8. 하오 6시부터 성공회대성당에서 진행될 국민대회 식순은 추후 발표한다.
9. 각 도시 등 지방에서도 위와 같은 행동요강으로 국민대회를 진행하되 시간과 장소는 지역의 편의에 따라 할 것이며, 각계각층이 총 망라하여 준비위원회를 구성하여 국민대회를 가져주기 바란다.

다. 항쟁은 10일 하루로 끝나지 않고 계속 이어졌는데, 명동성당에서의 농성투쟁이 이에 강력한 영향을 미쳤다. 10일 저녁 시위 도중에 명동성당으로 밀려들어간 수백 명의 시위대는 이후 15일에 이르도록 5박 6일 동안 농성투쟁을 전개했는데, 그것은 항쟁이 지속되고 전국적으로 확산되는 데 결정적인 역할을 했던 것이다. 한편 이 기간에 근처 사무직 노동자들이 점심시간이나 퇴근시간을 이용하여 시위에 참여하는 현상도 증가했는데, '넥타이 부대'로 지칭된 이들의 시위 참여는 6월항쟁에 대한 중간층의 지지를 분명하게 보여주었다.

항쟁이 지속되는 상황에서 전두환 정권은 강온 양면정책으로 이에 대응했다. 항쟁 저지를 위한 지속적인 진압정책의 추진과, 15일 4당 대표회의와 여야 영수회의를 제안함으로써 이루어진 대화 시도가 그것이었다. 그러나 이에 대해 민주당은 6·10 관련 구속자 석방, 김대중의 연금 해제, 민정당의 일방적인 정치일정 백지화 등을 전제조건으로 여야 영수의 실질 대화를 요구하고 나섰다. 이 같은 상황에서 민정당은 18일 조건 없는 노태우·김영삼 회담의 추진과 4·13호헌조치가 유지되는 선에서 개헌 논의의 재개 의사를 밝혔다. 이처럼 항쟁의 확산은 여야 대화를 강제했지만, 전두환 정권은 그때까지도 4·13호헌조치를 유지하려는 등 실질적인 양보의 모습을 보이지 않았다.

(2) **6·18 최루탄 추방 결의대회** 제2단계 항쟁은 6월 18일 개최된 '최루탄 추방 결의대회'로부터 시작되었다. 9일 경찰의 직격 최루탄을 맞고 혼수상태에 빠진 이한열 사건의 영향을 받아 개최된 이 대회에는 전국 16개 지역에서 150만 명이 참여했고, 특히 부산대회에는 30만 명의 대규모

최루탄 추방 결의대회

1987년 6월 18일 최루탄 추방대회에 참가한 학생들이 "독재 타도"와 "호헌 철폐"를 외치고 있다. 6·10국민대회로부터 시작되어 6·29선언이 발표된 6월 29일까지 약 20일간에 걸쳐 전개된 6월민주항쟁은 모두 3단계로 진행되었다. 6·10국민대회로부터 6월 18일 '최루탄 추방 결의대회' 이전까지가 제1단계 항쟁이고, 18일의 '최루탄 추방 결의대회'로부터 26일의 '국민평화대행진'까지가 제2단계 항쟁이며, 이후 6·29선언까지가 제3단계 항쟁이다.

인파가 집결했다. 6·10국민대회에 비해 그 참여자가 크게 증가한 18일의 항쟁은 이제 부산을 비롯하여 전국의 각 지역에서도 항쟁이 확산되고 있음을 보여주었다. 항쟁이 크게 확산되자 경찰력이 부족한 중소 도시에서는 사실상 시위 통제가 어려워졌다. 이날의 시위로 전국에서는 총 1,487명이 연행되고, 경찰차량 13대가 불타거나 파손되었다.

사태가 이같이 진전되자 김영삼 민주당 총재는 19일 난국 타개를 위한 전두환 대통령과의 실질 대화를 요구했고, 국본은 20일 4·13호헌조치의 철회, 양심수 전원 석방, 언론·집회·시위의 자유 보장, 최루탄 사용 중지 등 4개항을 정부에 촉구했다.

항쟁이 지방으로 확산되고 경찰력이 무력화되기 시작한 18일을 전후하여 전두환 정권은 선택의 갈림길에 놓였다. 이제 그들은 국민의 민주화 요구를 수용할 것인지, 아니면 경찰력만으로는 감당하기 어려워진 항쟁의 저지를 위해 군 투입의 비상조치를 감행할 것인지를 결정하지 않으면 안 되는 상황에 처했다. 이 같은 상황에서 전두환은 한때 군 투입을 고려했던 것으로 보인다. 그는 6월 14일 안보관계 장관 및 군·치안관계 책임자들에게 '비상사태에 대비한 만반의 태세'를 지시했고, 19일 오전 10시에 국방장관과 각 군 수뇌부 그리고 안기부장 등을 소집하여 다음 날 오전 4시까지 전투태세를 갖춘 군 병력의 배치를 명령했다. 그러나 19일 오후 그는 군 병력의 동원 명령을 중단시켰다.[5]

전두환 정권이 선택의 갈림길에 놓인 이러한 상황에서 사태에 적극 개입한 것은 미국이었다. 6월항쟁에 대해 평화적 해결을 되풀이하여 강조해온 미국이 전두환 정권의 본격적인 군 투입 상황에 직면하자 이를 저지

코자 적극 개입하고 나섰기 때문이다. 17일 미국 국무장관 슐츠는 여야 대화의 재개와 시위 중단을 촉구했고, 19일에는 레이건 대통령의 친서가 전두환 대통령에게 전달되었다. 20일에는 더위스키 국무차관이, 23일에는 국무부 동아시아담당 차관보인 시거가 급거 내한했다. 이 같은 미국의 개입과 관련하여 특히 19일 주한 미국 대사 릴리가 전달한 레이건 친서는 전두환 정권의 군 투입 저지에 큰 영향을 미쳤던 것으로 보인다.[6]

(3) 6·26국민평화대행진 18일에 열린 '최루탄 추방 결의대회' 이후 계엄령이 발동되고 군이 투입될 것이라는 소문이 나돌았다. 그럼에도 불구하고 국본은 군 투입을 우려하는 정치권을 설득하여 26일 '국민평화대행진' 개최를 결정했다. 그리하여 26일의 '국민평화대행진'에서 시작된 제3단계는 항쟁의 마지막 단계로서 절정을 이루었다. 전국 33개 도시와 4개 군·읍에서 150만 명의 시민들이 참여한 가운데 전개된 '국민평화대행진'은 전두환 정권에게 대통령 직선제 수용 등 민주화의 마지막 압력을 가했다. 이날 시위로 전국에서는 3,467명이 연행되고, 경찰서 2개소, 파출소 29개소, 민정당 지구당사 4개소, 시청 건물 4개소, 경찰차량 20대가 화염병에 의해 불탔다.

지방에서의 항쟁

6월항쟁은 서울에서 가장 큰 규모로 전개되었다. 그러나 그것은 서울지역에만 그치지 않았다. 서울의 항쟁이 전국적으로 확산되고 이에 따라

전국 곳곳에서 항쟁이 발생했기 때문이다. 다음은 각 지방에서 전개되었던 항쟁의 간략한 모습들이다.[7)]

● **부산지역** 한국의 제2도시인 부산에서도 6월항쟁 기간 대규모의 항쟁이 발생했다. 대학생들을 중심으로 10일부터 전개된 부산항쟁은 시민들의 적극적인 호응과 참여 속에서 연일 계속되었다. 부산항쟁이 대규모 시민이 참여하는 항쟁으로 크게 발전한 것은 가톨릭센터 농성 이후였다. 즉 경찰의 강경진압 속에서 16일 저녁부터 시작된 가톨릭센터 농성은 이에 대한 시민들의 지지투쟁을 촉발시켰고, 이는 18일 '최루탄 추방 결의대회'에 30만 명의 인파가 운집하는 대규모 시위로 이어졌던 것이다. 18일 부산에서 일어난 이 같은 대규모 시위는 전국 차원에서 6월항쟁의 불길을 되살리는 효과를 나타냈다. 18일 이후 부산항쟁은 점차 약화되다가 26일 '국민평화대행진'에 이르러 다시 한번 타올랐는데, 이날 부산에서는 10만 명 이상의 시민들이 항쟁에 동참했다.

● **경남지역** 경남지역의 항쟁은 마산과 창원지역을 중심으로 이루어졌다. 경남대와 창원대의 학생들을 중심으로 전개된 10일의 항쟁에는 2만 명의 시민들이 참여했다. 1979년 부마항쟁에서도 그랬듯이, 이날 시위에도 창원공단과 수출자유지역의 노동자들이 상당수 참여했다. 이후 마산·창원의 항쟁은 26일 '국민평화대행진'에서 또다시 대규모 항쟁으로 나타났다. 경찰의 진압에 맞서 격렬하게 전개된 이날의 시위에는 1만 명의 시민들이 참여했다. 그 밖에도 거창, 김해, 진해지역에서 시위가 발생했다.

● **대구·경북지역** 대구에서의 항쟁은 2만 명이 참여한 10일의 국민대회로부터 시작되었다. 특히 15일 이후 대구항쟁은 경북대·계명대·대구대·영

남대·효성여대 등 5개 대학 학생들의 연합 시위로 주도되었는데, 이는 2만 명의 학생과 시민들이 참여하여 대구항쟁의 절정을 이룬 18일의 '최루탄 추방 결의대회'로 이어졌다. 이후 22, 23일에도 격렬하게 전개된 대구항쟁은 26일 '국민평화대행진'으로 대미를 장식했다. 경북지역의 항쟁은 안동과 포항에서도 발생했다. 안동에서의 항쟁은 6·10추모대회, 21~26일 목동성당 농성투쟁, 26일 1만 명 이상의 시민이 참여한 '국민평화대행진'으로 이어졌다. 26일 포항 시위에는 5천 명 이상의 시민들이 참여했다. 그 밖에도 6월항쟁 기간에 의성, 김천, 영천 등지에서도 소규모 시위가 있었다.

● **강원지역** 강원지역의 항쟁은 춘천과 원주를 중심으로 전개되었다. 이 지역의 초기 항쟁은 경찰의 봉쇄로 인해 대학 내를 벗어나지 못했다. 그렇지만 18일 '최루탄 추방 결의대회'에서 마침내 학생들의 가두 진출이 이루어지고, 이에 시민들이 대거 호응함으로써 본격적인 항쟁이 전개될 수 있었다. 이날 춘천에서는 1만 명, 원주에서는 5천 명의 시민들이 시위에 참여했다. 6월항쟁 기간 춘천과 원주 이외에 태백과 정선에서도 소규모 시위가 발생했고, 강릉의 일부 천주교회에서는 고문 철폐와 민주화를 위한 기도회가 개최되었다.

● **성남지역** 성남지역의 6월항쟁은 3만 명의 시민들이 참여한 10일의 국민대회로부터 시작되었다. 이후 소강상태가 되었다가 17, 18일 다시 대규모 항쟁으로 이어졌는데, 17일 시위에는 4만 명, 18일 시위에는 2만 명의 시민들이 참여했다. 이후 26일의 '국민평화대행진'에는 3만 명의 시민들이 참여했다.

● **인천지역**　인천지역의 항쟁은 10일 부평역에서부터 시작되었는데, 5천 명의 학생과 시민들이 이날 시위에 참여했다. 그러나 인천지역의 항쟁이 좀 더 본격화된 것은 인하대와 인천대 학생들이 전면 가두에 진출한 15일부터였고, 그것은 '최루탄 추방 결의대회'가 개최된 18일 절정에 달했다. 이날 부평지역에서 2만 명, 동인천지역에서 2만 명, 총 4만 명의 시민들이 항쟁에 참여했다. 공단지역이 많은 이 지역의 특성상 인천지역의 항쟁에는 다수의 노동자들이 적극 참여했다.

● **수원·안양지역**　수원지역의 항쟁은 3천 명의 시민들이 참여한 10일의 국민대회로부터 시작되었다. 이후 수원지역의 대학생들을 중심으로 지속되던 항쟁은 18일 1만 명의 시민들이 동참한 '최루탄 추방 결의대회'에서 절정을 이루었다. 26일 '국민평화대행진'에도 1만 명의 수원 시민들이 동참했다. 안양에서는 6월항쟁 기간 19, 23, 26일의 세 차례에 걸쳐 대규모 집회와 시위가 열렸다. 19일과 26일 시위는 안양권의 노동운동 그룹이 공동으로 준비했고, 23일의 시위는 한신대와 경기대 등 수원지역 대학생들이 주동이 되어 개최되었다. 19일과 23일의 시위에는 각각 1만 명, 26일의 시위에는 2만 명의 시민들이 참여했다.

● **청주·충북지역**　1,500명의 시민들이 참여한 10일의 국민대회 이후 청주에서의 항쟁은 잠시 소강상태를 이루었다. 그러나 충북대, 청주대 등 대학생들의 가두 진출이 본격화된 19, 20, 21일에는 대규모 시위가 전개되었는데, 19일에는 1만 명, 20일에는 3천 명, 21일에는 4천 명의 시민들이 참여했다. 26일 '국민평화대행진'에는 5천 명의 시민들이 참여했으며, 여기에는 트랙터를 앞세운 다수의 농민들도 동참했다. 그 밖에도

충주에서 19일과 28일에, 제천에서 25일에 시위가 발생했다.

● **대전·충남지역** 4천~5천 명의 시민들이 참여한 10일의 국민대회 이후 대전의 항쟁은 다소 소강상태를 이루었다. 그러나 충남대와 한남대 등 대전지역 각 대학들의 조직적인 가두 진출이 이루어진 15일 이후에는 본격적으로 항쟁이 전개되었다. 그 결과 15일에는 1만 명에 달하는 시민들이 항쟁에 참여했고, 16일에는 3만 명을 넘어서는 시위대가 중앙로를 장악했다. 이후 17, 18, 19일에도 격렬한 항쟁이 계속되었다. 이 같은 항쟁은 26일 '국민평화대행진'에 5만 명의 시민들이 동참한 대규모 시위로 이어졌다. 한편 대학 분교들이 밀집된 천안에서도 8천 명의 학생·시민들이 참여했던 10일의 국민대회 이후 수차례에 걸친 시위가 전개되었다.

● **전주·전북지역** 전북지역에서는 전주, 이리, 군산의 세 지역을 중심으로 항쟁이 발생했다. 전주의 경우 10일 국민대회 이후 18일까지는 항쟁이 소강상태를 이루었다. 그러나 19일 이후 점차 본격화된 항쟁은 23일 4만 명의 시민들이 동참하는 시위로, 26일의 '국민평화대행진'에는 10만 명의 시민들이 동참하는 시위로 이어졌다. 이리의 경우 21일에는 3만 명의 시민들이, 26일에는 4만 명의 시민들이 항쟁에 참여했다. 한편 후반기에 들어 항쟁이 격화된 군산의 경우 26일 2만 명의 시민들이 시위에 동참했다. 특이하게 군산에서는 29일 6·29선언이 발표된 이후에도 시위가 계속되었는데, 이는 경찰의 과잉진압에 대한 분노 때문이었다. 그 밖에도 김제, 남원, 정읍, 부안, 고창 등 중소 시·군에서 간헐적인 시위가 발생했다.

● **광주·전남지역** 광주에서의 항쟁은 5만 명의 시민들이 참여한 10일의 국민대회로부터 시작되었다. 이후 잠시 소강상태에 빠진 광주의 항쟁은

전남대와 조선대 등의 학생들이 본격적으로 시내에 진출하기 시작한 15일부터 다시 가열되었다. 그 결과 20일에는 10만 명의 시민들이 시위에 동참하기에 이르렀고, 26일의 '국민평화대행진'에는 고교생들과 전남 각지에서 올라온 농민들을 포함하여 무려 20만 명의 시민들이 항쟁에 참여했다. 목포에서도 항쟁이 일어났는데, 여기에 참여한 시민들의 규모는 10일과 20일에 각 1만 명, 26일에 2만 명에 달했다. 순천과 여수의 경우, 그 규모가 가장 컸던 20일의 순천 시위에는 2만 5천 명의 시민들이 참여했고, 26일의 여수 시위에는 5만 명의 시민들이 동참했다. 그 밖에도 무안, 담양, 완도, 광양, 화순, 장성 등지에서 시위가 발생했으며, 이들 지역 시민들이 광주의 항쟁에 동참하기도 했다. 광주를 비롯한 전남지역에서 광범위한 시민 참여가 이루어질 수 있었던 것은 1980년 광주항쟁의 경험 때문이었다.

● **제주지역** 6월항쟁 당시 제주지역에는 항쟁을 이끌 운동조직이 존재하지 않았다. 따라서 제주에서의 항쟁은 주로 제주대 학생들이 그 중심을 이루었다. 10일 제주대에서 시국토론회로 시작된 항쟁은 21일 이후에야 본격화되었고, 26일 '평화대행진 제주대회'에는 7천 명의 학생과 시민들이 참여했다.

6·29선언, 양보와 분리 지배

약 20일간 계속된 6월민주항쟁의 거대한 흐름에 직면하여 민정당의

6·29선언 호외를 보는 시민들

시민들이 대통령 직선제 수용과 김대중 사면 복권 등 6·29선언의 내용이 실린 신문 호외를 보고 있다. 약 20일간에 걸쳐 전개된 6월민주항쟁은 민정당의 노태우 후보가 6월 29일 대통령 직선제 수용과 김대중 등 사면 복권을 골자로 한 6·29선언을 전격 발표함으로써 마무리되었다. 6월민주항쟁이 성공을 거둘 수 있었던 것은 대통령 직선제라는 최소 강령적 목표를 내세워 전국 곳곳에서 수백만 명이 참여하는 국민적 항쟁을 이끌어냈기 때문이다.

노태우 후보는 6월 29일 8개항의 시국수습 특별선언, 즉 6·29선언을 전격적으로 발표했다. 대통령 직선제 수용을 골자로 한 이 선언은 대통령선거법 개정, 김대중의 사면·복권 및 극소수를 제외한 시국 관련 사범 석방, 국민 기본권 신장, 언론자유 창달, 지방자치제 및 교육 자율화 실시, 정당의 자유로운 활동 보장, 과감한 사회정화 조치 등 8개항을 약속했다. 이로써 1980년대의 민주화운동은 마침내 대통령 직선제를 쟁취하기에 이르렀다. 그리고 그것은 1961년 5·16군사쿠데타를 통해 등장한 이후 1980년 신군부 세력의 5·17군사쿠데타를 통해 그 생존이 연장된 군부독재정권의 권위주의 통치에서 마침내 벗어날 수 있는 길을 열었다. 그런 점에서 1980년대 민주화운동은 탈독재 민주화의 결정적인 전기를 마련했다고 할 수 있다.

1980년대 민주화운동이 이와 같이 성공을 거둘 수 있었던 것은 대통령 직선제라는 최소 강령적 목표를 내걸음으로써 최대 민주화연합을 구축해냈고, 이를 바탕으로 전국 곳곳에서 수백만 명이 참여하는 국민적 항쟁으로서 6월항쟁을 이끌어낼 수 있었기 때문이다. 물론 6월항쟁의 진압을 위해 군이 동원되었더라면 6월항쟁의 운명은 달라졌을지 모른다. 그러나 1980년 광주항쟁 당시와는 달리 전두환 정권은 6월항쟁에 군을 동원하지 않았다.

이와 관련하여 전두환 정권은 6월 19일 전투태세를 갖춘 군 병력의 배치를 명령하는 등 한때 군 투입의 비상조치를 검토한 바 있었다. 그러나 그것은 이내 취소되고, 이후 대통령 직선제 수용이 본격적으로 검토되었다. 한 관련 자료에 따르면, 당시 김용갑 청와대 민정수석이 대통령 직선제 수용을 제안했고, 이에 따라 16~17일부터 대통령 직선제 수용이 본격적으로 검토된 것으로 보인다. 직선제를 받아들이더라도 김영삼과 김대중 양 김씨의 분열 때문에 민정당이 대선에서 승리할 수 있다는 것이 당시 김용갑의 논리였다. 그리고 이는 이후 노태우 후보의 동의를 얻어 29일에 전격 발표되었다.[8)]

그렇다면 무엇이 전두환으로 하여금 군 투입의 비상조치를 포기하고 대통령 직선제를 수용하게 만들었는가? 그것은 7년 전 광주항쟁 때와는 달리 6월항쟁이 전국적인 차원에서 일어난 데다, 대중의 참여 역시 그 규모가 훨씬 컸기 때문이었다. 그뿐만 아니라 광주 때와는 달리 이제는 미국조차 전두환 정권의 군 투입을 반대했다. 게다가 군이 투입되었을 경우 군 내부의 분열 가능성도 없지 않았다.[2] 결국 전두환은 이 모든 상황을 감안하여 결국 군 투입을 포기한 것으로 보인다. 그리고 군 투입을 포기한 상황에서 전두환 정권에게는 현실적으로 대통령 직선제를 수용하는 것 이외에 다른 선택의 여지가 없었다.

대통령 직선제 수용은 전두환 정권에게는 커다란 양보였다. 그러나 그것이 그들의 일방적인 항복이었던 것은 아니다. 대통령 직선제 수용에는 향후 치러질 대통령 선거에서 김영삼과 김대중 양 김씨의 분열에 대한 예상이 전제되어 있었기 때문이다. 양 김씨가 분열할 경우 대선에서 승리할 수 있다는 것이 그들이 염두에 둔 계산이었다. 그런 점에서 대통령

---

2 군 병력을 투입했을 때 그것이 야기시킬 엄청난 파국을 우려하여 군 내부에서도 이에 반대하는 움직임이 있었고, 이런 사실은 노태우를 통해 전두환에게도 전달되었다고 한다.(돈 오버더퍼 지음, 이종길 옮김, 『두개의 한국』, 길산, 2002, 266~267쪽)

직선제 수용은 양 김씨에 대한 '분리 지배(divide & rule)'의 전략을 담고 있었다. 한편 대통령 직선제 수용은 민정당의 새로운 대통령 후보의 결단에 의해 이루어진 것처럼 보일 필요가 있었다. 그래야만 민정당의 새 대통령 후보가 민주화 수용의 성과를 내세울 수 있을 것이기 때문이다. 6·29선언을 민정당의 대통령 후보인 노태우가 전격 발표한 것은 바로 그러한 극적 효과를 노린 것이었다.

아무튼, 대통령 직선제 요구를 수용한 6·29선언은 민주화운동 진영에게 일대 승리로 받아들여졌다. 그들의 요구가 아무런 유보조건 없이 전격 수용되었기 때문이다. 그뿐만 아니라 이후 현실은 양 김씨의 분열로 인해 민주정부 수립이 실패하는 결과로 이어졌지만, 아직 그것을 예측하기 어려웠던 당시의 시점에서 탈독재 민주화의 전망은 매우 낙관적이었기 때문이다.

대통령 직선제 관철이라는 일대 승리의 분위기 속에서 6월 9일 최루탄에 피격되어 6월항쟁 기간 내내 사경을 헤맸던 연세대 학생 이한열이 7월 5일 결국 사망했다. 6월항쟁의 고난을 상징했던, 그럼으로써 6월항쟁의 한 동력을 제공했던 그였다. 그런 만큼 6월항쟁의 성공에 즈음한 그의 사망은 민주화를 열망했던 수많은 사람들에게 더없는 슬픔으로 다가왔다. 7월 9일 연세대에서 행해진 그의 장례식은 6월항쟁 성공의 시점에서 민주화의 고난을 새삼 기억하고 그 희생을 기리는 행사가 되었다. 이날 연세대를 출발하여 시청 앞 노제를 거쳐 광주 망월동으로 향하는 그의 장례식에는 전국적으로 150만 명이 참여했다.

또 하나의 항쟁, 7·8·9월 노동자대투쟁

6월민주항쟁을 이끌어낸 것은 국본을 중심으로 한 재야세력과 종교계 그리고 여기에 동참한 야당세력이었다. 그러나 거리의 시위 현장에서 그 중심을 이룬 것은 학생과 시민들이었다. 그들은 전두환 정권에 맞서 마침내 6월항쟁의 승리를 이끌어냈다. 따라서 6월항쟁의 주역은 학생과 시민, 그리고 이들을 이끌었던 국본이라 할 수 있었다. 물론 6월항쟁에 노동자들이 참여하지 않았던 것은 아니다. 특히 사무금융노련을 중심으로 한 화이트칼라 노동자들은 '넥타이 부대'라는 이름까지 얻을 정도로 항쟁에 적극 참여했다. 또한 마산, 창원, 인천, 안양 등 노동자 밀집지역에서도 다수의 노동자들이 항쟁에 참여했다. 그렇지만 전반적으로 항쟁에 참여한 노동자들은 그리 많지 않았고, 항쟁에 참여했다 하더라도 조직적 차원이 아니라 시민의 한 사람으로서 참여했다고 할 수 있다. 그런 점에서 노동자들을 6월항쟁의 주역으로 보기는 어렵다.

그러나 6·29선언 이후 그 선언으로 만들어진 민주적 개방의 분위기 속에서 또 하나의 항쟁이 발생했는데, 7·8·9월 노동자대투쟁이 바로 그것이었다. 그리고 이 투쟁의 주역은 전적으로 노동자들이었다. 7월 초 울산의 현대엔진에서 시작된 7·8·9월 노동자대투쟁은 이후 9월 말에 이르기까지 3개월 동안 진행되었는데, 그 전개 과정은 다음과 같이 세 시기로 나눌 수 있다.[9]

그 첫 시기는 현대엔진 노조 결성(7. 5), 현대미포조선 노조신고서 탈취사건(7. 16) 등을 계기로 노동자들의 투쟁이 점차 확산되어갔던 시기이다.

이 기간 노동자대투쟁은 세 갈래로 전개되었다. 울산 현대엔진 노동조합 결성을 시작으로 부산과 마산 등으로 번져나간 제조업 노동자들의 투쟁이 첫 갈래이고, 각 지역 택시노동자들의 연대파업과 시위 확산이 둘째 갈래이며, 강원지역을 중심으로 격렬하게 전개된 광산노동자들의 투쟁이 그 셋째 갈래였다.

현대그룹 노동조합협의회 결성(8. 8)과 대우조선 파업(8. 8)으로 시작된 두 번째 시기는 노동자 투쟁이 전 지역적, 전 산업적 차원에서 폭발적으로 고양되었던 시기이다. 예컨대 8월 셋째 주(8. 17~8. 23)에는 1주일 동안 866건의 파업이 발생했고, 파업 참가자 수는 25만 명을 넘었으며, 113개의 노조가 새로이 만들어졌다. 또한 17, 18일에는 현대그룹 노동자 6만 명이 참여한 가운데 현대그룹 노동조합협의회의 주도로 연합 가두시위가 전개되었는데, 여기에서 각종 중장비를 앞세운 노동자들은 울산 공설운동장까지 일대 시위를 벌였다.

노동자대투쟁의 세 번째 시기는 경찰이 쏜 최루탄에 맞아 사망한 대우조선 노동자 이석규의 장례식(8. 28)을 계기로 정부당국이 노사분규에 적극 개입하면서 노동자 투쟁이 급격히 위축되었던 시기이다. 노동자대투쟁 초기에 정부당국은 개입을 자제했다. 그러나 노사분규가 급속히 확산되어 감에 따라 정부는 '외부 불순세력 개입', '불법·폭력', '좌경세력 척결' 등의 이데올로기 공세를 펼치기 시작했는데, 그것은 이 같은 공세를 통해 노동자 투쟁을 고립시키고자 했기 때문이다. 그뿐만 아니라 정부당국은 이석규의 장례식을 계기로 노사분규에 직접 개입하기에 이르렀다. 그 결과 이석규 추모집회 및 시위와 관련하여 933명이 연행되고, 그 가운데

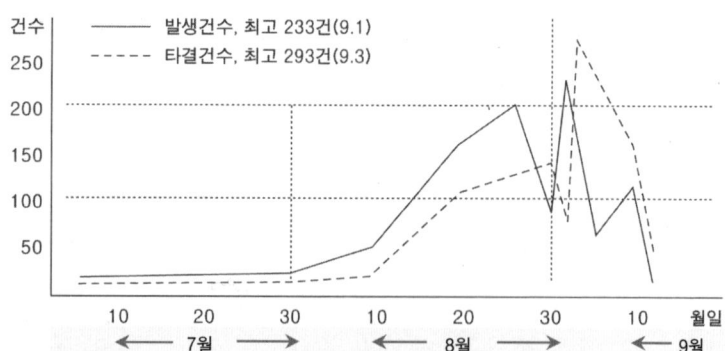

〈표 5-1〉 7·8·9월 노동자대투쟁 기간의 노동쟁의 발생과 타결 현황

자료: 안암연구실, 『87년 선거평가와 전망』, 백산서당, 1988; 정해구 외, 『6월항쟁과 한국의 민주주의』, 민주화운동기념사업회, 2004, 115쪽에서 재인용.

67명이 구속되었으며, 파업농성장에 공권력이 투입된 대우자동차에서는 95명, 현대중공업에서는 40명이 구속되었다. 〈표 5-1〉은 이상과 같은 7·8·9월 노동자대투쟁 기간에 이루어진 노동쟁의 발생과 그 타결의 추이를 보여주고 있다.

7~9월의 3개월 동안 전개된 노동자대투쟁은 한국에서 노동자계급이 형성된 이래 발생한 노동쟁의 가운데 최대 규모였다. 1987년 6월 29일부터 10월 31일까지 발생한 노사분규는 3,311건이고, 그중 쟁의행위를 수반한 분쟁은 3,235건이며, 쟁의행위에 참가한 인원 총수는 1,225,760명에 이르렀다. 이는 1987년 8월 말 현재 상용노동자 10인 이상 사업체 종사 총 노동자 3,334,449명의 36.8%에 해당하는 수치였다. 또한 노동자대투쟁은 전국의 모든 지역에서 발생했는데, 그중 울산, 마산, 창원 등 경남지

〈표 5-2〉 1987년 노동쟁의의 지역별 분포

지역	파업 발생 건수	비중(%)	파업 참가자 수	비중(%)	건당 참가자 수
전 지역	3,235	100.0	1,225,760	100.0	379
서울	579	17.9	154,841	12.6	267
부산	338	10.4	136.513	11.1	404
대구	144	4.5	23,862	1.9	166
인천	220	6.8	104,590	8.5	475
광주	114	3.5	15,414	1.3	135
경기	614	19.0	134,369	11.0	219
강원	168	5.2	57,682	4.7	343
충북	109	3.4	33,737	2.8	310
충남	157	4.9	40,493	3.3	258
전북	136	4.2	24,134	2.0	178
전남	95	2.9	31,265	2.6	329
경북	170	5.3	72,128	5.9	424
경남	352	10.9	394,387	32.2	1,120
제주	39	1.2	2,345	0.2	60

자료: 노동부, 『1987년 여름의 노사분규평가보고서』, 1988에서 재작성; 김금수, 『한국노동운동사 6: 민주화 이행기의 노동운동 1987~1997』, 고려대 노동문제연구소(지식마당), 2004, 122쪽에서 재인용.

역과 서울·경기지역에서의 투쟁이 더욱더 격렬했다. 특히 대규모 파업은 〈표 5-2〉에서 보는 것처럼 중공업 중심의 거대 사업장이 몰려 있는 경남 지역에서 많이 발생했다.

한국 노동운동사에서 최대 규모로 기록된 이 같은 노동자대투쟁이 발생한 원인은 무엇인가? 이 시기 투쟁 과정에서 제기된 주장들을 분류해보면,

임금인상 및 수당에 관한 것이 50.2%, 임금 이외의 노동조건에 관한 것이 24.9%, 노조활동 및 단체협약에 관한 요구사항과 경영 및 인사에 관한 사항이 각각 8.1%를 차지하고 있었다. 이것은 당시 투쟁에 참여한 노동자들의 요구가 생존권 보장과 함께 억압적이고 불합리한 노무관리체계의 철폐에 있었음을 보여준다. 다시 말해, 당시 노동자대투쟁 발생의 주된 원인은 '노동자의 생존권 확보'와 '노동현장의 민주화'였다.[10]

그러나 노동자대투쟁이 왜 이 시기에 갑작스럽게 폭발했는가의 문제는 노동에 대한 국가의 억압력과 긴밀한 관계가 있었다. 즉 권위주의 시기 노동운동은 국가의 억압에 의해 강력하게 통제되었다. 특히 광주항쟁 이후 전두환 체제의 등장 과정에서 그 억압은 더욱 강화되었다. 하지만 6월항쟁의 성공은 국가의 억압력을 일시적으로 약화시켰고, 그 억압력이 약화된 바로 이 시기에 노동운동은 그동안 억눌려온 요구를 한꺼번에 분출시켰던 것이다. 그것은 6월항쟁 직후 노동자대투쟁이 자연스럽게 아래로부터 발생하고, 이후 전국에 빠르게 확산되었다는 사실에서도 확인된다. 7·8·9월 노동자대투쟁의 발생 원인과 관련하여 한 연구는 이를 다음과 같이 표현했다.

> "여러 면에서 1987년 노동자대투쟁은 오랫동안 누적된 노동자들의 한恨이 폭발하고 분출되는 계기였다. 다른 말로, 그것은 오랫동안 억눌린 불만과 분노가 충동적이고 감정적이며 격렬한 방식으로 발산된 노동자들의 거대한 한풀이였다."
> ─ 구해근 지음, 신광영 옮김, 『한국 노동계급의 형성』, 창비, 2002, 231쪽.

06

민주화 이행과 지역주의 정치의 등장

양 김씨의 분열 속에서 진행된 대통령 선거는 결국 민주화운동 세력의 패배로 귀결되었다. 1987년 민주화 이행은 대통령 직선제를 통해 국민이 직접 대통령을 선출했다는 점에서 권위주의 체제의 민주화에는 성공했지만, 그럼에도 불구하고 민주화운동 세력에 의한 민주정부 수립에는 실패했다.

민주화 이행의 한국적 맥락

6월민주항쟁의 가장 핵심적 요구사항인 대통령 직선제 개헌을 전두환 정권이 수용함에 따라, 이제 이를 실현하기 위한 민주화의 조치들이 필요하게 되었다. 무엇보다도 먼저 추진되어야 할 조치는 헌법 개정이었다. 이를 통해 국민 직선의 대통령 선거를 치를 헌법적 근거를 마련할 필요가 있었기 때문이다. 헌법 개정에 뒤이어 시행되어야 할 또 하나의 조치는 대통령 선거였다. 이를 통해 민선정부가 구성되어야 비로소 민주주의 체제가 등장할 수 있기 때문이다.

이상과 같은 민주화 조치들이 이루어지는 과정은 권위주의 체제가 종료되고 새로운 민주주의 체제가 등장하는 과정이라 할 수 있는데, 그 과정은 학술적인 용어로 '민주화 이행(democratic transition)'이라 일컬어진다. 권위주의 체제에서 민주주의 체제로 넘어가는 과정, 즉 이행하는 과정이라는 의미에서이다. 여기서 잠깐, 민주화 이행과 관련된 이론적 논의로서 '민주화 이행론'을 살펴볼 필요가 있을 것이다.[1] 다른 나라들에서 이루어진 민주화 이행의 일반적인 경험과 비교하여 한국의 민주화 이행의 특수한 맥락, 즉 민주화 이행의 한국적 맥락을 확인할 필요가 있기 때문이다.

'민주화 이행론'에 따르면, 민주화 이행은 권위주의 체제의 온건파 주도로

---

1 남부 유럽과 라틴아메리카의 민주화를 연구한 몇몇 학자들(Guillermo O'Donnell, Philippe C. Schmitter, Laurence Whitehead)은 그 연구 결과로 4권의 책을 발간했다. 이후 이 책들의 내용을 바탕으로 권위주의 체제의 민주화 이행에 관한 다양한 연구가 이루어졌는데, 이 같은 연구를 통해 밝혀진 민주화 이행의 일반론적인 내용이 '민주화 이행론'을 구성하고 있다.

'자유화(liberalization)'가 이루어지면서 시작된다. 그리고 그 과정에서 권위주의 체제의 온건파와 민주화운동 세력의 온건파가 '민주화(democratization)'에 대한 타협을 이루어낸다. 그 타협이 곧 민주화의 '협약(pact)'이다. 나아가 이 '협약'에 의거하여 민주화 이후 정치의 틀을 결정짓는 '정초定礎 선거(founding election)'가 치러진다. 그리고 이 같은 '정초 선거'를 통해 마침내 새로운 민주정부가 등장했을 때 민주화 이행은 완료된다.[1)]

'민주화 이행론'에서 일반적으로 주장되는 이 같은 민주화 이행의 과정과 비교할 때, 한국의 민주화 이행은 그것과는 좀 다른 특징을 보인다. 먼저, 한국의 민주화 이행은 권위주의 체제의 온건파가 주도한 자유화 조치에서 시작되었다기보다는 오랜 기간에 걸쳐 성장해온 민주화운동이 특정한 상황에서 일련의 계기들을 통해 대규모 대중 참여의 민주화 항쟁으로 이어졌을 때, 그리고 독재정권이 그 항쟁의 압력을 더 이상 거부하지 못하고 민주화의 요구를 수용했을 때 비로소 시작되었다. 그런 점에서 한국의 민주화 이행은 독재정권의 온건파가 주도하는 자유화의 타협이 아니라, 민주화운동의 연장선에서 발생한 민주화 항쟁으로부터 시작되었다고 할 수 있다. 다시 말해, 1987년 한국의 민주화 이행의 시작은 독재정권의 온건파 역할보다는 민주화운동 세력의 역할이 더 결정적이었던 것이다.[2)]

이처럼 민주화 항쟁의 성공으로 민주화 이행이 시작되었다는 점 이외에도, 한국의 민주화 이행에서 보이는 또 하나의 특징은 민주화 이행의 과정 중에 치러지는 '정초 선거'에서 민주화운동 세력이 패배했다는 점이다. 민주화운동 진영의 대통령 후보였던 김영삼과 김대중 양 김씨가 분열하고, 이와 더불어 정치적으로 전면 동원된 지역주의로 말미암아 민주화운동의 지지 기반이 분열됨으로써 민주화운동 진영은 패배하지 않을 수 없었던 것이다. 결국 1987년의 민주화 이행은 민주화 항쟁으로 시작되었지만, 민주화 이행 과정에서 드러난 분열로 인해 민주화운동 세력이 집권에는 실패하는 결과로 종료되었다.

헌법 개정과 1987년 헌법의 등장

전두환 정권은 6·29선언을 통해 대통령 직선제 수용, 대통령선거법 개정, 김대중의 사면·복권과 시국사범 석방, 국민 기본권 신장, 언론자유 창달, 지방자치제 및 교육 자율화 실시, 정당의 자유로운 활동 보장, 과감한 사회정화 조치 실시 등 8개항을 약속했다. 그리고 민주화운동 진영은 이를 받아들였다. 따라서 이 같은 약속이 이제 민주화의 구체적인 조치들을 통해 법제화·제도화될 필요가 있었다. 그중 가장 중요한 조치는 헌법 개정이었다. 최고의 법규범인 헌법의 개정을 통해 대통령 직선제를 비롯하여 6·29선언의 주요 내용들이 헌법의 규범과 제도로써 제도화될 필요가 있었기 때문이다. 또한 헌법 개정을 통해 향후 운용될 민주적 헌정체제의 기본적인 틀을 만들 필요가 있었기 때문이다.

헌법 개정은 그 개정의 내용뿐만 아니라 주체도 매우 중요하다. 누가 개헌에 참여하느냐에 따라 개헌 과정의 정국 주도권이 달라질 수 있고, 이에 따라 개헌의 구체적인 내용도 달라질 수 있기 때문이다. 그러나 민주화 이행 과정에서 개헌 작업은 별다른 이견 없이 제도정치권에 맡겨졌다. 민주화운동 진영의 학생운동 세력과 재야세력이 정치세력이 아니라는 점, 그리고 개헌안이 국회 논의를 거쳐 통과해야 된다는 점 등이 그 주된 이유였을 것이다. 그러나 개헌의 구체적인 내용에 대한 국민적 토론이 생략되고, 특히 6월민주항쟁의 주역인 재야세력이 개헌 작업에서 배제되었다는 사실은 제도정치권의 이해와 기득권이 개헌에 과도하게 반영될 가능성을 남겨놓았다.

구체적으로, 헌법 개정은 다음과 같은 과정을 통해 이루어졌다.[3] 먼저 개헌 협상을 위한 개헌안 시안은 민정당과 민주당이 각각 마련하여 제출했다. 물론 대한변호사협회나 헌법학 교수 12명도 헌법 개정 시안을 제출하고, '민주헌법쟁취 국민운동본부'도 개헌요강을 제출하는 등 다수의 사회단체들이 의견을 제출했지만, 개헌 협상은 양당이 제출한 시안을 중심으로 이루어졌다. 양당의 개헌안 시안은 대체적으로 그 방향에서 큰 차이를 보이지 않았다. 국민 기본권을 강화한다는 점, 권력 집중으로 인한 독재 가능성을 배제하기 위해 대통령 권력을 분산시킨다는 점, 그리고 이에 대신하여 국회와 사법부의 권한을 강화한다는 점 등 개헌의 기본적인 방향에서는 어느 정도 의견이 일치했기 때문이다.

그러나 양당은 구체적인 사안에 대해서는 상당한 견해 차이를 보였다. 첫째, 헌법 전문의 내용과 관련하여 민정당은 3·1운동과 대한민국 임시정부의 법통성 그리고 4·19 정도만을 언급함으로써 민주화의 전통에 대해 가능한 한 간략히 언급하고자 했다. 반면 민주당은 4·19정신에 더해 5·18 정신과 국민 저항권을 전문에 명시하고자 했다. 둘째, 양당은 기본권 중신체의 자유 보장과 관련하여 불법으로 수집된 증거의 증거능력 배제, 민간인에 대한 군사재판의 축소, 선거연령의 18세로의 인하, 노동 3권의 인정 범위와 근로자의 경영 참여권 등에 대해서 큰 견해 차이를 보였다. 민주당은 기본권 보장의 범위를 가능한 한 확대하려 했고, 민정당은 그 확대의 폭을 가능한 한 줄이고자 했다. 셋째, 정부 형태와 관련하여 대통령 임기 및 부통령제 신설 여부 그리고 대통령의 비상조치권 인정 여부 등에 대해서도 양당은 의견을 달리했다. 넷째, 국회의 권한과 관련하여 대통령의 국회해산 인정 여부, 국정감사권의 부활, 국정조사권 요건의 완화, 비례대표제의 효율적인 도입 여부 등을 놓고 양당은 대립했다.

그러나 다른 무엇보다 양당이 큰 입장 차이를 보인 것은 대통령 임기와 부통령제 신설 문제였다. 민정당은 부통령 없는 6년 단임제의 대통령제를 주장했던 반면, 민주당은 4년 중임의 대통령제와 부통령제 채택을 주장했다. 민정당이 6년 단임제의 대통령제를 들고 나온 것은, 어떤 점에서는 대통령 선거에서의 패배 가능성까지 염두에 둔 것이었다. 대통령 임기를 단임으로 해놓아야 설령 대선에서 패배할지라도 또 한 번의 기회가 빨리 올 수 있기 때문이다. 이에 반해 아직 양 김씨의 분열이 가시화되지 않은 당시의 시점에서, 민주당은 과거의 전례가 있고 국민들에게 친숙한 4년 중임제의 대통령 임기와 부통령제 신설을 제시했다. 〈표 6-1〉은 민정당과 민주당이 제출한 개헌안 시안의 주요 쟁점을 비교한 것이다.

헌법 개정의 구체적인 협상은 여야 각 4인으로 구성된 '8인 정치회담'에 맡겨졌다. 그리하여 7월 31일부터 9월 16일까지 개최된 '8인 정치회담'은 100여 개에 달하는 쟁점 사항에 대한 협상을 추진했고, 마침내 헌법 개정

〈표 6-1〉 민정당과 민주당 개헌안의 주요 쟁점 비교

분야	항목	현행	민정당 안	민주당 안
전문	계승 정신	3·1운동	상해임정 / 3·1운동 / 4·19	상해임정 / 3·1운동 / 4·19 / 5·18
	제5공화국	명시	명시	삭제
	저항권/문민정치/ 정치보복 금지	없음	없음	신설
총강	군인의 정치개입 금지	없음	없음	신설
	위헌정당 해산제	인정	인정	불인정
기본권	선거연령	20세	20세	18세
	단체행동권 행사	법률로 정함	법률로 정함	삭제
	단체행동권 제한 또는 불인정 범위	국가 / 지방단체 / 국·공립기업체 / 방위산업 / 공익사업체	방위산업체	삭제
	공무원의 노동 3권	법률로 정한 자만 인정	법률로 정한 자만 인정	삭제
정부	부통령제	없음	없음	신설
	대통령 임기 중임 제한	7년 단임 / 헌법 개정 효력 제한	6년 단임 / 헌법 개정 효력 제한	4년 1차 중임 / 헌법 개정 효력 제한
	계엄에 대한 국회의 통제	계엄 후 지체 없이 국회 통고, 재적 과반수 해제 요구	현행과 동일	계엄 후 7일 이내 국회 소집 및 동의 필요. 동의 얻지 못할 때 및 해제의결 시 무효
	국회해산권	인정	인정	불인정
경제	경제에 대한 규제·조정	국민경제의 균형 발전에 필요한 규제·조정 및 독과점 폐단 규제·조정	분배의 균형 유지 / 시장지배와 경제력 남용 방지 / 산업 민주화를 위한 규제·조정 인정	현행과 동일 (다만 경제력 남용에 의한 분배구조 왜곡에 대한 규제·조정)

자료: 조현연, 「한국정치변동의 동학과 민중운동: 1980년에서 1987년까지」, 한국외국어대학교 정치외교학과 박사학위논문, 1997, 170쪽.

안 전반에 합의를 이루어낼 수 있었다. 이에 따라 국회의 헌법개정특별위원회는 9월 17일 전문과 본문 10장 130조 그리고 부칙 6조로 이루어진 개헌안을 국회에 제출했고, 10월 12일 여야 합의로 국회를 통과한 개헌안은 10월 27일 국민투표에서 93.1%의 찬성을 얻어 29일 최종적으로 공포되었다. 이로써 독재정권의 권위주의적 통치를 뒷받침하는 수단이 아니라, 아래로부터 국민의 의사가 반영된 진정한 민주헌법으로서 1987년 헌법이 등장할 수 있었다.

헌법 개정을 통해 1987년 헌법에 새롭게 등장한 주요 내용을 살펴보면 다음과 같다. 먼저, 1987년 헌법은 6월민주항쟁의 가장 커다란 요구였던 대통령 직선제를 수용함으로써 대통령 선출을 통해 정부를 구성할 수 있는 국민의 권리를 보장했다. 다만 1987년 헌법은 5년 임기의 대통령 단임제를 채택했는데, 이는 국민 의사가 반영된 것이라기보다는 여야의 정략적 협상 결과였다. 다시 말해, 당시 유력한 대통령 후보들인 민정당의 노태우와 민주당의 김영삼, 그리고 다가오는 대통령 선거 출마를 위해 새 정당 창당에 나선 김대중은 자신들이 이번 대선에서 낙선할 경우 가능한 한 빨리 차기 대선을 맞을 수 있도록 5년 단임제에 쉽게 절충할 수 있었던 것이다.

다음으로, 1987년 헌법은 그 전문에서 "불의에 항거한 4·19 민주이념을 계승"한다는 점, "조국의 민주개혁"의 사명 등을 언급함으로써 독재권력에 대한 국민의 저항권과 민주주의 발전을 위한 개혁 의지를 분명히 천명했다. 또한 국민 기본권의 강화와 관련하여 구속적부심사 청구권의 전면 보장, 형사보상제도의 확대, 범죄 피해자에 대한 국가구조제의 신설 등

국민의 신체와 생명에 대한 보호를 강화하고, 언론·출판·집회·결사에 대한 허가·검열제의 금지 등 표현의 권리를 최대한 보장하고자 했다. 나아가 노동 3권 보장의 강화와 최저임금제 실시 등 노동자의 인간다운 생활을 위한 권리를 확충하고, 경제질서에 대해서도 자유경제체제의 원리를 기본으로 하면서 적정한 소득 분배와 지역경제의 균형 발전 등 국민의 복리를 증진시키고 국민생활의 기본적 수요를 충족시키는 사회정의를 실현토록 규정했다.

한편 1987년 헌법은 권력분립에서도 대통령의 권한을 축소시키고 의회와 사법부의 권한을 증대시킴으로써 3권 간의 견제와 균형을 도모하고자 했다. 이를 위해 대통령의 권한과 관련하여 비상조치권과 국회해산권을 폐지했고, 국회의 권한과 관련해서는 국정조사권을 부활시켜 국회의 행정부 견제를 가능토록 했다. 또한 사법부의 실질적인 독립을 도모하는 한편 헌법의 실효성을 제고하고자 노력했는데, 이는 법관의 임명절차 개선과 헌법재판소 신설로 나타났다. 특히 신설된 헌법재판소는 법률의 위헌 여부, 탄핵, 정당의 해산, 국가기관 상호 간의 권한쟁의, 헌법소원에 대한 심판권을 보유하게 되었다. 그 밖에도 1987년 헌법은 지방자치 실시를 명문화했다.

따라서 1987년 헌법은 전반적으로 국민의 기본권을 확대시키는 한편, 권력구조에서는 대통령의 권한을 축소시키는 동시에 입법부와 사법부의 권한을 강화시킴으로써 통치권력의 분립과 균형을 도모하고자 했다. 그럼에도 불구하고 1987년 헌법에는 문제가 없지 않았는데, 가장 큰 문제는 여야의 정략적 이해에 의해 합의된 5년 임기의 대통령 단임제였다. 이후 그것이 정치적 갈등과 혼란의 한 근원이 되었음은 물론이다.[2] 그뿐만 아니라 1987년 헌법은 국민의 기본권 강화를 위한 여러 조치들을 규정해놓았지만, 노동자의 경영 참여, 이익 균점권, 독점자본의 규제 등 사회경제적인 측면에서의 기본권 확대는 충분치 못했다. 그 밖에도 6월민주항쟁의 결과로 1987년 헌법이 등장했음에도 불구하고, 그 헌법 전문에 광주민중항쟁과 6월민주항쟁의 정신에 대해서 아무런 언급을 남겨놓지 않았다.

양 김씨의 분열, 재야세력의 분열, 지역의 분열

헌법 개정이 진행되는 동안 다른 한편에서는 민주화 이행의 '정초 선거'로서 제13대 대통령 선거 경쟁이 시작되고 있었다. 이로부터 12월 16일 대통령 선거 투표일에 이르기까지 대선정국은 크게 두 단계로 나누어 볼 수 있는데, 첫 단계는 대통령 후보 결정 문제가 주된 관심사였던 10월 말까지의 시기이며, 두 번째 단계는 이후 본격적인 대선 캠페인이 전개되었던 대선 투표일까지의 시기이다. 대선정국에서 관심의 초점은 당연히 독재세력과 민주화운동 세력의 대선 경쟁에 맞춰졌고, 특히 후자와 관련하여 김영삼과 김대중 양 김씨의 후보 단일화 문제는 초미의 관심사였다.

---

2 임기 5년의 대통령 단임제의 문제점은 이후에 분명하게 드러났다. 민주화 이후 선출된 각 대통령은 임기 후반에 심각한 레임덕 현상에 빠졌고, 그것은 대통령 선거 때마다 극심한 정치적 불안정을 야기시켰다. 또한 임기 5년의 대통령 단임제로 인해 대통령 선거와 4년마다 실시되는 국회의원 총선 주기가 서로 달라짐으로써 선거 주기의 혼란이 일어났다.

그들이 분열할 경우 민주화운동 세력에 의한 민주정부 수립은 무산될 가능성이 높았기 때문이다.

대선정국이 본격화된 9월 중순 이후부터 10월 말까지의 첫 단계에서 가장 먼저 활동을 시작한 것은 민정당의 노태우 후보였다. 6월 10일에 치러진 민정당 전당대회에서 일찍이 대통령 후보로 지명되었기 때문이다. 따라서 그는 8월 5일 민정당 총재에 취임했고, 9월 13~19일에는 대통령 후보로서의 자신의 위상을 높이고자 미국과 일본을 방문했다. 반면 이 기간에 민주화운동 진영에서는 후보 단일화 문제를 놓고 양 김씨의 갈등이 본격화되었고, 이에 따라 민주화운동 세력 전체는 이에 휘말려들지 않을 수 없었다. 당내 기반에서 우세했던 김영삼은 후보 단일화 문제를 민주당 내부에서 해결하고자 했다. 반면 당내 기반이 취약했던 김대중은 후보 단일화 문제를 민주당 밖의 이른바 '국민적 심판'으로 해결하고자 했다. 이 때문에 민주화운동 진영은 대선정국의 초기부터 후보 단일화의 난관에 봉착했다.

당내 경쟁에서 불리했던 김대중은 먼저 당 밖에서 자신에 대한 대중적 지지를 확인시킴으로써 후보 경쟁의 주도권을 잡고자 했다. 이를 위해 김대중은 9월 8~9일 자신의 연고지인 광주와 목포를 방문해 50만 명 이상의 지지자를 집결시켜 자신의 세를 과시했다. 이에 맞서 김영삼 역시 10월 17일 자신의 연고지인 부산에서 집회를 개최하여 100만 명 이상의 인파를 집결시켰다. 양 김씨의 이 같은 행동은 자신의 연고지에서 대규모 지지세를 과시함으로써 자신이 민주화운동 진영의 대통령 후보에 더 적합한 인물이라는 것을 선전하고자 했던 시도였다. 그렇지만 지역 연고에

김대중과 김영삼의 분열
6월항쟁 뒤에 국민들은 김대중과 김영삼이 힘을 합해 군사통치를 끝내 주기를 간절히 원했으나, 두 사람은 끝내 갈라서고 말았다. 김대중과 김영삼의 분열은 정치와 재야의 분열과 민주진영의 분열로 이어졌고, 다시 지역분열로 확대되었다. 사진은 1987년 10월 25일 김대중(왼쪽)과 김영삼(오른쪽)이 고려대학교에서 열린 한 집회에 참석한 장면이다. 서로 다른 곳을 향하고 있는 두 사람의 시선이 양 김씨의 분열을 상징적으로 잘 보여주고 있다.

바탕을 둔 양 김씨의 대규모 대중 동원은 이후 지역주의를 전면적으로 불러내는 단초가 되었다. 그뿐만 아니라 양 김씨의 이 같은 시도는 지역 대결을 통해 그들의 분열을 더욱 조장하고자 했던 전두환 정권의 시도와 맞물리면서 제13대 대통령 선거가 지역주의에 좌우되도록 만들었다.[4]

한편 양 김씨의 후보 단일화 문제로 인해 민주화운동 진영의 대선전략이 차질을 빚는 가운데, 재야세력은 양 김씨에게 여러 차례에 걸쳐 후보 단일화를 촉구했다. 그러나 재야세력은 현실적으로 후보 단일화를 강제할 수 있는 힘을 갖고 있지 못했다. 따라서 후보 단일화를 위한 그들의 노력은 아무런 성과도 얻지 못한 채 무기력한 모습만 드러내보였다. 이 같은 상황에서 10월 중순 재야세력의 국민운동본부는 그들의 노력을 후보 단일화 문제에서 거국중립내각 수립과 선거감시운동으로 돌리기로 결정했다. 그것은 6월민주항쟁을 주도했음에도 불구하고 이제는 후보 단일화 문제조차 해결할 수 없었던 그들의 무력한 현실을 보여주고 있었다.

10월 28일 평화민주당(평민당)을 창당한 김대중은 평민당의 대통령 후보로 출마를 공식 선언했다. 김영삼 역시 11월 12일 민주당 전당대회를 통해 민주당의 공식적인 대통령 후보로 나섰다. 그러나 사태는 이에 그치지 않았다. 양 김씨의 분열은 재야세력의 분열로 이어졌기 때문이다. 그 결과 민통련과 서대협 중심의 재야세력 일부가 김대중 후보에 대한 '비판적 지지 세력'이 되었고, 후보 단일화를 주장하던 세력은 '군정종식 단일화 쟁취 국민협의회(국협)'를 결성했으며, 양 김씨의 분열에 실망하여 독자후보를 내세우기로 한 세력은 '민중대표 백기완 선생 선거운동 전국본부(백본)'를 발족시켰다.[5]

이 같은 사태가 전개되는 가운데 각 정당의 대통령 후보들은 11월 초부터 본격적인 선거전에 돌입했다. 각 후보의 선거전략은 기본적으로 자신의 연고지를 바탕으로 지역주의를 동원하는 데에 그 초점이 맞춰졌다. 평민당의 김대중 후보는 주로 호남 지역주의에 의존했는데, 이와 관련하여 그는 '4자 필승론'을 주장했다. 즉 호남 지역주의를 기반으로 김대중 후보는 호남과 서울지역에서 확실한 우위를 점할 수 있으며, 여기에 재야, 근로자, 학생층의 광범위한 지지를 받을 수 있다는 것이다. 따라서 영남에서 김영삼 후보가, 충남에서 김종필 후보가 노태우 후보의 표를 분산해줄 경우, 대선의 승산은 오히려 김대중 후보에게 있다는 것이다.[6] 이에 비해 민주당의 김영삼 후보는 부산·경남의 지역 기반에 더해 비교적 온건한 민주진영의 지지층을 결집시키고자 했다. 신민주공화당의 김종필 후보 역시 충청의 지역 기반에 의존하고자 했다.

물론 민정당의 노태우 후보도 대구·경북의 지역주의 동원에 의존하고자 했다. 그러나 그는 다른 한편으로 양 김씨를 균형 있게 분열시키는 데에도 노력을 집중했다. 어느 한 쪽으로 쏠리지 않는 양 김씨의 균형잡힌 분열이 이루어진다면, 노태우 후보의 승리 가능성은 더욱 높아질 수 있었기 때문이다. 이를테면 김영삼 후보가 12·12사태의 피해자인 정승화 전 참모총장을 끌어들여 '군정 종식'의 기치를 내걸고 기세를 올리자, 노태우 후보 진영은 김영삼 후보의 통일교 자금 수수설과 여성 관계의 흑색선전을 퍼뜨렸다. 또한 그들은 텔레비전 방송을 통해 양 김씨의 영호남 유세 과정에서 발생한 충돌 장면을 거듭 방영했다. 이를 통해 지역감정을 고조시키는 한편, 고조된 지역감정을 이용하여 양 김씨의 지역적 분열을 더욱 강화시키고자 했기 때문이다.

　지역주의적 동원이 중심을 이룬 대선 경쟁의 마지막 절정은 대규모의 대중을 동원한 세몰이 싸움으로 나타났다. 11월 29일 김대중 후보의 여의도 유세에는 130만 명의 인파가 몰려들었다. 같은 장소에서 12월 5일 치러진 김영삼 후보의 유세에도 비슷한 규모의 인파가 모였다. 그러나 12월 12일 노태우 후보의 여의도 유세에는 무려 150만 명의 인파가 집결했고, 여기서 그는 '올림픽 후 중간평가'라는 최후 카드를 던졌다. 물론 세 후보의 대규모 유세는 그들의 지지세를 과시하기 위한 대대적인 동원에 따른 것이었다.[7] 한편 투표 전날인 12월 15일, 정부당국은 대한항공 858여객기 폭파사건의 폭파범으로 바레인에서 체포되어 압송된 마유미(한국명 김현희)의 서울 도착을 대대적으로 선전했다. 이는 국민들의 안보심리를 자극함으로써 선거 결과에 영향을 미치고자 했던 노태우 후보의 마지막 선거전략이었다.

제13대 대통령 선거와 그 결과

　1987년 12월 16일 민주화 이행의 '정초 선거'로서 제13대 대통령 선거가 실시되었다. 〈표 6-2〉는 각 후보의 지역별 득표율을 중심으로 살펴본 결과이다. 〈표 6-2〉에서 볼 수 있듯이 제13대 대통령 선거는 민정당의 노태우 후보 승리로 끝났다. 민주당의 김영삼 후보와 평민당의 김대중 후보는 각각 2위와 3위에 그쳤다. 노태우 후보의 승리와 김영삼·김대중

⟨표 6-2⟩ 제13대 대통령 선거 결과(지역별) (단위: %)

지역 \ 후보		노태우	김영삼	김대중	김종필
수도권	서울	30.3	29.1	32.6	8.2
	인천	39.4	30.0	21.3	9.2
	경기	41.5	27.5	22.3	8.5
강원		59.3	26.1	8.9	5.4
충청권	충남	26.2	16.1	12.4	45.0
	충북	46.9	28.2	11.0	13.5
호남권	광주	4.8	0.5	94.4	0.2
	전남	8.2	1.1	90.3	0.3
	전북	14.1	1.5	83.5	0.8
경북권	대구	70.7	24.3	2.6	2.1
	경북	66.4	28.2	2.4	2.6
경남권	부산	32.1	56.0	9.1	2.6
	경남	41.2	51.3	4.5	2.6
제주		49.8	26.8	18.6	4.5
전국		36.6	28.0	27.1	8.1

자료: 정해구, 「4·11총선 분석과 97대선 전망: 지역주의를 중심으로」, 한국정치연구회 편, 『정치비평』 창간호, 아세아문화사, 1996, 61쪽

후보의 패배 원인은 그들이 얻은 득표율 자체가 잘 설명해주고 있다. 김영삼 후보가 얻은 28.0%의 득표율과 김대중 후보가 얻은 27.1%를 합하면 55.1%에 달했는데, 그 득표율은 노태우 후보가 얻은 36.6%의 득표율을 훨씬 앞지르고 있었기 때문이다. 달리 말해 양 김씨의 분열이, 민주화운동 진영이 대선에서 패배한 가장 결정적인 원인이었던 것이다. 선거 직후

구로구청 등에서 부정선거 논란이 있었지만, 그것은 더 이상 문제가 되지 못했다. 대선 패배의 가장 중요한 원인이 양 김씨의 분열에 있는 한, 그보다 덜 중요한 패배의 원인은 더 이상 문제가 되기 어려웠기 때문이다.

제13대 대통령 선거 결과는 지역주의가 전면적으로 등장했음을 보여주었다. 호남지역에서 김대중 후보가 약 80~90%대의 득표율을 기록했고, 대구·경북지역에서 노태우 후보가 거의 70%에 육박하는 득표율을 기록했으며, 부산·경남지역에서 김영삼 후보가 약 50~60%대의 득표율을 기록했던 것은 그 점을 여실히 보여주고 있었다. 호남에 비해 영남의 지역주의가 상대적으로 약하게 나타난 것은 그 지역에서 노태우 후보와 김영삼 후보가 표를 나누어 가졌기 때문이다. 그뿐 아니라 제13대 대통령 선거의 결과는 충남지역조차 지역주의의 영향을 받았음을 보여주었다. 신민주공화당의 김종필 후보가 충남지역에서 얻은 45%의 득표율이 그 증거였다.

그러나 아무튼, 1987년의 제13대 대통령 선거는 국민 직선의 대통령 선거가 마지막으로 치러졌던 1971년의 제7대 대통령 선거 이후 무려 16년 만에 치러진 국민 직선의 대통령 선거였다. 따라서 비록 양 김씨의 분열로 인한 실망감이 매우 컸지만, 그럼에도 제13대 대통령 선거는 국민의 뜨거운 관심 속에서 치러졌다. 민주화 이후 어느 대선보다 높았던 89.2%의 투표율은 바로 그 점을 보여준다.[3]

---

3 민주화 이후 역대 대통령 선거의 투표율은 다음과 같다.

제13대(1987)	제14대(1992)	제15대(1997)	제16대(2002)	제17대(2007)
89.2%	81.9%	80.7%	70.8%	63.0%

민주화의 성공, 민주정부 수립의 실패

이상에서 살펴보았듯이 6월민주항쟁의 성공은 민주화 이행을 가능하게 만들었다. 그리고 민주화 이행의 과정에서 대통령 직선제를 수용한 헌법 개정이 이루어졌고, 이에 따른 국민 직선의 제13대 대통령 선거가 실시되었다. 그러나 제도정치권이 주도한 헌법 개정의 과정에서 재야세력은 배제되었고, 양 김씨의 분열 속에서 진행된 대통령 선거는 결국 민주화운동 세력의 패배로 귀결되었다. 그런 점에서 1987년 민주화 이행은 대통령 직선제를 통해 국민이 직접 대통령을 선출할 수 있었다는 점에서 권위주의 체제의 민주화에는 성공했지만, 그럼에도 불구하고 민주화운동 세력에 의한 민주정부 수립에는 실패했던 민주화 이행이었다.

그리고 이 같은 결과는 이후 우리 사회에 다음과 같은 영향을 끼쳤다. 먼저, 독재세력이 합법적인 선거 경쟁을 통해 재집권에 성공했기 때문에 민주화 이행에도 불구하고 철저한 독재 청산이 사실상 불가능해졌다. 민주화 이후 독재 청산의 요구가 지속적으로 제기되었음에도 불구하고, 독재 청산이 제대로 이루어질 수 없었던 것은 민주화 이행시 청산되지 않고 살아남은 독재세력, 즉 이제는 보수적 정치세력이 된 그들이 집권했던 데에서 그 일차적인 원인을 찾을 수 있다. 그뿐만 아니라 독재세력의 후신인 보수적 정치세력이 재집권에 성공함으로써 민주화 이후 요구되었던 민주개혁은 그들의 기득권과 충돌하지 않을 수 없었다. 다음으로, 6월민주항쟁 이전에 최대 민주화연합을 형성했던 민주화운동 진영은 양 김씨가 갈라서면서 그 여파 속에 같이 분열될 수밖에 없었고, 대통령 선거까지 패배하자 깊은 좌절감에 빠졌다.

  그러나 독재세력의 후신인 보수적 정치세력의 집권으로 철저한 독재 청산이 어려웠을지라도, 또한 대선 패배로 인해 민주화운동 세력이 분열되고 좌절감에 빠졌을지라도, 이제 과거 권위주의 방식의 지배와 통치는 더 이상 어렵게 되었다. 비록 불완전할지라도 민주화의 합법적 절차에 따라 권위주의 체제의 민주화가 이루어졌고, 따라서 재집권에 성공한 보수적 정치세력 역시 그러한 상황에 적응해야 했기 때문이다. 더욱이 민주화운동 세력에 의한 민주정부 수립이 실패하기는 했지만, 아래로부터의 민주개혁 요구는 여전히 강력했기 때문이다.

지역주의 정치의 고착

  1987년 민주화 이행은 정당정치의 차원에서도 큰 변화를 일으켰다. 민주화 이행의 대통령 선거 과정에서 지역주의가 전면적으로 동원되었기 때문이다. 그렇지만 그것은 대통령 선거만으로 끝나지 않았다. 그 이듬해인 1988년에 치러진 제13대 국회의원 총선에서도 마찬가지로 다시 지역주의가 동원되었고, 그 결과 제13대 총선 결과도 지역주의에 좌우되었다. 따라서 지역주의에 의해 선거 결과가 좌우되는 지역주의 정치는 이제 민주화 이후 한국 정치를 특징짓는 가장 일차적인 요소가 되었다. 〈표 6-3〉은 1988년 4월에 치러진 제13대 국회의원 총선의 지역별 득표율인데, 대선에 이어 총선에서도 지역주의 정치가 점차 고착화되고 있음을

<표 6-3> 제13대 국회의원 총선 결과(지역별) (단위: %)

지역 \ 정당		민주정의당	통일민주당	평화민주당	신민주공화당
수도권	서울	26.2	23.4	27.0	16.1
	인천	37.5	28.3	14.1	15.5
	경기	36.1	22.9	15.9	18.2
강원		43.6	21.6	4.0	20.2
충청권	충남	30.2	15.0	3.8	46.5
	충북	43.6	16.0	0.4	33.3
호남권	광주	9.7	0.4	88.6	0.6
	전남	22.9	0.8	67.9	1.3
	전북	28.8	1.3	61.5	2.5
경북권	대구	48.2	28.4	0.7	13.2
	경북	51.0	24.5	0.9	16.0
경남권	부산	32.1	54.3	1.9	6.8
	경남	40.2	36.9	1.0	10.3
제주		36.0	27.1	6.0	3.4
전국		34.0	23.8	19.3	15.6

자료: 정해구, 「4·11총선 분석과 97대선 전망: 지역주의를 중심으로」, 한국정치연구회 편, 『정치비평』 창간호, 아세아문화사, 1996, 61쪽.

보여준다.

<표 6-3>이 보여주듯이 각 정당은 자신의 연고지역에서 높은 득표율을 기록했다. 호남지역에서 평화민주당은 약 60~90% 사이의 득표율을, 민주정의당은 대구·경북지역에서 약 50% 내외의 득표율을, 통일민주당은 부산·경남지역에서 30% 후반에서 50% 전반 사이의 득표율을 보였다.

신민주공화당도 자신의 연고지역인 충남에서 50%에 조금 못 미치는 득표율을 기록했다. 지난 12월의 대통령 선거에 비해 4월에 실시된 국회의원 총선의 연고지역별 득표율이 낮아진 것은 아무래도 대통령 선거에 비해 국회의원 총선에서 표의 결집성이 떨어질 수밖에 없었기 때문이다. 아무튼 4월의 국회의원 총선 결과는 지역주의의 모습을 여실히 보여주었고, 그런 점에서 그것은 지역주의 정치가 점차 고착되고 있음을 알려주었다.

그렇다면 민주화 이행 과정의 대통령 선거에서, 그리고 민주화 직후 치러진 국회의원 총선에서 지역주의가 갑작스럽게 등장했던 이유는 무엇인가? 지역주의의 등장과 관련한 해석으로는 크게 두 흐름의 주장이 있다.[8] 하나는 지역주의 발생의 근원을 사회경제적인 차원에서 찾는 한편, 지역주의적 선거는 그것의 정치적 표출로 이해하고자 하는 주장이다. 이에 따르면, 지역주의의 발생은 박정희 정권 시기의 지역 불균등 개발에서 비롯되었으며, 그것의 정치적 표출은 부분적으로는 1967년과 1971년의 대통령 선거에서, 그리고 전면적으로는 1987년의 대통령 선거와 1988년의 국회의원 총선에서 나타났다는 것이다. 지역주의의 등장에 관한 또 하나의 주장은 그 등장 원인을 정치적 차원에서 찾는 것으로, 민주화 이후 지역 대결 양상으로 형성된 정치 경쟁의 구도가 유권자 대중의 지역주의적 배열을 초래했고, 그 결과 지역주의 투표 행태가 나타나게 되었다는 주장이다. 전자의 주장이 아래로부터의 사회경제적인 원인을 중시하고 있다면, 후자의 주장은 위로부터의 정치적 동원을 강조하고 있다고 할 것이다.

지역주의 발생의 잠재적 구조는 박정희 정권 시기의 지역 불균등 개발,

그리고 그에 따른 인구 이동과 사회적 계층화 과정에서 형성되었을지도 모른다. 또한 영호남 간의 대립적 정서는 광주항쟁의 경험 속에서, 즉 가해자로서의 영남과 피해자로서의 호남이라는 인식의 형태로 잠재되었을 수도 있다. 그러나 그것의 본격적인 정치적 표출이 1987년 대통령 선거와 1988년의 국회의원 총선 과정에서 갑작스럽게 이루어졌다는 사실은, 지역주의가 민주화 이행의 과정에서 형성된 정치 경쟁 구도의 지역적 재편과 이에 따른 정치적 동원과 밀접한 관계에 있음을 말해준다. 그뿐만 아니라 일단 정치적으로 표출된 지역주의는 상호 경쟁적으로 상대 지역의 지역주의를 자극함으로써 지역주의를 더욱 강화시킨다. 1987년 대통령 선거 과정에서 영호남의 지역주의가 상대방을 서로 자극하며 강화되었고, 나아가 이에 자극을 받은 충청지역에서도 지역주의가 등장한 것은 바로 이 같은 지역주의의 특징을 잘 보여주고 있다.

07

민주화 이후 민주개혁의 성과와 한계

야대여소 국회에서 이루어진 5공청산작업의 성과는 미미하기 그지없었다. 그 성과가 전두환의 백담사행, 일부 5공 핵심 인사들의 공직 사퇴, 그리고 일부 관련자들의 처벌 이상을 넘어서지 못했기 때문이다. 그런 점에서 야대여소 국회의 5공청산작업은 '의사 민주화', 즉 민주개혁의 외양은 갖추었으나 그 성과의 내실은 그리 크지 않은 수준에 그쳤다고 할 수 있다.

야대여소 국회와 5공청산의 추진

　민주화 이행 과정에서 치러졌던 제13대 대통령 선거에서 전면적으로 등장한 지역주의가 이듬해의 제13대 국회의원 총선에서도 다시 등장했음은 앞에서 살펴본 바와 같다. 이와 관련하여 대통령 선거의 지역주의가 양 김씨의 분열에 따른 민주화운동 세력의 집권 실패를 가져왔다면, 국회의원 총선에서의 지역주의는 거꾸로 야대여소의 국회를 만들어냈다. 호남지역의 평화민주당(평민당)과 충청지역의 신민주공화당(공화당) 그리고 부산·경남지역의 통일민주당(민주당)이 각각 자신의 지역에서 승리함으로써 집권당인 민주정의당(민정당)보다 더 많은 의석을 차지했기 때문이다. 〈표 7-1〉은 1988년 4월 26일에 치러졌던 제13대 총선 결과 각 정당이 획득한 의석수이다.

　〈표 7-1〉에서 보는 것처럼 제13대 총선의 결과는 여야 의석수 비율을 125 : 174로 만듦으로써 한국 의정사상 처음으로 야대여소 국회의 등장을 알렸다. 따라서 야권 공조체제의 구축은 야당들 사이의 상호 협조 여부에 달려 있었다. 평민당과 민주당은 이에 적극적이었다. 양자의 분열로 인한 대선 패배의 책임에서 자유롭지 못했던 평민당의 김대중과 민주당의 김영삼이 야권 공조를 통해 그 책임에서 벗어나고자 했기 때문이다. 또한 야권 공조는 그들이 다시 정국의 주도권을 가질 수 있음을 의미했기 때문이다. 5·17군사쿠데타 당시 신군부 세력에 의해 정치권에서 배제되었던 공화당의 김종필 역시 노태우 정권을 도울 이유는 없었다. 따라서 야권 공조체제는 어렵지 않게 구축될 수 있었다.

〈표 7-1〉 제13대 국회의원 총선 결과(의석수)

구분		민주정의당	평화민주당	통일민주당	신민주공화당	기타	합계
지역구	수도권	32	18	15	9	3	77
	대구·경북	25	0	2	2	0	29
	부산·경남	13	0	23	0	1	37
	광주·전라	0	36	0	0	1	37
	대전·충청	9	0	2	15	1	27
	강원·제주	8	0	4	1	4	17
	소계	87	54	46	27	10	224
전국구		38	16	13	8	0	75
합계		125	70	59	35	10	299

자료: 정해구 외, 『6월항쟁과 한국의 민주주의』, 민주화운동기념사업회, 2004, 149쪽 〈표 4-1〉의 '제13대 총선 결과'를 이용하여 재작성.

공조체제를 갖춘 야권이 가장 먼저 착수한 것은 5공청산 문제였다. 광주학살의 진상과 전두환 정권의 권력비리를 파헤침으로써 민주화 이후 아래로부터 요구되어온 민주개혁에 부응할 뿐더러, 이를 통해 정국의 주도권을 장악하고자 했기 때문이다. 한편 야권의 이 같은 시도, 특히 전두환 정권의 권력비리를 파헤치려는 것에 대해서는 노태우 정권도 적극적으로 거부하지 않았다. 전두환 전 대통령이 임기 말 여러 조치들[1]을 통해 퇴임

---

1 전두환은 대통령 퇴임 이후에도 자신의 영향력이 계속 유지될 수 있기를 원했다. 이 때문에 그는 강력한 권한을 가진 국가원로자문회의를 신설하려 했고, 임기 말에는 군 수뇌부의 인사를 감행했다. 그리고 비록 실패하기는 했지만, 자신이 공천권을 행사할 수 있도록 국회의원 총선을 2월에 치르려고 했다.

〈표 7-2〉 국회 특별위원회 구성 현황

특별위원회 명칭	인원수	위원장
제5공화국에서의 권력형비리조사 특별위원회	31명	민주당 이기택 의원
광주민주화운동 진상조사 특별위원회	28명	평민당 문동환 의원
민주발전을 위한 법률개폐 특별위원회	29명	민정당 오유방 의원
지역감정 해소 특별위원회	16명	민정당 최영근 의원
양대 선거부정 진상조사 특별위원회	16명	공화당 이종근 의원
통일정책 특별위원회	26명	민주당 박관용 의원
올림픽지원 특별위원회	16명	민정당 강영훈 의원

자료: 국회사무처, 『제13대 국회 경과보고서』, 1992, 91~97쪽; 정대화, 「한국의 정치변동 1987~1992: 국가-정치사회-시민사회의 관계를 중심으로」, 서울대학교 정치학과 박사학위논문, 1995, 192쪽에서 재인용.

후에도 자신의 영향력을 유지하고자 했기 때문에 노태우 정권으로서는 그것을 차단시켜야 할 필요가 있었던 것이다.

이와 관련하여 노태우 정권은 이미 1988년 3월, 전두환 정권 당시 새마을운동 중앙본부 회장을 역임했던 전두환의 동생 전경환을 권력비리 혐의로 전격 구속한 바 있었다. 이러한 조치를 통해 한편으로는 전두환 전 대통령을 압박하는 동시에, 다른 한편으로는 5공과의 단절을 상징적으로 보여줌으로써 곧 치러질 4월의 국회의원 총선을 대비하고자 했기 때문이다. 그 결과 전두환은 4월 국가원로자문회의의 의장직과 민정당 명예총재직 등 일체의 공직에서 물러나지 않을 수 없었다. 그러나 사태는 이에 그치지 않았다. 총선 결과 야대여소의 국회가 만들어졌고, 이를 계기로 공조체제를 갖춘 야당들이 5공청산을 강력하게 주장하고 나섰기 때문이다. 국회는 여야의 논란 끝에 6월 27일 〈표 7-2〉와 같은 7개의 특별위원회 구성에 합의했다.

7개의 특별위원회 중 가장 중요한 특위는 광주문제에 대한 진상 조사를 수행할 광주 특위와 대통령 친·인척 중심의 권력비리를 조사할 5공비리 특위였다. 또한 민주발전을 위한 법률개폐 특위도 5공 당시 제정된 악법이나 개악된 법률들을 바로잡기 위해 만들어졌다는 점에서 그 의미가 적지 않았다. 그러나 그 활동에서 가장 순조로운 진전을 보인 것은 5공비리 특위였다. 야권의 집중적인 노력에 더해, 5공과 일정한 단절을 시도하려는 노태우 정권 역시 이에 크게 반대하지 않았기 때문이다. 따라서 5공비리 특위는 7월에 들어 일해재단을 비롯한 44개의 조사 대상을 선정하는 한편, 조사 대상자 16명의 출국금지를 요청했다. 이에 법무부는 전두환 내외를 제외한 14명에 대해 출국금지 조치를 취했다.

제13대 총선을 통한 야대여소 국회의 등장, 이에 따른 야권 공조체제의 구축, 그리고 이를 통한 5공청산의 시도 등은 민주화 이후 권력의 균형추가 야대여소의 국회 쪽으로 상당 정도 기울었음을 의미했다. 더구나 국회는 개헌을 통해 새로이 도입된 국정조사권 등을 특위 활동에서 적절히 활용할 수 있었다. 그 결과 민주화 직후 5공청산을 비롯한 민주개혁의 과제는 이제 거리의 민주화운동보다는 야권 공조의 국회에 맡겨지게 되었다. 그런 점에서 민주화 이후 노태우 정권 초기는 시민사회의 운동이 아니라 정치사회의 국회가 정국의 주도권을 회복한 시기였다. 그렇지만 국회 특위의 활동은 1988년 서울올림픽 개최로 잠시 유보되었다.

통일운동의 부상

1988년 9월 17일부터 10월 2일까지 16일간에 걸쳐 서울에서는 제24회 올림픽이 개최되었다. 서울올림픽에는 전 세계 160개국에서 1만 3,304명의 선수와 임원들이 참가했는데, 이러한 참가 규모는 그때까지 개최된 역대 올림픽 사상 최대 규모였다. 각국은 23개 종목에서 237개의 금메달을 놓고 각축했는데, 대회 결과 소련이 55개의 금메달로 종합 1위를, 동독이 금메달 37개로 2위를, 미국이 금메달 36개로 3위를 차지했다. 주최국인 한국은 금메달 12개, 은메달 10개, 동메달 11개의 총 33개 메달을 획득함으로써 종합 4위를 기록했다. 역대 최고의 성적을 기록한 이 같은 성과는 한국이 처음 올림픽에 참가했던 1948년 런던올림픽 이후 1984년 로스앤젤레스올림픽에 이르기까지 거둔 전체 성적, 즉 금메달 7개, 은메달 12개, 동메달 18개를 뛰어넘는 것이었다.

그런데 서울올림픽 개최는 이를 전후하여 전두환 정권이 전혀 의도하지 않은 결과를 만들어냈다. 남북 공동올림픽 개최 문제를 둘러싸고 학생 및 재야세력의 통일운동이 급속히 확산되었기 때문이다. 물론 남북한 당국은 공동올림픽 개최 문제와 관련하여 그동안 수차례에 걸쳐 남북체육회담을 진행해온 바 있었다. 그러나 남북체육회담은 남북 양측의 입장 차이가 좁혀지지 않아 끝내 결렬되고 말았다. 따라서 이제 공동올림픽 개최 문제는 더 이상 현안이 아니었다. 그럼에도 불구하고 공동올림픽 개최 문제는 예상치 못한 곳에서 다시 제기되었던 것이다. 1988년 상반기에 남북 올림픽 공동개최를 주장하는 학생운동이 급속히 확산되었고, 그 여파 속에서 학생운동과 재야세력에 의한 통일운동이 전면화되었던 것이 바로 그것이었다.

이렇듯 1988년 상반기에 급속히 확산되었던 통일운동의 단초는 3월에 서울대 총학생회장 후보였던 김중기에 의해 제공되었다. 그는 북측에 '국토종단 순례대행진'과 '남북 청년학생체육대회' 개최를 제안하면서 그 실무회담을 6월 10일 판문점에서 갖자고 했는데, 이 제안이 5월 전국대학생대표자협의회(전대협) 차원의 대북 제안으로 발전하게 되었던 것이다. 남측 학생운동의 이 같은 제의는 북측에 즉각 수용되었다. 6월 9일 전대협은 연세대에서 '6·10남북청년학생회담 성사를 위한 백만학도 총궐기대회'를 개최했고, 6·10항쟁 1주년인 10일에는 2만 명의 대학생들이 참여한 가운데 판문점 출정식을 거행했다. 그러나 그 출정은 경찰의 저지로 무산되었고, 이 과정에서 1천여 명의 학생들이 경찰에 연행되었다.[2]

전대협은 6·10회담 시도에 이어 8·15남북학생회담을 다시 제안했다. 그리고 8월 15일 남북학생회담 참가를 위한 판문점 출정식을 연세대에서는 또 한번 거행했다. 그러나 이 역시 경찰에 의해 저지되었다. 학생운동이 6·10회담 및 8·15판문점회담을 시도하는 사이, 통일운동은 학생운동을 넘어 재야세력으로까지 확산되었다. 그 결과 재야의 각계 인사 1,014명은 8월 8일 '한반도 평화와 통일을 위한 세계대회 및 범민족대회 추진본부' 발족식을 거행하고, 이를 바탕으로 8월 23~28일 '한반도 평화와 통일을

---

2 1988년 5월 '양심수 전원 석방', '미국 축출', '공동올림픽 개최' 등을 요구하며 할복 투신한 서울대생 조성만의 죽음도 이 같은 통일운동의 분위기를 더욱 고조시켰다. '민주통일장'으로 치러진 그의 장례식에는 학생과 시민들이 대거 참여했다.

6·10남북청년학생회담 성사를 위한 백만학도 총궐기대회

1988년 서울올림픽 개최를 전후하여 남북 공동올림픽 개최 문제를 둘러싸고 학생과 재야세력의 통일운동이 급속히 확산되었다. 1988년 5월 전국대학생대표자협의회(전대협)는 북측에 6·10남북학생회담을 판문점에서 가질 것을 제안했다. 북측이 이를 즉각 수용하자 6월 9일 전대협은 연세대에서 '6·10남북청년학생회담 성사를 위한 백만학도 총궐기대회'를 개최했다. 전대협은 6·10회담 시도에 이어 8·15남북학생회담을 다시 제안함으로써 통일운동이 학생운동을 넘어 재야세력의 통일운동으로 확대되는 계기를 마련했다.

위한 세계대회'를 개최했다.[1]

　서울올림픽 개최를 앞두고 통일운동은 왜 이처럼 갑작스럽게 부상했나? 광주의 경험 이후 반미운동은 민주화운동의 한 흐름을 형성해왔다. 그리고 1985년 5월 미문화원 점거농성사건으로 본격화된 그 흐름은 점차 민족해방(NL) 계열의 새로운 운동노선을 등장시키기에 이르렀다. 그런 점에서 1980년대 민주화운동은 강한 민족주의적 성향을 내재하고 있었다. 그리고 이 민족주의적 성향은 민주화 이후 올림픽 공동개최 문제를 계기로 통일운동으로 분출했던 것이다. 따라서 1960년 4월혁명 직후의 통일운동과 1960년대 중반 한일회담 반대투쟁 이후 잠복되었던 민족주의운동은 민주화 이후 올림픽 공동개최 문제를 계기로 통일운동의 형태로 다시 전면화될 수 있었다. 이후 통일운동은 사회운동의 주요한 하나의 흐름이 되었다.

공안정국

　올림픽 공동개최 문제를 계기로 통일운동이 급속히 확산될 즈음 노태우 정부는 북방정책을 추진함으로써 남북대화에 전향적인 태도를 보이고 있었다. 그럼에도 노태우 정부는 남북교류에서는 '창구 일원화'를 내세워 민간 차원의 교류를 억제하고자 했다. 그러나 통일운동 진영은 이에 대항하여 독자적으로 대북 민간교류를 추진하고자 했다. 자주적 민간교류운동이 그것이었다. 북한 역시 남한 통일운동 진영의 이 같은 시도에 적극 호응했다. 그것은 북한이 노태우 정권의 북방정책에 적극 대응하면서도 남한 통일운동 진영과의 직접적인 교류를 통해 남북관계에서 유리한 입장을 확보하고자 했기 때문이다.

1989년에 들어 자주적 민간교류운동은 북측과 직접 접촉하기 위한 다수의 시도로 이어졌다. 먼저, 재야의 '전국민족민주운동연합(전민련)'은 8월 개최 예정인 범민족대회를 위해 판문점에서 북측과 예비 접촉을 시도하고자 했다. 민족문학작가회의 역시 북측과 직접적인 접촉을 통해 남북작가회의를 개최하고자 했다. 그뿐 아니라 학생운동의 전대협은 7월 평양에서 열릴 제13회 세계청년학생축전에 참여하고자 했다. 그리고 이를 위해 통일운동 진영은 판문점에서 남북 접촉을 갖고자 했다. 그러나 이 같은 시도들은 정부당국에 의해 저지되었다.

자주적 민간교류운동을 둘러싸고 정부당국과 통일운동 진영이 갈등을 빚는 사이, 통일운동 진영의 인사들이 정부당국 몰래 북한을 직접 방문하는 일련의 사건들이 발생했다. 그 첫 방북은 1989년 3월 25일에서 4월 13일에 걸쳐 전민련 상임고문인 문익환 목사 일행에 의해 이루어졌다. 북한 조국평화통일위원회의 초청을 받아 개인 자격으로 북한을 방문한 문익환은 방북 기간 중 두 차례에 걸쳐 김일성 주석과 회담을 가졌고, 조국평화통일위원장 허담과 합의한 9개항의 공동성명을 발표했다. 그러나 방북을 마치고 돌아온 문익환 목사 일행은 귀국 즉시 당국에 체포되었다. 한편 문익환 목사 일행의 방북 직전인 3월 20일 작가 황석영도 북한을 방문했다.

통일운동 진영에 의한 방북은 이에 그치지 않았다. 그 뒤를 이어 전대협

세계청년학생축전에 참가한 임수경

남북교류에서 '창구 일원화'를 주장하는 정부당국에 맞서 통일운동 진영은 자주적인 민간교류를 추진하기 위해 정부 당국 몰래 대표를 직접 북한에 파견했다. 1989년 3월 통일운동가 문익환 목사가 북한을 방문한 데 이어, 6월에는 임수경이 전대협의 학생 대표 자격으로 평양에서 열리는 세계청년학생축전에 참가하기 위해 북한을 방문했다. 통일운동 진영의 방북사건을 계기로 노태우 정권은 공안통치를 강화하여 자주적 남북교류운동과 방북 시도들을 저지하려고 했다.

도 비밀리에 외국어대 학생 임수경을 평양 세계청년학생축전에 참가시켰던 것이다. 일본과 독일을 거쳐 6월 30일 단신으로 평양에 도착한 임수경은 북한 주민들의 열렬한 환영을 받으며 평양축전에 참가하여 북한학생위원회 위원장과 함께 '조국통일을 위한 남북 청년학생 공동선언'을 발표했다. 평양축전 이후 백두산에서 출발하는 국제평화대행진에 참가한 임수경은 판문점에 도착한 뒤 6일간의 단식투쟁 끝에 8월 15일 판문점을 넘었다. 당시 천주교정의구현전국사제단은 문규현 신부를 북한에 파견하여 판문점을 넘는 임수경을 보호하도록 했다. 귀환 이후 임수경과 문규현 신부가 국가보안법 위반으로 구속되었음은 물론이다.[2]

  자주적 민간교류운동의 일환으로 시도된 일련의 방북사건들이 미친 효과는 그것이 과거에는 감히 이루어지기 어려웠던 냉전시대의 금기에 도전하고 있었다는 점이다. 사실 과거에 남측 인사들이 직접 북한을 방문한다는 것, 그것도 정부당국의 허락 없이 방문한다는 것은 상상하기 어려운 것이었다. 그러나 문익환 목사 일행과 전대협 임수경의 방북은 이러한 금기에 직접적으로 도전했다. 그런 만큼 이에 대한 정부당국과 보수층의 우려는 매우 컸다. 그뿐만 아니라, 이미 1988년 8월에 이루어졌지만 임수경의 방북과 비슷한 시기에 드러난 평민당 서경원 의원의 방북사건은 정부당국과 보수층의 우려를 더욱 증폭시키고 있었다.

  노태우 정권의 공안정국이 시작된 것은 통일운동 진영에 의해 일련의 방북사건이 발생했던 이상과 같은 상황에서 비롯되었다. 노태우 정권은 통일운동 진영이 시도한 일련의 방북사건을 계기로 검찰·경찰·안기부·보안사의 공안기구들과 관련 부처들로 공안합동수사본부를 구성하고, 이를 통해 통일운동 진영을 비롯하여 민주화운동 전반에 걸쳐 탄압을 강화해갔던 것이다. 이 같은 탄압의 강화는 통일운동 진영을 '좌경세력'으로 몰아붙이는 이념 공세와 더불어 이루어졌다.

노태우 정권은 공안정국을 통해 다음과 같은 탄압조치들을 취했다. 먼저 노태우 정권은 3월 30일 2만여 명에 달하는 현대중공업 노동자들의 파업투쟁에 헬기와 1만여 명의 공권력을 투입하여 강경 진압했다. 그 결과 128일 동안 지속된 현대중공업 노동자들의 파업투쟁은 강제 해산되었다. 또한 4월 3일 공안합동수사본부를 설치한 노태우 정권은 그 직후 전민련 사무실에 대해 수색영장을 발부하고, 전민련 가맹 240개 단체에 대한 내사에 착수했다. 그뿐만 아니라 재야의 민주 인사, 언론, 출판, 노동, 학원 등에도 무차별적인 수색·압수·연행·구속을 자행했다. 이 같은 공안통치는 5월 동의대사건과 7월 임수경 방북사건을 거쳐 9월에 이르도록 계속되었다.

공안정국의 탄압은 통일운동과 민주화운동의 운동권에만 한정되지 않았다. 서경원 의원 방북사건을 계기로 정치권으로도 확산되었기 때문이다. 노태우 정권은 서경원 의원의 방북에 대한 불고지죄로 김대중 평민당 총재와 문익환 목사의 동생인 문동환 평민당 부총재를 입건하기에 이르렀다. 그뿐만 아니라 노태우 정권은, 서경원 의원과 인터뷰를 했음에도 불구하고 그의 방북 사실을 수사기관에 신고하지 않았다는 이유로 한겨레신문의 윤재걸 기자에게 불고지죄의 혐의를 씌우는 한편, 한겨레신문 편집국을 강제 수색하기조차 했다.[3)]

노태우 정권의 공안통치는 이로 인한 구속자 수를 대폭 증가시켰다.

한 자료에 따르면 1989년 1월부터 8월까지의 구속자 수는 1,315명에 달했는데, 그것은 1988년 한 해 동안의 구속자 수인 779명의 거의 두 배에 이르렀다.[4] 그렇다면 공안통치를 통해 노태우 정권이 얻고자 했던 효과는 무엇인가? 무엇보다도 그것은 정부당국으로서 점차 통제하기 어려워진 통일운동, 특히 자주적 남북교류운동과 방북 시도들을 저지하기 위한 것이었다. 다음으로, 그것은 대선 패배 이후 새롭게 활성화되고 있는 민주화운동 전반에 대해 억압을 강화하기 위한 것이었다. 노태우 정권의 공안통치는 이 밖에도 또 다른 정치적 의도를 내포하고 있었다. 정치권, 특히 평민당에 압박을 가해 야권 공조를 약화시키고, 이를 통해 5공청산 문제를 마무리하기 위한 것이 바로 그것이었다.

야권 공조의 약화와 '의사 민주화'

서울올림픽 개최를 계기로 통일운동 진영의 자주적 민간교류운동이 추진되고 이에 대한 공안정국의 탄압이 강화되는 사이, 5공청산 작업도 동시에 진행되고 있었다. 먼저 서울올림픽 개최로 잠시 유보되었던 5공청산의 특위 활동이 11월에 들어 다시 시작되었다. 그리하여 국회에서는 5공비리 특위와 광주 특위가 재가동되고, 문화공보위원회에서는 1980년 언론통폐합 및 기자 해직과 관련된 청문회가 개최되었다. 당시 텔레비전에 생중계된 각종 청문회는 5공청산에 대한 국민들의 관심과 기대를 높였다. 또한 16년 만에 부활된 국회의 국정감사에서는 전두환 정권 당시 저질러진 각종 비리에 대한 집중적인 추궁이 이루어졌다. 그리고 국회에서 5공청산을 위한 각종 특위와 청문회가 개최되는 동안 대학가와 거리에서는 전두환과 이순자의 구속 처벌을 요구하는 시위가 연일 계속되었다.

5공청산 문제가 다시금 전면에 떠오른 이 같은 상황에서 노태우 정권은 가능하면 1988년 연말까지 이 문제를 종결짓고자 다음과 같은 조치를 취했다. 첫째, 전두환 전 대통령이 스스로 그 잘못을 인정하고 근신하는 태도를 보이도록 하는 것이었다. 이에 따라 전두환은 11월 23일 대국민 사과성명을 발표하고 설악산의 백담사로 내려갔다. 동시에 그는 연희동 사저 및 139억의 정치자금을 국가에 헌납했다. 물론 전두환의 이 같은 행동은 노태우 정권과의 협상을 통해 사전에 조율된 것이었다. 둘째, 노태우 정권은 5공비리 전담의 '특별수사부'를 설치했다. 이를 통해 5공비리와 관련된 전두환의 친·인척 및 핵심 공직자를 수사함으로써 사태를 종결짓고자 했다. 그 결과 1989년 1월 발표된 수사 결과에 따르면, 5공비리와 관련하여 47명이 구속되고 29명이 불구속 입건되었다.[3]

1989년에 들어 5공청산 문제는 더 이상 진척되기 어려웠다. 지난 연말의 조치를 통해 5공청산 문제가 종결된 것으로 간주한 노태우 정권이 5공청산 문제에 더 이상 협조하기를 거부했기 때문이다. 이에 대해 야 3당은 광주 학살과 5공비리의 핵심 인물인 정호용(전 특전사령관), 이희성(전 계엄사령관), 이원조(전 민정당 의원)의 공직 사퇴와 안무혁(전 안기부장), 허문도(전

---

3 그러나 이후 재판을 거쳐 실제 복역한 사람은 전기환(전두환 전 대통령의 형), 전경환(전두환 전 대통령의 동생), 염보현(서울시장), 최열곤(서울시교육감) 등 4명에 불과했다.

중앙정보부장 비서실장), 이상재(전 보안사 언론검열단 보좌관)의 사법처리와 전두환, 최규하 두 전직 대통령의 국회 증언을 요구했다. 그러나 노태우 정권이 더 이상의 협조를 거부하는 상황에서 야당들의 이 같은 요구가 수용되기는 어려웠다.

1989년 초 이 같은 상황에서 1987년 대선 당시 공약으로 약속한 바 있었던 중간평가 문제가 제기되었다. 야권의 반대로 5공청산 문제가 종료되지 않자, 여권 내부에서는 중간평가의 승리를 통해 야대여소의 5공청산 국면을 정면으로 돌파하자는 주장이 제기되었던 것이다. 그러나 대통령 중간평가 문제를 둘러싸고 정작 분열이 발생한 것은 야권이었다. 평민당의 김대중은 대통령 신임과 관련된 중간평가 실시에 반대했던 반면, 민주당의 김영삼은 중간평가 실시를 강력하게 주장했기 때문이다. 결국 노태우 정권은 평민당과의 막후 협상을 통해 최종적으로 중간평가 실시를 유보하기로 결정했다. 하지만 그 과정에서 야권 공조는 분열상을 드러내기에 이르렀다.

중간평가 문제에 이어 야권의 공조를 더욱 약화시킨 것은 문익환 목사 일행의 방북으로 야기된 공안정국의 상황이었다. 특히 공안정국의 과정에서 드러난 서경원 평민당 의원의 방북사건은 평민당 총재인 김대중을 압박했다. 공안당국이 서경원 의원의 방북과 관련하여 김대중의 연루 여부를 조사하고 나섰기 때문이다. 물론 그 조사는 노태우 정권이 5공청산에 강경한 태도를 보이는 김대중을 압박하기 위한 것이었다. 그러나 노태우 정권이 김대중을 압박하는 이 같은 상황에서 서경원 의원의 방북사건을 비롯한 일련의 방북사건들에 대해 김영삼과 김종필은 비판적인 태도를 취했다. 따라서 공안정국의 상황에서 야권 공조는 더욱 약화될 수밖에 없었다.

이렇듯 야권 공조가 약화됨에 따라 5공청산 문제는 결국 여야 간의 정치적 타협을 통해 마무리 짓게 되었다. 즉 1989년 12월 15일 4당 총재 회동에서 여야는 광주문제를 포함한 5공청산 문제에 대해 최종적으로 다음과 같이 처리하고 5공청산 작업의 막을 내리기로 한 것이다. 그것은 미리 주어진 질문에 의거하여 전두환과 최규하 전 대통령이 국회 증언에 나서고, 정호용 등 광주 학살 및 5공비리의 일부 핵심 인물들이 공직에서 사퇴한다는 것이었다. 이 합의에 따라 1989년 12월 31일 전두환은 국회 증언에 나섰다. 그러나 최규하는 그 증언마저 거부했다. 한편 이희성 전 계엄사령관은 주택공사 이사장직에서, 정호용 전 특전사령관은 국회의원직에서 사퇴했다. 또한 이원조 의원은 검찰에 고발되었다.[5]

1988년 제13대 국회의원 총선을 통해 야대여소 국회가 등장하고 야권 공조가 이루어짐에 따라 5공청산 작업은 가능했다. 그리고 1년 6개월 이상 걸쳐 진행된 그 과정을 통해 국회의 특위 활동이나 청문회는 그동안 제대로 알려지지 않았던 광주 학살과 5공비리의 진상을 어느 정도 국민들에게 알릴 수 있었다. 그럼에도 불구하고 이 기간에 이루어진 5공청산 작업의 성과는 미미하기 그지없었다. 그 성과가 전두환의 백담사행, 일부 5공 핵심 인사들의 공직 사퇴, 그리고 일부 관련자들의 처벌 이상을 넘어서지 못했기 때문이다. 그런 점에서 야대여소 국회에 의한 5공청산 작업은 '의사擬似 민주화', 즉 민주개혁의 외양은 갖추었으나 그 성과의 내실은 그리 크지 않은 수준에 그쳤다고 할 수 있다.

5공청문회 국회 증언대에 선 전두환
1988년 제13대 국회의원 총선 결과로 등장한 여대야소의 국회는 5공청산 작업을 위한 각종 청문회를 열었다. 16년 만에 부활된 국회의 국정감사를 통해 전두환 정권 당시 저질러진 각종 비리가 집중적으로 추궁되었고, 전두환은 대국민 사과성명를 발표하고 설악산 백담사로 들어갔다. 사진은 1989년 12월 31일 5공특위 연석회의에 증인으로 출석한 전두환이 불성실한 답변을 하자, 평민당 이철용 의원(오른쪽에서 세 번째)이 단상으로 달려가 전두환에게 항의하고 있는 모습이다.

민주화운동 조직의 새로운 결성과 재편

1987년 6월민주항쟁을 통한 권위주의 체제의 민주화는 국가권력, 특히 그 강제력을 약화시켰다. 반면에 그것은 정치사회의 자율성을 확대시키고 그 역할도 증대시켰다. 민주화에 따라 정당정치가 정상화됨으로써 정치사회의 역할이 더욱더 중요해졌기 때문이다. 특히 1988년 제13대 국회의원 총선을 통해 등장한 야대여소 국회는 야권 공조에 따른 5공청산 추진을 가능케 함으로써 정치사회의 확대된 역할을 실제로 보여주었다. 그러나 정치사회 역할의 증대는 상대적으로 시민사회에서 민주화운동이 행했던 역할을 약화시키는 결과를 낳았다. 국민의 관심이 이제는 시민사회의 민주화운동보다는 정치사회의 정당과 국회로 쏠리게 되었기 때문이다.

민주화 이후 시민사회의 민주화운동이 직면한 현실은 바로 이 같은 상황이었다. 더구나 당시 민주화운동 세력은 6월민주항쟁의 성공에도 불구하고 집권에 실패함으로써 깊은 좌절감에 빠져 있었다. 그러나 민주화운동 세력은 자신들의 역할이 끝난 것으로 생각하지 않았다. 대통령 직선제는 이루어졌지만, 실질적인 의미의 민주화가 이루어졌다고는 생각하지 않았기 때문이다. 따라서 시민사회의 민주화운동은 민주화 이후의 민주화의 계속적인 진전, 즉 민주화 이후의 민주개혁을 위해 자신들의 조직을 새로이 재편하고 새로운 방향에서 운동을 재개해나갔다. 그러나 그것은 과거와는 달리 이제 민주화로 인해 열려진 정치 공간 속에서 이루어졌다.

그중 가장 먼저 전국적인 조직체계를 갖춘 것은 학생운동이었다. 6월민주항쟁 직전 '서울지역대학생대표자협의회(서대협)'를 결성한 바 있던 학생운동 세력은 6월항쟁을 거치면서 전국적인 조직을 건설할 필요성을 절감했기 때문이다. 그리하여 그들은 1987년 7월 이한열 장례식 절차를 논의하기 위해 가진 모임에서 학생운동의 전국적인 대중조직을 결성할 필요성에 합의했다. 그 결과 그들은 민주화 이행의 과정이 진행 중인 1987년 8월 19일 전국 각 대학 총학생회장들의 연합체로서 '전국대학생대표자협의회(전대협)'를 결성했다. 전대협은 발족선언문에서, 첫째 자주적 민주정부 수립을 위해 외세를 배격하고 독재를 종식시킬 것, 둘째 조국의 자주적 평화적 통일을 앞당기는 데 기여할 것, 셋째 민중이 주인 되는 세상을 만들기 위해 그들과 강력히 연대할 것 등을 천명했다.[6]

전대협 결성 이후 학생운동은 국회에서 5공청산 작업이 진행되는 동안 대학과 거리에서 광주문제의 진상 규명과 5공비리 척결을 위한 대중운동을 전개했다. 그러나 민주화 이후 학생운동이 가장 역점을 둔 부분은 통일운동이었고, 그것은 임수경의 평양축전 참가가 상징하듯 자주적 민간교류 운동으로 나타났다. 그런데 자주적 민간교류 중심의 통일운동은 주로 민족해방(NL) 계열의 운동노선이 반영된 것이었다. 따라서 친노동적인 노선을 지닌 민중민주주의(PD) 계열의 학생운동은 이와 같은 민족해방 계열의 통일운동 편향에 비판적인 태도를 보였다.

한편 노동운동의 경우, 7·8·9월 노동자대투쟁 이후 노조 결성이 광범위하게 이루어지고 있었다. 이를테면 1987년 6월의 노조 조직화 현황을 보면 노동조합이 2,742개, 조합원은 105만 명에 이르고 있었다. 그리고 1989년 말 그것은 7,883개의 노동조합과 193만 명의 조합원으로 대폭 증가했다. 따라서 이 기간의 노조 조직률은 11.7%에서 18.6%로 급속히 상승했는데, 이는 한국 노동조합운동 사상 최대의 증가폭이었다.[7] 이 같은 노조 조직화의 증대는 노동자대투쟁 이후 새로운 민주노조들이 광범위하게 결성된 결과였다.

민주화 이후 이와 같은 노동조합의 증가는 이후 이에 바탕한 관련 단체들의 협의체를 조직하는 것으로 이어졌다. 먼저 급속히 증가한 각종 노동조합들은 지역별, 업종별, 그룹별로 자신들의 노동조합협의회를 만들어갔다. 다음으로 노동운동 활동가들과 단체들은 민주노조운동의 발전을 지원하기 위해 1988년 6월 '전국노동운동단체협의회(전국노운협)'를 결성했다. 따라서 1988년 노동법 개정운동과 1989년 공안정국의 탄압에 대한 저항 등 민주화 이후 노동운동은 이들을 중심으로 이루어졌다. 그리고 이상과 같은 노동운동의 강화는 마침내 '전국노동조합협의회(전노협)' 결성으로 이어졌다. 민주노조들의 전국적인 협의체로서 1989년 12월 19일 결성된 전노협은 결성 당시 그 산하에 13개 지역 및 2개 업종의 협의회 그리고 600개 노조를 포괄하는 총 26만 명의 조합원을 거느렸다.

민주화 이후 민주노조운동의 발전과 관련하여 주목할 필요가 있는 또 하나의 노동운동은 '참교육'의 슬로건을 내걸고 1989년 5월 28일에 결성되었던 '전국교직원노동조합(전교조)'이다. 전두환 정권 기간에 일선 교사들의 교육운동에서 시작된 그것은 1986년 5월 '민주교육실천협의회'의 결성과 1987년 9월 '민주교육추진전국교사협의회'의 결성을 거쳐 마침내 전교조 결성으로 이어졌던 것이다. 그러나 결성 당시 비합법 노조로 출발한 전교조는 정부당국의 탄압 속에서 1,500여 명의 교사가 해직당하는 아픔을 겪어야 했다.

이상과 같은 학생운동과 노동운동 이외에도, 1987년 민주화 이후 사회의 각 부문에서는 새로운 연합체적 운동조직들이 결성되었다. 1987년 7월에 결성된 '민주화를 위한 전국교수협의회(민교협)', 1988년 12월에 결성된 '한국민족예술인총연합(민예총)', 1989년 11월에 결성된 '전국빈민연합(전빈련)', 1990년 4월에 결성된 '전국농민회총연맹(전농)' 등이 그것들이다. 그렇지만 민주화 이후 민주화운동 조직의 새로운 결성과 관련하여 가장 커다란 변화는 1989년 1월 21일에 이루어진 '전국민족민주운동연합(전민련)'의 결성이었다. 민주화운동의 전국적인 연합체적 조직인 전민련에는 노동자, 농민 등 8개 부문단체와 전국 12개 지역단체, 그리고 200여 개의 개별단체들이 참여했다.

　민주화 이전 권위주의 시기의 민주화운동은 실제적으로 민주화운동의 연합체적 조직에 의해 통합, 지도되었다. 1960년대에는 '대일굴욕외교 반대 범국민투쟁위원회'와 '3선개헌 반대 범국민투쟁위원회'가, 1970년대에는 '민주회복국민회의'와 '민주주의국민연합' 그리고 '민주주의와 민족통일을 위한 국민연합'이 그러한 역할을 수행했다. 1980년대 민주화운동에서 그러한 역할은 '민주통일민중운동연합(민통련)'과 '민주헌법쟁취 국민운동본부(국본)'가 맡았다. 그러나 앞에서 살펴보았듯이 민주화 이행의 대통령 선거 과정에서 민주화운동은 분열했고, 따라서 민주화운동의 연합체적 조직의 역할도 약화될 수밖에 없었다. 그런 점에서 전민련의 결성은 민주화 이후 민주화운동을 통합하고 지도하는, 다시 말해 민주화운동 전체를 아우르는 연합체적 조직의 재건을 의미했다.

　그러나 민주화 이후 변화된 환경에서 전민련과 같은 민주화운동의 연합체적 조직의 활동이 제대로 이루어질 수 있을지는 의문이었다. 과거에는 독재권력에 저항하기 위해 민주화운동의 결집이 필요했다. 하지만 민주화 이후의 변화된 상황에서는 사회 각 분야에서 수행되는 다양하고도 분산된 운동이 더욱 필요할 수 있기 때문이다. 이를 증명하듯, 전민련이 또 한번 재편되어 1991년 12월에 결성된 '민주주의민족통일전국연합(전국연합)'은 이후 제대로 기능하지 못했다. 그리고 사회 각 분야에서 새로이 등장한 좀 더 독립적이고 전문적인 운동이 점차 이를 대신하기 시작했다. 1989년 7월에 결성된 '경제정의실천시민연합(경실련)'이나 1988년 9월에 결성된 '공해추방운동연합(공추련)' 등이 바로 그것들이다. 민주화 이후 변화된 조건은 이제 이에 맞는 새로운 운동을 등장시키고 있었던 것이다.

08

1980년대 남북관계와 경제·사회

노태우 정권은 한반도 안팎에서 조성된 상황을 배경으로 북방정책을 본격적으로 추진할 수 있었다. 먼저, 서울올림픽 참가를 독려하기 위해 사회주의권 국가들과의 접촉을 적극 모색했는데, 그 과정을 통해 사회주의권 국가들과의 관계 개선을 도모했다. 다음으로, 당시 소련 고르바초프 대통령의 개혁·개방정책의 추진은 국제적으로 신데탕트의 분위기를 조성했는데, 이 역시 노태우 정권이 사회주의권과의 관계 개선을 이룰 수 있는 국제적 환경을 제공했다.

1980년대 중반의 남북대화

1970년대 초 한반도 주변의 데탕트 분위기 속에서 남북은 한국전쟁 이후 처음으로 대화를 통해 7·4남북공동성명에 합의할 수 있었다. 그러나 이후 남북대화는 중단되었고, 신군부 세력이 집권한 1980년대 초 남북관계는 더욱 악화되었다. 그것은 신군부 세력이 광주민중항쟁을 유혈진압한 뒤 집권했고, 이를 전후하여 국제적으로도 신냉전의 상황이 전개되었기 때문이다. 이런 상황에서 북한은 전두환 대통령이 버마(현재 미얀마)를 방문했던 1983년 10월 아웅산 묘소 폭발사건을 일으켜 서석준 부총리를 비롯하여 대통령 수행원 17명을 사망케 했다. 이같이 남북관계가 악화되었지만 1984년에 들어 남북 간 대화는 재개되었다. 1984년 9월 북한이 제의한 수재 의연품 제공을 남측이 받아들임으로써 남북대화의 분위기가 조성되었기 때문이다.

먼저, 남북경제회담이 1985년 말에 이르기까지 5차에 걸쳐 이루어졌는데, 여기에서는 남북 간의 물자교류, 경제협력, 경제협력공동위원회의 설치 등이 논의되었다. 다음으로, 1973년 이래 중단되었던 남북적십자회담 본회담도 재개되어 제8차 회담(1985. 5. 27~5. 30)과 제9차 회담(1985. 8. 26~8. 29) 그리고 제10차 회담(1985. 12. 2~12. 5)이 서울과 평양을 번갈아 가며 개최되었다. 그 과정에서 남북은 1985년 9월 각각 151명의 이산가족 고향방문단 및 예술공연단의 교환을 성사시켰다. 그뿐만 아니라 1985년 중반에는 2차에 걸친 남북국회회담 예비 접촉이 시도되었고, 같은 해 10월에는 스위스 로잔에서 남북체육회담이 시작되어 남북 올림픽 공동개최 문제

남북경제회담

전두환 정권은 얼어붙은 남북관계를 바꾸기 위해 1984년 11월 15일부터 남북경제회담을 열고, 1985년 5월부터 1973년 이래 중단된 남북적십자회담 본회담도 재개했다. 전두환 정권이 남북대화를 적극 추진한 것은 쿠데타로 집권한 정권의 정통성 부족을 보완하는 데 이용하고자 했기 때문이다. 그러나 북한은 1986년 1월 남한에서 실시된 팀스피리트 훈련을 구실로 남북체육회담을 제외한 모든 남북대화를 중단시켰다.

를 논의했다.

　1970년대 초 오랫동안 중단되었던 남북대화가 1984년에 들어 갑작스럽게 재개된 이유는 무엇인가? 1980년대 초 북한은 '하나의 조선' 정책에 바탕하여 '고려민주연방제 통일방안'을 주장했다. 이에 대해 전두환 정권은 '민족화합민주통일방안'을 제시하는 한편 '남북한 기본관계에 관한 잠정협정' 체결을 주장함으로써 '두 개의 한국' 정책을 더욱 분명히 했다. 그러나 이 같은 정책 기조 위에서도 전두환 정권은 쿠데타로 집권한 정권의 정통성 부족을 보완할 필요가 있었고, 따라서 남북대화를 원했다. 물론 그것은 비군사적 차원에 한정된 것이었다. 반면, 북한은 남북대화를 통해 남북한 군비 경쟁에 대한 협상의 돌파구를 마련하고자 했던 것으로 보인다. 한·미·일 간의 군사협력이 강조되었던 신냉전의 분위기 속에서 북한은 대북 군사압박의 강화를 우려하고 있었기 때문이다.

　그 결과 재개된 남북대화는 1984~1985년에 집중적으로 이루어졌다. 그러나 그것은 그리 오래가지 못했다. 북한이 1986년 1월 남측의 팀스피리트 훈련을 구실로 남북체육회담을 제외한 모든 남북대화를 중단시켰기 때문이다. 이와 관련하여 팀스피리트 훈련은 북한에 대한 핵 공격을 가상한 대규모 군사훈련으로, 1976년에 시작된 이래 1984년에는 20만 명이 넘는 미군과 한국군이 참여할 정도로 그 규모가 확대되었다. 남북대화가 진행되는 동안에도 팀스피리트 훈련이 계속되자, 북한은 이를 이유로 남북대화를 중단시키기에 이르렀던 것이다. 그러나 모든 남북대화가 중단되었음에도 불구하고 남북체육회담만은 이후에도 지속되었다. 1988년 개최 예정인 서울올림픽대회를 앞두고 남북이 올림픽 공동개최 문제에 대한

협의를 계속해 나가기를 원했기 때문이다.[1)]

　사마란치 국제올림픽위원회(IOC) 위원장의 후원 아래 남북 올림픽 공동개최 문제를 논의했던 남북체육회담은 1985년 10월부터 1987년 7월까지 네 차례에 걸쳐 진행되었다. 이 회담에서는 올림픽 개·폐회식 문제, 자유왕래 문제, 텔레비전 방영권 문제 등도 거론되었지만, 가장 핵심적으로 논의된 문제는 남한과 북한에서 개최될 경기 종목을 어떻게 배분할 것인가 하는 문제였다. 남측은 몇 개의 종목만을 북한에 배분하려 했던 반면, 북측은 처음에는 절반의 경기를, 나중에는 전체 종목의 3분의 1의 경기를 북한에서 개최할 것을 요구했다. 물론 협상 과정에서 남측이 북측에 제안했던 것보다 일부 종목을 더 배정하는 IOC 중재안이 제시되기도 했다. 그러나 북한은 이를 거부했다. 따라서 여러 차례에 걸친 논의에도 불구하고, 남북 올림픽 공동개최는 성사되지 못했다. 1988년 1월 북한은 "남측이 단독으로 강행하려는 올림픽 경기에 불참할" 것을 최종적으로 선언했다.[2)]

　남한이 올림픽 공동개최 문제를 놓고 북한과 협상에 나선 것은 서울올림픽대회 개최를 방해하려는 북한의 공작을 저지하는 한편, 사회주의권 국가들의 올림픽 보이콧을 막고 그 참여를 독려하기 위한 것이었다. 서방세계가 불참했던 1980년 모스크바올림픽이나 소련을 비롯한 사회주의권 국가들이 불참했던 1984년 로스앤젤레스올림픽의 경우를 감안하여 남한은 이러한 전철을 밟지 않으려 했다. 따라서 사회주의권 국가들이 불참함으로써 반쪽 올림픽이 될 수도 있는 상황을 막기 위해 남한은 그 사전조치로서 북한과 올림픽 공동개최 문제를 논의하고자 했던 것이다. 반면 북한이 올림픽 공동개최 협상에 나선 것은, 남한이 올림픽을 단독 개최할 경우 북한이 고립될 것을 우려했기 때문이다. 결국 북한의 우려는 현실이 되었다. 남북 올림픽 공동개최가 무산되고 사회주의권 국가들이 대거 서울올림픽에 참가함으로써 북한은 고립될 수밖에 없었기 때문이다.

노태우 정권의 북방정책 추진

남북 양측의 입장 차이로 인해 남북 올림픽 공동개최가 무산된 것은 앞에서 살펴본 바와 같다. 그러나 노태우 정권은 한반도 안팎에서 조성된 다음과 같은 상황을 배경으로 북방정책(Nordpolitik)을 본격적으로 추진할 수 있었다. 먼저, 노태우 정권은 서울올림픽대회 참가를 독려하기 위해 사회주의권 국가들과의 접촉을 적극 모색했는데, 그 과정을 통해 사회주의권 국가들과의 관계개선을 도모했다. 그리고 그 첫 결과로서 서울올림픽대회 개최 직전인 9월 4일 헝가리와 국교 수립의 약속을 이루어낼 수 있었다. 다음으로, 당시 소련 고르바초프 대통령의 개혁·개방정책의 추진은 국제적으로 신데탕트의 분위기를 조성했는데,[1] 이 역시 노태우 정권이 사회주의권과의 관계 개선을 이룰 수 있는 국제적 환경을 제공했다. 한편 서울올림픽대회 개최를 계기로 학생운동 및 재야세력의 통일운동이 확산

---

1 당시 소련의 고르바초프 대통령은 1986년 7월 '블라디보스토크 선언', 1987년 12월 '아시아 국가회의' 제안, 1988년 9월 크라스노야르스크에서 '아시아 태평양 7개 평화안'을 발표하는 등 개혁(페레스트로이카)·개방(글라스노스트) 정책을 추진했다. 이 같은 그의 정책은 한반도 주변 정세에도 신데탕트의 분위기를 가져왔다.

되었는데, 이는 노태우 정권으로 하여금 한편으로는 통일운동 세력을 통제하면서도 다른 한편으로는 남북대화를 통해 통일운동 세력과 경쟁하지 않을 수 없는 상황을 만들었다.

노태우 정권의 북방정책은 구체적으로 1988년 7월의 7·7선언, 즉 '민족자존과 통일번영을 위한 특별선언'으로 그 첫 모습을 드러냈다. 과거와는 달리 남북관계를 "함께 번영을 이룩하는 민족공동체로서의 관계"로 표현한 7·7선언은 6개항에 달하는 대북정책 및 대사회주의권 정책의 지침을 밝혀놓았다. 남북 동포 간의 상호 교류, 이산가족 접촉, 남북교역 문호개방, 우방국들의 비군사적 물자에 관한 대북교역 허용, 국제무대에서의 남북 협력, 그리고 미·일과 북한과의 관계 개선 협조 및 남한과 사회주의권과의 관계 개선에 대한 의지 표명 등이 그 내용이다. 이후 노태우 정권의 북방정책은 남북관계 개선과 사회주의권 국가들과의 수교라는 두 방향에서 추진되었다.

남북관계 개선은 각종 남북대화로 나타났다. 그중 가장 먼저 시작되었던 것은 1988년 8월부터 준비 접촉을 한 남북국회회담이었는데, 그것은 7·7선언 직후 남북불가침선언을 논의하기 위해 남북국회연석회의를 열자는 북한의 제안에서 비롯되었다. 그 다음 남북고위급회담의 예비회담이 1989년 2월부터 시작되었다. 남북한 당국 간에 이 같은 회담이 가능했던 것은 남북한의 다각적인 교류와 협력을 위해 '남북고위당국자회담'의 개최를 제안했던 남한 측과, 남북한의 정치·군사적 대결상태를 해소하기 위해 '남북고위급정치군사회담'의 개최를 제안했던 북한 측의 의견이 상호 조정될 수 있었기 때문이다. 한편 남북은 1990년에 개최될 예정인 베이징아시안게임의 단일팀 구성을 위해 1989년 3월부터 남북체육회담을 시작했고, 남북적십자회담 본회담 재개와 제2차 고향방문단 및 예술공연단 교환문제를 협의하기 위해 1989년 9월부터 적십자 실무대표 접촉을 시작했다.[3]

서울올림픽대회를 전후하여 이상과 같이 각종의 남북대화가 시작될 수 있었던 원인은 무엇인가? 그것은 신데탕트의 분위기 속에서 한반도 주변 정세가 호전되고, 사회주의권 국가들이 대거 참가한 서울올림픽대회를 성공적으로 개최함으로써 노태우 정권이 자신감을 가질 수 있었던 데서 찾을 수 있다. 이러한 자신감은 노태우 정권의 대북정책을 유연하게 만들었던 것이다. 더구나 비록 대통령 선거를 통해 합법적으로 집권했다 할지라도, 그 뿌리가 신군부의 독재세력에 기반한 노태우 정권은 자신의 약점을 가려줄 업적이 필요했다. 북방정책은 이 같은 정권의 업적을 가능케 해줄 중요한 수단이었다. 한편 신데탕트의 분위기 속에서 사회주의권 국가들이 대거 서울올림픽대회에 참여하게 된 변화된 상황에서 북한은 자신만이 고립된 상황을 탈피하고자 했다. 또한 북한은 남북대화를 통해 1980년대에 줄곧 추구했던 남북 간 정치·군사문제의 해결을 원했던 것으로 보인다.

결국 노태우 정권이 추진한 북방정책은 상당한 성과를 거둘 수 있었다. 먼저, 사회주의권 국가들의 서울올림픽대회 참가를 성사시킴으로써 향후 그들과의 관계 개선을 이룰 수 있는 기반을 다질 수 있었다. 특히 서울올림픽대회 개최 직전에 수교 약속을 했던 헝가리는 1988년 12월 서울에 상주대표부를 설치했다. 그렇지만 그 대가는 적지 않았다. 한국은 수교 대가로

6억 2,500만 달러의 상업차관을 헝가리에 제공하기로 약속했기 때문이다.[4] 다음으로, 노태우 정권은 서울올림픽대회 이후 각종 남북대화를 이끌어냈는데, 이는 1970년대 초 이래 진척이 거의 이루어지지 않았던 남북관계에 새로운 돌파구를 여는 것이라 할 수 있었다.

노태우 정권의 북방정책이 이처럼 상당한 성과를 이루었다 할지라도, 1988년 시점에서 그것은 여전히 극복해야 할 다수의 난관과 과제를 남겨 놓고 있었다. 그 첫 난관은 일련의 방북사건과 이에 대한 정부당국의 과도한 대응으로 야기된 공안정국이었다. 이러한 공안정국은 그동안 재개되었던 각종의 남북대화를 다시금 지체시켰던 것이다. 또한 노태우 정권의 북방정책 추진에 따른 사회주의권과의 관계 개선도 아직은 그 성과가 충분하지 않았다. 이미 시작은 되었지만, 당시의 시점에서 사회주의권의 붕괴는 아직 본격화되지 않았기 때문이다. 그러나 아무튼, 노태우 정권이 추진한 북방정책은 향후 남북관계 개선과 대사회주의권 관계 개선의 귀중한 첫 발걸음을 내딛고 있었다.

경제안정화 정책과 '3저 호황'

한국 경제는 박정희 정권 기간에 급속한 성장을 이루었다. 그러나 1980년대 초에 이르러서는 심각한 위기상태에 봉착했다. 1970년대 박정희 정권하에서 집중적으로 추진된 중화학공업화의 구조적인 문제점들이 나타나기 시작했고, 국제적으로도 1979년 제2차 석유 파동이 발생했기 때문이다. 게다가 10·26사태로 인한 박정희의 사망은 정치적인 불안정을 증대시켰다. 그 결과 1980년의 한국 경제는 마이너스 성장을 기록했고, 물가는 30% 가까이 폭등했다. 그뿐만 아니라 1980년대 전반의 한국 경제는 1979년 말 203억 달러였던 총외채가 1985년 말에는 468억 달러에 달할 정도로 외채 위기에도 직면했다.[2] 그것은 경상수지 적자를 보충하고 기존 채무의 원리금을 상환하기 위해 고금리의 외채를 다시 끌어와야 했던 외채의 악순환 때문이었다.[5)]

이러한 경제위기를 타개하기 위해 전두환 정권은 1980년대 초 다음과 같은 경제정책을 추진했다. 먼저, 1980년 2회에 걸친 투자 조정을 시작으로 이후 수차례 중화학공업의 과잉 중복투자를 조정하고, 인수합병을 통해 다수의 부실기업들을 정리했다. 물론 이러한 조치들이 가능했던 것은 전두환 정권의 강압성 때문이었다. 다음으로, 물가 안정을 비롯하여 경제 안정화에 경제정책의 초점을 맞추었다. 따라서 이제 국내 경제정책의 목표는 성장에서 안정으로 변화되었다. 그뿐만 아니라 대외 경제정책에서도 그 방향을 국내산업 보호에서 수입개방과 경쟁의 촉진으로 바꾸었다. 전두환 정권에 의해 이 같은 경제정책이 시행된 결과, 1980년대 중반 무렵의 한국 경제는 다시 안정될 수 있었다.

이러한 안정세를 바탕으로 1980년대 후반 한국 경제는 크게 호전되었다. 이 시기 한국 경제는 '저달러·저금리·저유가'에 의한 이른바 '3저 호

---

2 이 같은 외채 위기의 상황에서 일본은 '안보경협'의 이름으로 1982년부터 40억 달러의 공공차관을 한국에 제공했다.

⟨표 8-1⟩ 1980년대 한국 경제의 주요 지표

연도	국민총생산 (억 달러)	1인당 국민소득(달러)	경제성장률 (%)	소비자 물가지수 1995=100	수출 (억 달러)	수입 (억 달러)
1980	622	1,598	-1.5	40.4	175	223
1981	696	1,749	6.2	49.0	213	261
1982	744	1,847	7.3	52.5	219	243
1983	823	2,020	10.8	54.3	244	262
1984	906	2,190	8.1	55.5	292	306
1985	934	2,229	6.8	56.8	303	311
1986	1,076	2,550	10.6	58.4	347	316
1987	1,352	3,201	11.1	60.2	473	410
1988	1,808	4,268	10.6	64.5	607	518
1989	2,207	5,185	6.7	68.2	624	615

자료: 석해원, 『이야기로 읽는 대한민국 경제사』, 미래의창, 2008, 126쪽.

황'을 구가할 수 있었기 때문이다. "단군 이래 최고의 경제 호황"이라 일컬어진 '3저 호황'이 가능했던 것은 1985년의 '플라자 합의(Plaza Accord)'[3] 덕분이었다. '플라자 합의'에 따른 달러의 평가절하는 국제 금리의 하락과 엔고로 이어졌는데, 이는 해외시장에서 한국 상품의 가격 경쟁력을 크게

---

3 1985년 G5(미국, 영국, 프랑스, 독일, 일본)의 재무장관들은 뉴욕 플라자 호텔에서 외환시장 개입을 통해 달러화의 강세를 시정할 것에 합의했다. 환율 개입을 통해 미국의 무역수지 적자를 해소하고자 했던 이 합의 이후, 독일 마르크화와 일본의 엔화는 급속히 평가절상되고, 미국의 달러화는 평가절하되었다.

강화시켰던 것이다. 따라서 한국의 수출은 급증했고, 이는 경상수지 흑자와 외채의 축소로 이어졌다. 한편 국제 유가도 1985년 배럴당 27달러에서 1986년에는 15달러 수준으로 떨어졌는데, 이 역시 한국의 경상수지 흑자 전환에 크게 기여했다.

결국 1980년대 중반의 물가 안정에 더해 1980년대 후반의 '3저 호황'은 1986~1988년에 한국 경제가 매년 10% 이상의 고도성장을 기록할 수 있는 원동력을 제공했다. 〈표 8-1〉의 주요 지표는 1980년대 한국경제 발전의 이 같은 내용을 잘 보여주고 있다.

주식·부동산 투기 열풍과 '중산층 신화'

전례 없는 경제 호황을 누린 1980년대 후반에 한국 사회를 특징지었던 대표적인 현상은 주식과 부동산 투기 열풍이었다. 〈표 8-2〉가 보여주고 있듯이 아파트 가격 상승률은 1980년대 말 한 자리 숫자를 넘어 연 20%를 넘어섰고, 1980년대 초 100포인트대에 머물렀던 종합주가지수는 1980년대 말에 무려 1,000포인트에 육박했으며, 국내 주식시장 시가총액도 거의 100조 원에 가까웠다. 이는 '3저 호황'에 따른 자연스러운 상승이라기보다는, 오히려 이를 계기로 조성된 투기 열풍 때문이었다.

이 시기에 주가가 급등한 이유는 경상수지의 흑자 전환, 1987년 12월의 제13대 대통령 선거와 1988년 4월의 국회의원 선거 실시, 1988년 9월의 서울올림픽대회 개최 등에 따라 자금의 시중 유동성이 풍부해진 상태에서

〈표 8-2〉 1980년대 부동산 및 주가 상승 추이

구분	1980	1981	1982	1983	1984	1985	1986	1987	1988	1989	1990
아파트 가격 상승률(%)								9.4	20.0	20.2	32.2
주택 매매가격 상승률(%)								7.1	13.2	14.6	21.0
종합주가지수 (KOSPI)	106.9	131.3	129.0	121.2	142.5	163.4	272.6	525.1	907.2	981.7	696.1
국내 주식시장 시가총액 (1조 원)	2.5	3.0	3.0	3.5	5.1	6.6	12.0	26.1	64.5	95.5	79.0

자료: 대통령자문 정책기획위원회, 2007의 데이터 편(CD)을 이용하여 작성.

지하경제의 큰손들과 부유층의 여유 자금이 투기성 자금으로 증시에 유입되었기 때문이다. 1980년대 말 시중의 자금은 부동산 투기에도 몰렸는데, 이 같은 부동산 투기에는 재벌을 비롯한 사회의 기득권층이 앞장섰다. 이를테면 삼성, 롯데 등 일부 재벌그룹들은 총보유부동산의 70% 이상을 1985년부터 1988년 사이에 집중 매입했다. 그 결과 1988년 전국 사유지 보유자 가운데 상위 5%가 전체 사유지의 65.2%를, 상위 10%가 전체 사유지의 76.9%를, 상위 25%가 전체 사유지의 90.8%를 차지하기에 이르렀다.[6]

'3저 호황'과 더불어 투기 열풍이 휩쓸던 1980년대 후반의 이 무렵, 한국 사회에서는 국민의 60%가 스스로를 중산층으로 여긴 '중산층 신화'가 만들어졌다. 물론 이러한 신화가 등장하게 된 원인의 하나는 '3저 호황'에 따라 생활수준이 향상됨으로써 발생한 심리적 만족감 때문이었다. 그렇지만 '중산층 신화'의 형성에는 주식 및 부동산 투기 조장을 통해 중간층을 적극 포섭하고자 했던 노태우 정권의 전략도 크게 작용했다.

그러나 역설적이게도 '중산층 신화'가 확산되었던 바로 이 시기에 전국의 무주택 가구 수는 48.4%에 달했고, 서울의 경우 그 수는 무려 57.5%에 이르렀다. 또한 중앙 집중화와 도시화로 인해 계속 급증해온 서울의 인구는 1988년 처음으로 1,000만 명을 넘어섰는데, 이 같은 서울의 거대화에 비해 농촌의 공동화는 더욱 가속화되고 있었다. 1980년대 내내 이루어진 농축산물의 수입자유화 역시 농촌의 공동화에 일조했다.[7]

대규모 권력비리와 정경유착

1981년 3월 3일 제12대 대통령에 취임한 전두환은 취임사에서 민주주의 토착화, 복지사회 건설, 정의사회 구현, 교육혁신과 문화창달 등 국정의 4대 지표를 밝혔다. 4대 지표 모두가 불법적인 쿠데타로 집권한 정권의 국정지표로서는 매우 아이러니했지만, 특히 정의사회의 구현은 더욱 그랬다. 아마도 그것은 쿠데타를 통해 집권한 정권의 정당성 부족을 의식한 결과였을 것이다. 그러나 현실은 정의사회의 구현과는 정반대로 전개되었다. 대통령을 정점으로 한 군사정권의 위계적인 권력구조 속에서 최고위 권력을 배경으로 각종 권력비리와 정경유착이 대규모로 자행되었기 때문이다.

전두환 정권의 권력비리와 관련하여 가장 먼저 발생한 사건은 대통령

친·인척의 비호 속에서 거액의 어음사기 행각을 벌인 장영자·이철희 사건이었다. 장영자는 전두환 대통령의 처삼촌인 당시 광업진흥공사 사장 이규광의 처제이고, 그녀의 남편 이철희는 육사 2기 출신으로 중앙정보부 차장과 유정회 국회의원을 역임했던 권력자이다. 이 부부는 당시 자금 압박에 시달렸던 건설업체에 접근하여 현금을 제공하는 대신, 그 몇 배에 달하는 어음을 받아 그것을 사채시장에서 할인하는 방식으로 거액의 자금을 조성했다. 1982년 5월 검찰의 발표에 따르면, 1981년 2월부터 1982년 4월까지 그들이 건설업체로부터 받아낸 어음의 총액은 자그만치 7,111억 원에 달했고, 그 가운데 사채시장에서 할인한 액수는 무려 6,404억 원에 이르렀다.

"단군 이래 최대의 금융사기사건"으로 알려진 이 사건이 미친 파장은 매우 컸다. 먼저 이 사건의 주역인 장영자·이철희와 더불어 이규광 등 30여 명의 사람들이 구속되었다. 그럼에도 대통령의 처삼촌이 관련되었기 때문에 전두환 정권의 도덕성은 크게 추락했다. 다음으로 이 사건은 권력 핵심의 권력관계 변화에도 큰 영향을 미쳤다. 이 사건의 처리를 둘러싸고 대통령 친·인척의 2선 후퇴를 주장했던 유학성 안기부장과 청와대의 허화평 정무수석과 허삼수 사정수석이 권력 핵심에서 밀려났기 때문이다. 그렇지만 신군부 세력의 실세였던 이들의 퇴진은 전두환 대통령의 친정체제를 더욱 강화시켰다.[8]

전두환 정권하의 권력비리 사건은 여기에 그치지 않았다. 이후에도 권력비리에 관계된 사건이 연이어 발생했기 때문이다. 우선 1983년 3월에는 김철호 명성그룹 회장이 1,066억 원에 이르는 거액을 횡령하고 46억 원의 세금을 탈루하는 명성그룹사건이 발생했다. 당시 세간에는 김철호 회장과 전두환 대통령의 장인인 이규동 대한노인회 회장 사이의 관계에 대해 각종 루머가 떠돌았다. 1983년 10월에는 영동개발진흥이 조흥은행 직원들과 짜고 어음을 불법 지급보증하는 수법으로 1,019억 원을 빼돌린 영동개발사건이 발생했다. 그뿐 아니라 1984년 6월에는 정래혁 민정당 대표의 178억 원에 달하는 축재를 고발하는 투서사건이 발생했는데, 이 역시 전두환 정권의 도덕성을 실추시켰다.

이처럼 정의사회 구현을 내건 전두환 정권이었지만, 현실은 그 반대로 나타났다. 그러나 전두환의 대통령 재임 당시 밝혀진 이 같은 권력비리들은 전체 비리의 일부분이었을 뿐이다. 전두환 대통령의 퇴임 직후, 그의 동생인 전경환 새마을운동 중앙본부장의 권력비리가 공개되었기 때문이다. 그러나 사태는 이에 그치지 않았다. 김영삼 정부에 들어와서 전두환과 노태우 두 전직 대통령이 정경유착을 통해 대규모의 비자금을 조성했던 내막이 밝혀지기에 이르렀기 때문이다.

먼저, 전두환 정권은 새마을운동 중앙본부를 전국적인 조직으로 갖추고 연간 200여억 원의 예산을 사용하는 거대한 기구로 변화시켰다. 이는 전두환 정권이 박정희 시기에 시작된 새마을운동을 농민운동으로서가 아닌 정권을 홍보하기 위한 국민 동원의 도구로 활용하고자 했기 때문이다.[9] 그러나 전경환이 새마을운동 중앙본부의 실세로서 사무총장과 회장 그리고 명예회장을 연이어 역임하면서 이 기구는 권력비리의 온상이 되었다. 물론 전두환 정권 당시 그 비리의 진상은 공개되지 않았다. 그렇지만 오래지 않아 그것은 곧 밝혀졌다. 전두환 대통령의 퇴임 직후인 1988년 3월 노태우 정권이 전경환을 전격 구속했기 때문이다. 노태우 정권은 이를 통해 전두환 전 대통령의 간섭을 배제하는 한편, 곧이어 실시될 제13대 국회의원 총선을 대비하고자 했다. 1988년 4월 전경환은 73억 6,000만 원의 횡령과 10억 원의 탈세 그리고 4억 1,700만 원의 이권 청탁 혐의로 기소되었다.

이로써 전두환 정권하에서 벌어진 권력비리 사건은 마무리된 듯했다. 그러나 그로부터 상당 시간이 흐른 김영삼 정부 시기에 전두환과 노태우 두 전직 대통령의 권력비리와 정경유착 내막이 공개되었다. 당시 박계동 야당의원에 의해 그동안 은폐되어왔던 노태우 전 대통령의 비자금 계좌가 폭로된 이후, 신군부 세력이 일으킨 12·12군사반란 및 5·17군사쿠데타에 대한 수사와 더불어, 두 전직 대통령이 재임 중에 조성한 대규모 비자금에 대한 수사가 이루어졌기 때문이다. 김영삼 정부의 '역사 바로 세우기' 차원에서 추진되었던 과거청산 작업이 바로 그것이었다. 그 결과 두 전직 대통령 재임 당시 조성된 비자금의 규모는 전두환의 경우 9,500억 원, 노태우의 경우 5,000억 원에 달하는 것으로 드러났다. 물론 이 같은 천문학적 규모의 비자금은 특혜를 대가로 재벌들로부터 거둬들인 것이었다.

이후 검찰의 기소와 법원의 재판이 진행된 결과, 1997년 4월 대법원은 반란죄와 내란죄 그리고 수뢰죄를 적용하여 전두환 전 대통령에게는 무기징역에 추징금 2,205억 원을, 노태우 전 대통령에게는 징역 17년에 추징금 2,628억 원을 선고했다. 이로써 1980년대 신군부 세력에 의해 자행된 헌정질서 파괴와 두 전직 대통령의 주도로 이루어진 대규모 비자금 조성에 대해서는 공식적인 단죄가 이루어질 수 있었다. 그러나 두 전직 대통령의 투옥은 오래가지 않았다. 1995년 그들이 구속된 이후 2년여가 지난 1997년 12월 22일, 김영삼 대통령은 국민화합의 차원에서 그들에 대한 특별사면을 감행했기 때문이다. 다만 그들에게 내린 추징금은 면제되지 않았다.[4]

탈정치의 '스포츠공화국'

전두환 정권 시기에 스포츠가 적극적으로 장려된 결과 1980년대는 한국의 스포츠가 급속히 발전했다. 5공 정권이 '스포츠공화국'이라 불렸던 것은 바로 그 때문이다. 문제는 이러한 스포츠 발전이 전두환 정권의 특정한 의도하에 이루어졌다는 점이다. 그렇다면 전두환 정권은 왜 한국의 스포츠 발전에 적극적이었던가? 그 이유 중의 하나는 생활수준의 향상으로 국민들이 자연스럽게 스포츠를 비롯한 여가 활동에 많은 관심을 기울이게 되었기 때문이다. 그러나 그보다 더 중요한 이유는 군사쿠데타와 광주항쟁에 대한 유혈적인 진압을 통해 집권한 전두환 정권이 국민들을 탈정치화시키는 한편, 스포츠 발전의 성과를 통해 그들의 부족한 정통성을 보완하고자 했기 때문이다.

이 같은 의도 아래 전두환 정권이 초기부터 가장 역점을 두고 추진한

---

4 2010년 7월 현재 전두환은 약 533억 원(24.2%)을 납부했고, 노태우는 2,344억 원(89.2%)을 납부했다. 따라서 전두환의 추징금 미납액은 1,672억 원이며, 노태우의 그것은 280억 원에 이르고 있다.

것은 올림픽 유치였다. 원래 올림픽 유치에 대한 관심은 박정희 정권 말기에 시작되었다. 박정희는 1979년 사망하기 직전 올림픽 유치 계획을 승인했는데, 그 주요 목적 중의 하나는 "우리나라의 경제력과 국제적 역량을 과시하고 공산권 국가 및 비동맹 국가와 국교를 수교하는 데 유리한 입지를 확보하는" 것이었다.[10] 그 계획은 10·26사태로 박정희가 사망하면서 일시 중단되었다. 그러나 전두환 정권이 들어서고 나서 그 계획은 다시 본격적으로 추진되었다. 물론 그것은 자신의 부족한 정통성을 보완하기 위해서였다.

이 같은 전두환 정권의 노력 결과, 1981년 9월 바덴바덴 회의에서 국제올림픽위원회(IOC)는 1988년 제24회 올림픽대회 개최지로 일본의 나고야 대신 한국의 서울을 선정했다. 그뿐만 아니라 같은 해 11월 뉴델리에서 열린 아시아경기연맹(AGF) 집행위원회는 1986년 제10회 아시안게임 개최 도시를 서울로 정했다. 이로써 1988년 서울올림픽대회 유치뿐만 아니라 1986년 아시안게임 유치까지 성공한 전두환 정권은 이를 정권의 주요 업적 중의 하나로 내세울 수 있게 되었다. 이후 전두환 정권은 "86아시안게임과 88서울올림픽대회 개최에 만전을 기하고 체육입국의 획기적인 계기를 마련하기 위해" 1982년 3월 체육부를 설치하고, 그 초대장관에 신군부 세력의 2인자였던 노태우를 임명했다.

전두환 정권에 의해 강력하게 추진된 이 같은 체육정책의 결과 1986년 아시안게임과 1988년 서울올림픽대회에서 한국 선수들이 거둔 성과는 매우 컸다. 먼저 아시안게임에서 한국은 금메달 93개, 은메달 55개, 동메달 76개로 중국에 이어 종합 2위를 차지했는데, 이는 일본까지 제친 역대 최고의 성과였다. 전두환 정권의 노력이 거둔 결실은 1988년 서울올림픽 대회에서도 그대로 이어졌다. 서울올림픽대회에서 한국은 금메달 12개, 은메달 10개, 동메달 11개 등 총 33개의 메달을 획득함으로써 종합 4위를 기록했는데, 이 성적은 그동안 올림픽에서 한국이 획득했던 전체 메달 수보다 더 많은 것으로, 역대 최고의 성과였다.[11)]

그러나 서울올림픽대회의 진정한 성과는 다른 데서 나타났다. 즉 서방 세계뿐만 아니라 사회주의국가들도 대거 참가했던 서울올림픽대회는 한국의 발전상을 세계 곳곳에 알려주었던 것이다. 따라서 한국전쟁 당시의 비참한 모습으로만 기억되던 한국은 이제 서울올림픽대회를 통해 발전된 한국의 새로운 이미지를 전 세계의 시청자들에게 남길 수 있었다. 특히 한국 발전상은 소련을 비롯한 사회주의권 국가들에게 강한 인상을 심어주었는데, 이는 이후 한국이 사회주의권 국가들과 수교를 맺는 데도 크게 기여했다.[5]

전두환 정권은 프로스포츠의 추진에도 적극적이었다. 먼저 전두환 정권은 프로야구의 출범을 기획하고 이를 추진시켰는데, 그것은 재벌그룹들에게 팀 창단을 종용하는 것으로부터 시작되었다. 그 결과 서울 연고의 MBC 청룡, 부산의 롯데 자이언츠, 대구의 삼성 라이온즈, 광주의 해태 타이거즈, 대전의 OB 베어스, 인천의 삼미 슈퍼스타즈의 6개 구단이 탄생했다. 1982년 3월 27일 프로야구 출범의 첫 경기가 서울운동장(동대문운동장)에서

---

[5] 이와 관련하여 1964년 도쿄올림픽은 일본의 발전상을 전 세계에 알렸고, 1988년 서울올림픽은 한국의 발전상을 전 세계에 알렸다. 그리고 2008년 개최된 베이징올림픽은 중국의 발전상을 전 세계에 알렸다.

프로야구 개막 시구

광주민중항쟁을 피로 진압하고 들어선 전두환 정권은 부족한 정통성을 보완하기 위해 스포츠를 탈정치의 도구로 적극 이용했다. 1988년 서울올림픽에 이어 1986년 아시안게임 개최권도 획득함으로써 대한민국을 '스포츠공화국'으로 만들었다. 그리고 1982년 프로야구를 시작으로 1983년에는 프로축구도 출범시켜 정치로부터 국민들의 관심을 돌리기 위해 안간힘을 썼다. 사진은 1982년 3월 27일 동대문야구장에서 열린 프로야구 개막전 경기 때 전두환 대통령이 시구하는 모습이다.

개최되었는데, 전두환은 이 대회에 친히 나와 시구를 함으로써 프로야구에 대한 뜨거운 관심을 나타냈다. 이후 프로야구는 정부당국의 지원과 프로야구에 대한 텔레비전 중계시간의 확대를 통해 가장 인기 있는 대중스포츠로 발전했다.[12] 1983년 4월에는 프로축구도 출범했다. 그런 점에서 1980년대는 한국의 프로스포츠가 정부의 지원에 힘입어 본격적으로 출범한 시기라 할 수 있다. 물론 이 모든 스포츠정책은 정치로부터 국민의 관심을 멀어지게 하기 위한 의도가 있었다.

대중문화와 대중조작

1980년대에 들어 대중문화의 모습은 과거에 비해 상당히 변화했다. 그 변화가 가능했던 것은 1980년대의 경제적 발전으로 인해 생활수준이 향상됨으로써 여가와 문화를 향유하고자 하는 국민의 요구가 높아졌기 때문이다. 그러나 1980년대 대중문화의 변화에는 또 다른 요소가 영향을 미쳤는데, 그것은 전두환 정권이 특정 의도를 가지고 이에 개입했다는 점이다. 즉 쿠데타와 광주항쟁에 대한 유혈적인 진압을 통해 집권한 전두환 정권은 자신에 대한 비판과 저항을 완화시키기 위해 특정한 방향으로 대중문화를 장려했고 이에 개입했던 것이다. 여기서 특정한 방향이란 비정치적 차원의 대중문화를 발전시킴으로써 국민들을 탈정치화시키는 것을 뜻한다. 그런 만큼 1980년대 대중문화의 발전에는 정부에 의한 대중조작적 성격이 강하게 반영되어 있었다.

앞에서 살펴본 바와 같이 집권 초기 체제 정비에 나선 전두환 정권은 매우 억압적이었다. 그러나 이때에도 항상 억압적이기만 했던 것은 아니다. 억압과 동시에 국민의 지지와 관심을 끌기 위한 자유화 조치들도 시행되었기 때문이다. 그 대표적인 조치가 1980년 국가보위비상대책위원회의 '7·30교육개혁안'에 따라 취해진 과외 금지와 졸업정원제였다. 과외 금지는 과도한 과외 열기로 인해 경제적 고통을 받고 있던 서민들로부터 큰 환영을 받았다. 그러나 졸업정원제는 대학 정원을 늘림으로써 고등교육에 대한 국민들의 요구에 부응하고 입학 후 경쟁을 통해 대학교육의 질을 높인다는 명분을 내세웠지만, 실제적으로는 대학생들을 학점 경쟁에 매달리게 함으로써 정권에 대한 저항을 약화시키기 위한 의도를 갖고 있었다.[13] 한편 전두환 정권은 1982년부터 야간 통행금지를 해제하고, 1983년부터는 중·고등학생들의 교복자율화 조치를 시행했다.

그러나 전두환 집권 초기 국민의 관심을 끌기 위해, 특히 광주항쟁에 대한 국민의 관심을 돌리기 위해 의도적으로 추진했던 행사는 1981년 5월 28일부터 6월 1일까지 5일 동안 여의도에서 개최된 '국풍 81'이다. '전국 대학생 민속국악 큰 잔치'라는 부제 아래 거행된 이 행사에는 민속제, 전통예술제, 젊은이 가요제, 연극제, 국풍장사 씨름판, 팔도굿, 남사당놀이 등이 열렸고, 이와 더불어 '팔도 명물장'도 들어섰다. 그러나 이 행사가 자발적으로 이루어졌던 것은 아니다. 전국 194개 대학의 244개 동아리와 다수의 연예인 등 총 1만 4,000명이 참여하고 하루 평균 60만 명에서 100만 명의 관객이 동원된 이 행사는 정부의 주도로 이루어진 거대한 관제 문화행사였다.[14]

이상이 전두환 정권 초기에 그 지지 강화를 위해 의도적으로 이루어졌던 조치들이라 한다면, 1980년대 전체에 걸쳐 대중문화의 변화에 좀 더 강력한 영향을 미친 것은 텔레비전 방송이었다. 컬러텔레비전의 방영은 1980년 12월부터 시작되었는데, 이는 원래 무역장벽에 막혀 수출에 어려움을 겪고 있던 가전업계의 숨통을 터주기 위한 것이었다. 그러나 일단 컬러텔레비전이 국내에 시판되기 시작하자, 그것은 순식간에 확산되었다. 그리하여 1980년대 중반 무렵에는 전국 가구의 절반 이상이 컬러텔레비전을 보유하기에 이르렀다.

컬러텔레비전 방영의 영향은 구체적으로 다음과 같이 나타났다. 먼저, 그것은 사람들에게 생생한 현장감과 입체감을 전달했는데, 이는 각종 색채에 대한 시청자들의 감각을 자극함으로써 광고를 비롯하여 소비문화의 급속한 확대에 기여했다. 다음으로, 그것은 1980년대에 정부당국의 강력한 지원을 받는 각종 스포츠 경기를 중계함으로써 이에 대한 대중의 관심을 높였다. 다른 한편, 그것은 의도하지 않는 결과도 초래했다. 즉 KBS는 1983년 6월에서 11월에 이르도록 한국전쟁 당시 헤어졌던 이산가족 찾기 캠페인을 대대적으로 전개했는데, 여기서도 생생한 화면을 전달할 수 있었던 컬러텔레비전의 역할이 결정적이었다. 당시 이산가족 찾기 캠페인 기간에 100,952명이 방송을 신청했고, 그중 53,536명이 방송에 출연하여 10,189명이 헤어진 가족을 상봉했다.[15]

그러나 KBS와 MBC 중심의 텔레비전 방송은 또 다른 측면에서 국민들에게 영향을 미쳤다. KBS와 MBC는 상호 경쟁적으로 전두환 정권에 대한 충성 경쟁을 벌였는데, 이는 대중의 판단을 오도하고 마비시키는 데 결정적인 역할을 했다. 그 대표적인 사례가 '땡전 뉴스', 즉 뉴스 시각을 알리는 밤 9시 시보 소리와 동시에 전두환 대통령의 동정을 가장 먼저 알리는 뉴스였다. 한편 텔레비전 방송은 점차 오락성과 상업성 그리고 선정성을 강화해감으로써 향략주의적 소비문화를 조장하고, 그럼으로써 국민을 탈정치화시키는 역할을 했다. 아무튼, 전두환 정권 시기의 텔레비전 방송은 대중문화의 발전을 촉진했다. 그렇지만 동시에 전두환 정권에 대한 비판과 저항을 무마하고 이완시키는 역할도 했다. 그런 점에서 그것은 대중조작적 성격에서 크게 벗어나지 못했다.

전두환 정권 시기의 텔레비전 방송을 통해 이루어진 이 같은 대중조작과 상업주의의 강화는 시민들의 반발을 불러일으켰는데, 대표적인 것이 KBS에 대한 시청료 거부운동이었다. 1982~1984년부터 시작된 시청료 거부운동은 1985년 중반부터 전국적인 운동으로 확산되었다. 그 결과 1986년 1월에는 'KBS TV 시청료 거부 기독교 범국민운동본부'가 설립되었고, 같은 해 9월에는 '시청료 거부 및 자유언론 공동대책위원회'의 결성으로 이어졌다. 여기에는 기존의 범국민운동본부 이외에도 신민당, 민추협, 민통련 민주언론협의회, 천주교 정의평화위원회, KBS 시청료 폐지운동 여성단체연합 등이 참여했다.[16]

한편 이상과 같은 대중문화의 모습과는 별개로, 1980년대에는 민주화운동권에 의해 저항문화로서의 민중문화운동도 확산되었다. 1970년대의 탈춤과 마당굿 등의 맥을 이어 1980년대에 전개된 민중문화운동은 문화예술운동의 조직화로도 이어졌는데, 1984년에 결성된 '민중문화운동협의회'와 1985년에 창립된 '민족미술협의회' 등이 그것이었다. 또한 1980년대 민중문화운동의 또 다른 모습은 노동현장에서 문화운동으로 나타났는데, 이는 주로 노동현장의 소모임 활동을 통해 이루어졌다. 그 밖에도 1980년대에는 민중가요가 널리 확산되었다. 이는 민주화운동 세력이 강력한 호소력을 지닌 민중가요를 통해 그들의 저항 이념을 널리 전파하고자 했기 때문이다.[17)]

에필로그

1980년대를 넘어 1990년대로

1980년대를 마감하고 1990년대로 넘어가는 시점에서 한국 사회는 급속한 발전의 모습과 동시에 이에 따른 문제점들까지 드러내고 있었다. 국내정치적인 차원에서 권위주의 체제의 민주화를 이룩했지만 3당 합당에 따른 '변형주의'적 보수화의 새로운 도전에 직면하고 있었다. 또한, 1980년대 후반 '3저 호황'에 힘입어 급속한 경제발전을 이룩했지만 호황의 마감과 더불어 농민들과 서민들은 부동산과 증권투기의 열풍 속에서, 그리고 수입자유화와 시장개방의 확대 속에서 그 피해의 감수를 강요당해야 했다.

민주화 이후의 보수화: 3당 합당과 5월투쟁

　민주화 이행 이후 노태우 정권하에서의 5공청산 작업은 그 성과가 미미한 '의사 민주화'로 끝나고 말았다. 그러나 상황은 이 정도로 끝나지 않았다. 1990년 1월 22일 노태우 정권의 민주정의당과 김영삼의 통일민주당 그리고 김종필의 신민주공화당이 밀실야합을 통해 전격적인 합당을 선언했기 때문이다. 이른바 민주자유당(민자당) 창당의 3당 합당이 바로 그것이었다. 3당 합당으로 인해 야대여소의 국회는 하루아침에 여대야소의 국회가 되었고, 이로써 1988년 4월 제13대 총선 이후 등장한 야대여소 국회의 개혁국면은 중단되었다.

　3당 합당이 이루어졌던 원인은 무엇인가? 그것은 3당의 이해가 맞아떨어진 결과였다. 먼저 야대여소 국회의 압박 속에서 그 운신을 제한당했던 민정당의 노태우 정부는 3당 합당을 통해 국면 전환을 시도하고자 했다. 또한 5·16군사쿠데타의 주역으로서 원래 보수적 성향을 지닌 신민주공화당의 김종필은 3당 합당의 내각제 밀약을 통해 향후 이루어질 권력 분점에 참여하고자 했다. 그러나 민주 야당의 전통을 지닌 통일민주당이 3당 합당에 참여한 것은 민주화운동 진영에 대한 일종의 '배신' 행위로서 예상 밖의 일이었다. 김영삼을 3당 합당으로 이끈 것은 다름 아닌 대통령이 되기 위한 그의 개인적 야욕이었다. 김영삼은 야당 정치인으로서 평화민주당의 김대중과 경쟁하기보다는 집권여당에 진입하여 차기 대통령 경쟁에 나서는 것이 자신에게 유리하다고 판단했던 것이다.

　유권자의 의사를 무시하고 밀실야합에 의해 전격적으로 이루어진 3당 합당은 우리 정당정치의 후진성을 여실히 보여주는 것이었다. 그것은 낙후된 정당정치의 현실에서 나타나는 일종의 한국적 '변형주의(trasformismo)'였다. '변형주의'란 19세기 후반 이탈리아 정당정치의 후진성을 드러냈던 특징적 현상으로, 정부의 집권 엘리트들이 의회 내의 안정적인 다수파를 형성하기 위해 야당의원들을 자주 포섭했던 일종의 공작정치이다. 한국의 '변형주의'가 이탈리아의 그것과 다른 점이 있다면, 그것은 집권여당이 야당의원을 개별적으로 매수한 것이 아니라 두 개의 야당을 통째로 끌어들였다는 점이다.[1]

3당 합당 이후 정국은 공안통치의 흐름이 지배했다. 3당 합당 이후 노태우 정권은 강경 탄압정책을 추진했는데, 그것은 전민련을 비롯한 민주화운동 세력과 전노협 등 노동운동 진영에 대한 집중적인 탄압으로 나타났다. 그뿐만 아니라 3당 합당을 통해 216석의 거대 여당을 구축한 민자당은 1990년 여름 임시국회에서 국군조직법, 방송관계법 등 26개 법안을 날치기로 통과시켰다. 이 같은 상황에서 민주화운동권은 밀실야합으로 이루어진 3당 합당에 대해, 그리고 이를 계기로 추진된 노태우 정권의 강경 탄압정책에 대한 반대투쟁에 나섰다. 4월의 '민자당 일당독재 분쇄와 민중기본권 쟁취를 위한 국민연합' 결성과 KBS 노조 제작거부투쟁, 메이데이의 5월 총파업, 그리고 5월과 6월에 걸쳐 전개되었던 반민자당 투쟁 등이 그것이다. 그러나 7월 이후 이 같은 대중투쟁은 노태우 정권의 강경 탄압정책으로 위축되지 않을 수 없었다.

3당 합당 이후 전개된 이 같은 공안통치적 탄압은 그로 인한 심각한 인권침해의 사태를 초래했다. 1991년 4월 26일 경찰의 사복체포조인 '백골단'에게 구타를 당해 명지대 학생 강경대가 사망하는 사건이 바로 그것이었다. 따라서 이 같은 사태는 곧 이에 항의하는 대대적인 대중투쟁을 야기시켰는데, 5월투쟁이 바로 그것이었다. 먼저, 민주화운동 세력은 5월 4일 '백골단·전경 해체와 공안통치 종식을 위한 범국민대회'를 개최했는데, 여기에는 전국 21개 지역에서 약 20만 명이 참여했다. 이어 5월 9일에는 '민자당 해체와 공안통치 종식을 위한 범국민대회'가 개최되었다. 한진중공업 김창수 노조위원장의 의문사로 인해 노동자들까지 대거 참여했던 이 대회에는 전국 87개 지역에서 50만 명이 참여했다. 이에 뒤이어 5·18국민대회 및 강경대 장례식에는 전국 81개 지역에서 40만 명이 참여했다.

이렇듯 5월투쟁은 강경대 타살사건 이후 6월 후반에 이르기까지 약 60일간에 걸쳐 격렬하게 전개되었다. 5월투쟁이 이처럼 격렬하게 전개되었던 가장 일차적인 원인은 3당 합당 이후 강화된 노태우 정권의 탄압정책 때문이었다. 즉 3당 합당 이후 노태우 정권의 강경 탄압정책은 민주화운동권을 압박했고, 이 같은 상황에서 공권력에 의해 발생한 강경대 타살사건은 민주화운동권의 대규모 항의사태를 야기시켰던 것이다. 특히 이 시기에 노태우 정권의 공세적인 탄압은 민주화운동권의 위기감을 높여 5월투쟁 당시 민주화운동권의 모든 조직들이 총동원되도록 만들었다. 따라서 정부당국의 공권력과 운동권이 정면으로 대치하면서 전개되었던 5월투쟁은, 그 과정에서 11명의 분신 사망자와 1명의 질식 사망자 그리고 1명의 의문사를 낳았다.

그러나 이 같은 격렬한 투쟁과 다수의 희생에도 불구하고 5월투쟁은 성공적인 결과로 이어지지 못했다. 노태우 정권이 민주화운동권에 대한 왜곡 선전으로 그 도덕성을 집중적으로 공격하고, 이를 통해 5월투쟁에 대한 대중의 지지를 약화시켰기 때문이다. 검찰은 5월투쟁 중 분신 사망한 김기설과 관련해 '유서 대필' 공방을 야기시킴으로써 마치 운동권이 분신의 배후인 것처럼 왜곡 선전했다. 그뿐만 아니라 노태우 정권은 때마침 새 내각의 정원식 총리가 외국어대를 방문하여 학생들의 밀가루·계란 세례를 받은 사건에 대해 "스승을 몰라보는 반인륜적 행위"로 언론을 동원하여 매도했다.

그러나 5월투쟁이 '제2의 6월항쟁'으로 발전하지 못했던 또 다른 원인은 중산층의 보수화에서 찾을 수 있었다. 1987년 민주화 이후 점차 보수화의 경향을 보인 중산층은 민중운동적 성격이 한층 강화된 5월투쟁을 지지하고 이에 선뜻 동참하기를 꺼렸던 것이다.[2] 따라서 그들은 5월투쟁 당시 충분히 동원되지 않았고, 오히려 검찰이 제기한 김기설의 '유서 대필'과 정원식 총리 사건의 영향을 더 크게 받았다. 그 결과 5월 18일 정점을 이룬 5월투쟁의 동력은 이후 급속히 약화되었다. 게다가 6월 20일 치러진 광역의회 선거에서 민자당이 압승하면서 5월투쟁은 결국 종료되지 않을 수 없었다.

5월투쟁이 이같이 종료되었음에도 불구하고, 그 성과가 전혀 없었던 것은 아니다. 5월투쟁으로 인해 노태우 정부는 노재봉 내각을 퇴진시키고 내각제 포기를 천명하지 않을 수 없었기 때문이다. 노재봉 내각의 등장은 사실 내각제 개헌을 위한 사전 정지작업의 성격을 띠고 있었다. 그렇지만 5월투쟁에 의해 노재봉 내각이 물러나고 내각제 개헌이 포기됨으로써 민자당 내 민정계의 입지는 크게 약화되었다. 이에 반해 노재봉 내각의 퇴진은 대통령제를 고수하고자 하는 민자당 내 김영삼의 민주계에 유리한 상황을 만들어주었다. 그러나 아무튼, 1990년의 3당 합당과 1991년 5월투쟁의 결과는 시대 변화의 큰 흐름으로 볼 때 민주화 이후 한동안 전개되었던 민주개혁의 국면이 종료되고, 다시 보수화의 국면이 시작되었음을 알려주고 있었다.

탈냉전과 남북관계의 진전

노태우 정권의 북방정책 추진 이후 남북 간에 국회회담, 고위급회담, 체육회담, 적십자회담 등 각종 대화가 시작되었음은 앞에서 살펴본 바와 같다. 그러나 1989년 이후 남북대화는 다시 침체되지 않을 수 없었다. 문익환 목사 일행의 방북을 비롯한 일련의 방북사건으로 인해 공안정국이 조성되었고, 이 같은 상황에서 정부당국이 '창구 일원화'의 이름으로 민간 통일운동의 대북 접촉을 적극 차단했기 때문이다. 또한 1989년 하반기부터 본격화된 소련 및 동구 사회주의권의 붕괴는 북한의 고립감과 위기감을 고조시킴으로써 북한으로 하여금 남북대화에 소극적인 태도를 취하도록 만들었기 때문이다.

그러나 남북대화가 침체되었던 바로 이 기간에 한국과 소련 및 동구 사회주의권의 관계 개선은 급속도로 진전되었다. 동·서독의 베를린장벽이 붕괴되는 등 1989년 하반기부터 소련 및 동구 사회주의 체제의 붕괴가 본격적으로 이루어졌고, 이 같은 사태의 진전에 힘입어 노태우 정부는 대부분의 나라들과 수교를 맺을 수 있었기 때문이다. 그 결과 한국은 1989년 2월에 헝가리와, 같은 해 11월과 12월에 각각 폴란드와 유고슬라비아와 수교를 맺었다. 이어 1990년 3월에는 체코슬로바키아(1993년 체코와 슬로바키아로 분리된 이후에도 두 국가와 모두 수교 유지), 불가리아, 루마니아와 수교를 맺었고, 같은 해 9월에는 마침내 소련과도 수교를 맺었다.

반면 한국이 소련 및 동구 사회주의권과 수교를 이루었던 이 기간에 남북대화는 지지부진했다. 노태우 정권의 북방정책에 따라 추진된 대부분의 남북대화는 중단되었고, 남북고위급회담만이 간신히 그 명맥을 이어가고 있었다. 그러나 1991년 하반기에 들어 한반도 정세에 커다란 변화가 일어나면서 남북고위급회담은 갑작스럽게 급진전되었다. 먼저, 한반도 정세의 한 변화는 1991년 9월 남북이 각각 개별 의석에 따라 유엔에 동시 가입한 것이었다. 이는 유엔 가입에 대한 북한의 기존 입장이 변화된 결과였다. 그동안 북측은 남측의 '두 개의 한국' 주장에 대해 '하나의 조선' 입장을 견지해왔고, 따라서 단일 의석에 따른 유엔 가입을 주장해왔다. 그러나 탈냉전으로 인해 이제 소련과 중국조차 남북 각각의 개별 의석에 따른 유엔 가입을 지지하자, 북한은 단일 의석에 따른 남북 유엔 가입의 기존 입장을 바꾸기에 이르렀던 것이다.

다음으로, 한반도 정세의 또 다른 변화는 1991년 하반기에 남한에 배치된 미국의 전술핵을 철수함으로써 야기된 변화였다. 당시 부시 미국 대통령은 소련 및 동구 사회주의권의 붕괴 사태에 직면하여 지상 및 해상 발사의 단거리 전술핵무기의 일방적인 폐기를 선언했는데, 이를 계기로 남한에 배치된 모든 핵무기가 철수되었던 것이다. 그리고 이에 발맞춰 노태우 대통령은 11월 8일 '한반도 비핵화와 평화구축을 위한 선언'을 통해 남한에 핵무기가 존재하지 않음을 공식화했다. 요컨대 남북한의 유엔 동시 가입과 더불어 남한에 배치된 미국 핵무기의 철수는 한반도 긴장을 크게 완화시켰고, 한반도에서의 이 같은 상황 변화는 북한으로 하여금 다시금 남북대화에 적극 임하게 만들었던 것이다.

결국 상황이 이렇게 변화함에 따라 남북고위급회담도 급물살을 탔는데, 남북고위급회담 5차 본회담에서 남북은 1991년 12월 13일 마침내 '남북 사이의 화해와 불가침 및 교류·협력에 관한 합의서', 즉 '남북기본합의서'를 채택하기에 이르렀다. 그뿐만 아니라 남북은 12월 31일 '한반도 비핵화 공동선언'에도 합의했다. 1992년 2월 19일 남북은 '남북기본합의서'와 '한반도 비핵화 공동선언'을 공식 비준했다. 이로써 남북은 1972년 자주·평화·민족대단결의 '7·4남북공동성명'을 발표한 이래 무려 20년이 지난 뒤에야 비로소 그 관계를 한층 더 진전시키는 또 하나의 이정표를 세울 수 있었다.[3]

장밋빛 환상과 경제 현실

1980년 초 위기상태에 처했던 한국 경제는 1980년대 후반에 사상 최대의 호황을 누렸다. 그러나 '3저 호황'으로 인한 장밋빛 환상은 오래가지 못했다. 원화 절상 등 3저 효과의 소멸과 더불어 노사분규와 임금 상승으로 인한 수출 신장률의 둔화, 시장개방과 내구재 중심의 수입 증가, 제조업

설비 투자의 위축 등으로 1989년 이후 한국 경제는 다시 침체에 빠지지 않을 수 없었기 때문이다.

그렇다면 1980년대에서 1990년대로 넘어가는 시점에서 서민들이 직면한 경제 현실은 어떠했나? 먼저, 1980년대 말 부동산 투기 열풍의 과정에서 급속히 상승했던 집값과 전셋값이 서민들을 고통스럽게 만들었다. 이를테면, 분양 당시 1억 원에 낙찰되었던 올림픽아파트 50평형은 1991년 초반에 그 가격이 5억 5천만 원을 넘어섰다. 그뿐만 아니라 1989년 7월 기준으로 1년 6개월 동안 전셋값도 약 30% 정도 치솟았다. 이 같은 상황에서 정부당국은 주택 200만 호 건설 계획의 발표, 토지공개념의 부분적인 도입, 주택임대차보호법의 조치들을 취했지만, 이를 통해 당장 부동산 가격의 폭등을 막을 수 있었던 것은 아니다.[4] 집값과 전셋값의 상승은 아파트를 비롯한 주택 소유자에게는 부동산 자산의 가치 증가를 의미했다. 그러나 다수의 무주택 서민들에게 그것은 주택 소유의 가능성을 더욱 낮추고, 주거비를 크게 상승시키는 것이었다.

다음으로, 1989년 이후의 경기 침체 속에서 증권투자 역시 심각한 후유증을 수반했다. 1980년대 후반의 증권투자 열풍 속에서 주식 매입에 뒤따라 나섰던 일반 투자가들이 주식가격의 폭락으로 막대한 피해를 입었기 때문이다. 1988년 한때 1,000포인트를 넘었던 주가지수는 1990년 9월 17일 현재 566.27포인트까지 떨어졌다. 주가 폭락과 관련하여 문제의 심각성은 그 피해가 주로 서민들에게 돌아갔다는 데 있었다. 1989년 당시 증권투자에 나선 사람은 무려 540만 명에 달했는데, 그것은 증권투자 열풍에 너 나 할 것 없이 서민들이 이에 뛰어들었기 때문이다. 그러나 경기 침체에 따라 주가가 폭락하자, 그 피해는 뒤늦게 증권투자에 뛰어들었던 이들에게 고스란히 돌아갔던 것이다.

한편 1980년대 후반의 경제 호황 속에서 수입자유화와 시장개방이 본격적으로 이루어졌다. 그리하여 1981년 각각 74.7%와 24.9%였던 수입자유화율과 관세율은 1989년 6월 94.7%와 12.7%로 변화되었다. 특히 미국은 '슈퍼 301조'를 동원하여 한국을 우선협상대상국으로 지정하고 농산물, 지적소유권, 서비스 등 거의 모든 산업에 걸쳐 수입자유화와 시장개방을 강요했다. 이 같은 수입자유화와 시장개방으로 인해 누구보다도 가장 커다란 피해를 입은 계층은 농민들이었다. 농축산물 수입개방의 확대 속에서 농산물 가격의 하락과 저곡가정책에 따라 그 피해가 농민들에게 집중되었기 때문이다. 그 결과 1980년에 1가구당 33만 9천 원에 불과했던 농가부채는 1985년에 202만 4천 원, 1988년에 313만 1천 원으로 대폭 증가했다.[5]

1980년대를 마감하고 1990년대로 넘어가는 시점에서 한국 사회는 급속한 발전의 모습과 더불어 이에 따른 문제점들을 고스란히 드러내고 있었다. 먼저, 국내정치적인 차원에서 1980년대의 한국 사회는 권위주의 체제의 민주화를 이룩해냈다. 그럼에도 불구하고 3당 합당에 따른 '변형주의'적 보수화의 새로운 도전에 직면하고 있었다. 다음으로, 한국 사회는 1980년대 후반 '3저 호황'에 힘입어 급속한 경제발전을 이룩했다. 그러나 호황의 마감과 함께 농민들과 서민들은 부동산과 증권투자의 열풍 속에서, 그리고 수입자유화와 시장개방의 확대 속에서 그 피해의 감수를 강요당하지 않을 수 없었다. 한편 1990년대로 들어서면서 남북관계는 탈냉전의 분위기를 타고 커다란 진전을 — 물론 그것이 김영삼 정부 이후까지 이어지지는 못했지만 — 이룩했다. 그런 점에서 1990년대의 한국 사회는 1980년대 한국 사회가 만들어놓은 발전의 성과와 더불어 그로 인해 심화되었던 문제점들까지 떠안고 출발하지 않으면 안 되었다.

부록

미주

참고문헌

이 책에 쓰인 사진의 출처

찾아보기

미주

프롤로그: 1980년대 이전의 민주화운동

1) 최장집, 『민주화 이후의 민주주의』, 후마니타스, 2002, 86~88쪽.
2) 브루스 커밍스 지음, 김자동 옮김, 『한국전쟁의 기원』, 일월서각, 1986, 제8장.
3) 최장집, 『한국민주주의의 조건과 전망』, 나남출판, 1996, 54~63쪽; 정해구, 「한국의 국가형성과 민주주의」, 조희연 편, 『한국민주주의와 사회운동의 동학』, 나눔의 집, 2001, 101~117쪽.
4) 서중석, 『한국현대민족운동연구 2』, 역사비평사, 1996.
5) 조희연, 『한국의 국가·민주주의·정치변동』, 당대, 1998, 87~95쪽.

01. '서울의 봄'과 신군부 세력

1) 부산민주운동사편찬위원회, 『부산민주운동사』, 1988, 401~422쪽; 김하기, 『부마민주항쟁』, 민주화운동기념사업회, 2004.
2) 정해구, 「군 작전의 전개과정」, 광주광역시 5·18사료편찬위원회 편, 『5·18민중항쟁사』, 도서출판 고령, 257~260쪽.
3) 편집부, 『1980년대 전후 격동의 한국사회 1』, 사계절, 1984, 249·251쪽.
4) 편집부, 『1980년대 전후 격동의 한국사회 1』, 사계절, 1984, 324쪽.
5) 사북청년회의소 편, 『탄광촌의 삶과 애환』, 선인, 2001, 193~199쪽.
6) 한국사사전편찬회 편, 『한국근현대사 사전』, 가람기획, 2000, 468~469쪽.
7) 정상용 외, 『광주민중항쟁』, 돌베개, 1990, 93~98쪽; 강준만, 『한국현대사 산책 1』, 인물과사상사, 2003, 49~60쪽.
8) 윌리엄 글라이스틴 지음, 황정일 옮김, 『알려지지 않은 역사』, 중앙M&B, 158쪽.
9) 편집부, 『1980년대 전후 격동의 한국사회 1』, 사계절, 1984, 418~419쪽; 한국사사전편찬회 편, 『한국근현대사 사전』, 가람기획, 2000, 469쪽.
10) 6월민주항쟁계승사업회·민주화운동기념사업회(사업회) 편, 『6월항쟁을 기록하다 1』, 2007, 54~55쪽, 59~67쪽.

02. 5·18광주민중항쟁

1) 김정남, 『진실, 광장에 서다』, 창비, 2005, 361쪽.
2) 한국일보 정치부, 『빼앗긴 서울의 봄』, 한국일보사·한국문원, 1994, 137~144쪽.
3) 편집부, 『1980년대 전후 격동의 한국사회 1』, 사계절, 1984, 433쪽; 편집부, 『1980년대 전후 격동의 한국사회 2』, 사계절, 1984, 518쪽.
4) 박현채, 「80년대 민족민주운동에서 5·18 광주민중항쟁의 의의와 역할」, 『역사와 현장』 제1호, 1990, 51쪽.
5) 손호철, 『현대 한국정치』, 사회평론, 1997, 360~361쪽.
6) 이하 광주 시민의 저항에 대해서는, 정해구, 「군 작전의 전개과정」, 광주광역시 5·18사료편찬위원회 편, 『5·18민중항쟁사』, 도서출판 고령, 2001, 266~274쪽 참조.
7) 서중석, 『한국현대사 60년』, 역사비평사, 2007, 168~169쪽.
8) 정상용 외, 『광주민중항쟁』, 돌베개, 1990, 221쪽.
9) 이에 대한 논란에 대해서는, 김영택, 『5월18일, 광주』, 역사공간, 2010, 361~368쪽 참조.
10) 정상용 외, 『광주민중항쟁』, 돌베개, 1990, 217~218쪽.
11) 최정운, 『오월의 사회과학』, 풀빛, 1999, 140~142쪽.
12) 이상의 내용은, 정해구, 「군 작전의 전개과정」, 광주광역시 5·18사료편찬위원회 편, 『5·18민중항쟁사』, 도서출판 고령, 2001, 279~283쪽 참조.
13) 이상의 내용은, 정해구, 「군 작전의 전개과정」, 광주광역시 5·18사료편찬위원회 편, 『5·18민중항쟁사』, 도서출판 고령, 2001, 284~289쪽 참조.
14) 6월민주항쟁계승사업회·민주화운동기념사업회(사업회) 편, 『6월항쟁을 기록하다 1』, 2007, 114쪽.

03. 전두환 정권의 등장과 체제 정비

1) 국가보위비상대책위원회(국보위), 『국보위 백서』, 코리아 헤럴드, 1980, 9쪽, 14~16쪽.
2) 편집부, 『1980년대 전후 격동의 한국사회 2』, 사계절, 1984, 518쪽.
3) 국가보위비상대책위원회(국보위), 『국보위 백서』, 코리아 헤럴드, 1980, 34~40쪽.
4) 강준만, 『한국현대사 산책 1』, 인물과사상사, 2003, 211~221쪽; 김정남, 『진실, 광장에 서다』, 창비, 2005, 384~393쪽.

5) 국가보위비상대책위원회(국보위), 『국보위 백서』, 코리아 헤럴드, 1980, 82~86쪽 참조.
6) 국가보위비상대책위원회(국보위), 『국보위 백서』, 코리아 헤럴드, 1980, 40~44쪽.
7) 국가인권위원회, 『2004 인권백서』, 2004, 79쪽.
8) 김영수, 『한국헌법사』, 학문사, 2000, 627~660쪽.
9) 중앙선거관리위원회, 『대한민국정당사』 제3집, 1992, 8~16쪽.
10) 강준만, 『한국현대사 산책 1』, 인물과사상사, 2003, 258~268쪽.
11) 강준만, 『한국현대사 산책 1』, 인물과사상사, 2003, 282~286쪽 참조.
12) 정해구, 「민족민주운동의 고양과 5공화국의 몰락」, 박현채 편, 『청년을 위한 한국현대사』, 소나무, 1992, 360쪽.
13) 6월민주항쟁계승사업회·민주화운동기념사업회(사업회) 편, 『6월항쟁을 기록하다 1』, 2007, 170~185쪽; 강신철 외, 『80년대 학생운동사』, 형성사, 1988, 24~27쪽.

04. 민주화운동의 부활과 전두환 정권의 대응

1) 구해근 지음, 신광영 옮김, 『한국 노동계급의 형성』, 창작과비평사, 2002, 160쪽.
2) 이원보, 『한국노동운동사 5: 경제개발기의 노동운동 1961~1987』, 고려대 노동문제연구소(지식마당), 2004, 703쪽.
3) 안재성, 『청계, 내 청춘』, 돌베개, 2007, 475~520쪽.
4) 구해근 지음, 신광영 옮김, 『한국 노동계급의 형성』, 창작과비평사, 2002, 165~168쪽.
5) 이원보, 『한국노동운동사 5: 경제개발기의 노동운동 1961~1987』, 고려대 노동문제연구소(지식마당), 2004, 713~714쪽.
6) 정해구, 「민족민주운동의 고양과 5공화국의 몰락」, 박현채 편, 『청년을 위한 한국현대사』, 소나무, 1992, 366쪽.
7) 민주화운동추진협의회, 『민추사』, 1988, 154쪽.
8) 민주화운동기념사업회 연구소 편, 『한국민주화운동사 연표』, 한국민주화운동기념사업회, 2006, 441쪽.
9) 이하 개헌정국의 전개에 대해서는, 정해구, 「민족민주운동의 고양과 5공화국의 몰락」, 박현채 편, 『청년을 위한 한국현대사』, 소나무, 1992, 368~372쪽 참조.
10) 김영수, 『한국헌법사』, 학문사, 2000, 665쪽.
11) 오근석, 『80년대 민족민주운동』, 논장, 1988, 121~132쪽.
12) 김정남, 『진실, 광장에 서다』, 창비, 2005, 534~542쪽.

13) 정해구, 「민족민주운동의 고양과 5공화국의 몰락」, 박현채 편, 『청년을 위한 한국현대사』, 소나무, 1992, 373쪽.
14) 정해구, 「민족민주운동의 고양과 5공화국의 몰락」, 박현채 편, 『청년을 위한 한국현대사』, 소나무, 1992, 373쪽.

05. 6월민주항쟁

1) 6월민주항쟁계승사업회·민주화운동기념사업회(사업회) 편, 『6월항쟁을 기록하다 3』, 2007, 64~105쪽.
2) 6월민주항쟁계승사업회·민주화운동기념사업회(사업회) 편, 『6월항쟁을 기록하다 3』, 2007, 93~105, 172~181쪽, 332~335쪽.
3) 6월민주항쟁계승사업회·민주화운동기념사업회(사업회) 편, 『6월항쟁을 기록하다 3』, 2007, 182~193쪽.
4) 6월민주항쟁의 구체적인 전개과정에 대해서는 특별한 언급이 없는 한, 정해구 외(정해구·김혜진·정상호), 『6월항쟁과 한국의 민주주의』, 민주화운동기념사업회, 2004, 109~114쪽; 6월민주항쟁계승사업회·민주화운동기념사업회(사업회) 편, 『6월항쟁을 기록하다 3』, 2007, 222~351쪽 참조.
5) 오병상, 『청와대비서실 4』, 중앙일보사, 1995, 63~64쪽; 돈 오버더퍼 지음, 이종길 옮김, 『두개의 한국』, 길산, 2002, 265~266쪽.
6) 돈 오버더퍼 지음, 이종길 옮김, 『두개의 한국』, 길산, 2002, 254~266쪽.
7) 6월민주항쟁계승사업회·민주화운동기념사업회(사업회) 편, 『6월항쟁을 기록하다 4』, 2007.
8) 오병상, 『청와대비서실 4』, 중앙일보사, 1995, 57~62쪽.
9) 이하 노동자대투쟁의 전개과정에 대해서는, 김금수, 『한국노동운동사 6: 민주화 이행기의 노동운동 1987~1997』, 고려대 노동문제연구소(지식마당), 2004, 87~119쪽.
10) 김금수, 『한국노동운동사 6: 민주화 이행기의 노동운동 1987~1997』, 고려대 노동문제연구소(지식마당), 2004, 125~128쪽.

06. 민주화 이행과 지역주의 정치의 등장

1) 오도넬 외 지음, 염홍철 옮김, 『권위주의정권의 해체와 민주화』, 한울아카데미, 1987.
2) 정해구 외(정해구·김혜진·정상호), 『6월항쟁과 한국의 민주주의』, 민주화운동기념사업회,

2004, 14~18쪽.
3) 정해구 외(정해구·김혜진·정상호), 『6월항쟁과 한국의 민주주의』, 민주화운동기념사업회, 2004, 125~131쪽; 김영수, 『한국헌법사』, 학문사, 2000, 681~726쪽.
4) 정해구 외(정해구·김혜진·정상호), 『6월항쟁과 한국의 민주주의』, 민주화운동기념사업회, 2004, 131~133쪽.
5) 한국기독교사회연구원, 『대통령선거투쟁』, 민중사, 1988..
6) 한국기독교사회연구원, 『대통령선거투쟁』, 민중사, 1988, 288쪽.
7) 김정남, 『진실, 광장에 서다』, 창비, 2005, 621쪽.
8) 정해구, 「지역주의정치의 평가와 그 변화 전망」, 학술단체협의회 엮음, 『민주주의는 종료된 프로젝트인가』, 이후, 2003, 261~262쪽.

07. 민주화 이후 민주개혁의 성과와 한계

1) 노중선, 『남북대화 백서』, 한울아카데미, 2000, 328~336쪽, 344~345쪽.
2) 한국사회연구소 1990, 457~464쪽 참조.
3) 정해구 외 2004, 161~166쪽; 한국사회연구소 1990, 434~436쪽.
4) 한국사회연구소, 『1989 한국사회 연감』, 백산서당, 1990, 435~436쪽.
5) 정대화, 「한국의 정치변동 1987~1992: 국가 - 정치사회 - 시민사회의 관계를 중심으로」, 서울대학교 정치학과 박사학위논문, 1995, 189~233쪽; 한국사회연구소, 『1989 한국사회 연감』, 백산서당, 1990, 430~456쪽.
6) 한국사사전편찬회 편, 『한국근현대사 사전』, 가람기획, 2000, 530쪽.
7) 김금수, 『한국노동운동사 6: 민주화 이행기의 노동운동 1987~1997』, 고려대 노동문제연구소(지식마당), 2004, 145~146쪽.

08. 1980년대 남북관계와 경제·사회

1) 정해구, 「대화와 갈등의 남북관계」, 『분단 50년과 통일시대의 과제』, 역사비평사, 1995, 290~293쪽.
2) 돈 오버더퍼 지음, 이종길 옮김, 『두개의 한국』, 길산, 2002, 282~283; 노중선, 『남북대화 백서』, 한울아카데미, 2000, 210~216쪽.
3) 정해구, 「대화와 갈등의 남북관계」, 『분단 50년과 통일시대의 과제』, 역사비평사, 1995,

294~300쪽.
4) 돈 오버더퍼 지음, 이종길 옮김, 『두개의 한국』, 길산, 2002. 291~295쪽.
5) 임영태, 『대한민국 50년사 2』, 들녘, 1998, 192쪽.
6) 강준만, 『한국현대사 산책 4』, 인물과사상사, 2003, 212~226쪽.
7) 강준만, 『한국현대사 산책 4』, 인물과사상사, 2003, 31~34쪽, 216~217쪽.
8) 박보균, 『청와대 비서실 3』, 중앙일보사, 1994, 237~283쪽; 임영태, 『대한민국 50년사 2』, 들녘, 1998, 203~205쪽.
9) 강준만, 『한국현대사 산책 2』, 인물과사상사, 2003, 129~130쪽.
10) 돈 오버더퍼 지음, 이종길 옮김, 『두개의 한국』, 길산, 2002, 279쪽.
11) 임영태, 『대한민국 50년사 2』, 들녘, 1998, 234~236쪽.
12) 강준만, 『한국현대사 산책 2』, 인물과사상사, 2003, 104~112쪽.
13) 강준만, 『한국현대사 산책 1』, 인물과사상사, 2003, 217~221쪽.
14) 강준만, 『한국현대사 산책 2』, 인물과사상사, 2003, 48~53쪽; 김창남, 『대중문화의 이해』, 한울, 2010, 166쪽.
15) 강준만, 『한국 대중매체사』, 인물과사상사, 2007, 561~562쪽.
16) 강준만, 『한국 대중매체사』, 인물과사상사, 2007, 566~567쪽.
17) 김창남, 『대중문화의 이해』, 한울, 2010, 170~173쪽.

에필로그: 1980년대를 넘어 1990년대로

1) 최장집, 『민주화 이후의 민주주의』, 후마니타스, 2002, 109~110쪽.
2) 전재호, 「1991년 5월 투쟁과 한국 민주주의: 실패의 구조적 원인과 의미」, 『한국정치학회보』 38집 5호(겨울), 한국정치학회, 2004.
3) 정해구, 「탈냉전 10년(1988~1997)의 남북관계」, 세종연구소 연구논문 99-25, 1999, 15~20쪽.
4) 임영태, 『대한민국 50년사 2』, 들녘, 1998, 292~294쪽; 석혜원, 『이야기로 읽는 대한민국 경제사』, 미래의창, 2008, 137~140쪽.
5) 임영태, 『대한민국 50년사 2』, 들녘, 1998, 288~296쪽.

참고문헌

- 6월민주항쟁10주년사업범국민추진위원회 편, 『6월항쟁 10주년 자료집』, 사계절, 1997.
- 6월민주항쟁계승사업회·민주화운동기념사업회(사업회) 편, 『6월항쟁을 기록하다 1』, 2007.
- 6월민주항쟁계승사업회·민주화운동기념사업회(사업회) 편, 『6월항쟁을 기록하다 2』, 2007.
- 6월민주항쟁계승사업회·민주화운동기념사업회(사업회) 편, 『6월항쟁을 기록하다 3』, 2007.
- 6월민주항쟁계승사업회·민주화운동기념사업회(사업회) 편, 『6월항쟁을 기록하다 4』, 2007.
- 강신철 외, 『80년대 학생운동사』, 형성사, 1988.
- 강준만, 『한국현대사 산책 1』, 인물과사상사, 2003.
- 강준만, 『한국현대사 산책 2』, 인물과사상사, 2003.
- 강준만, 『한국현대사 산책 3』, 인물과사상사, 2003.
- 강준만, 『한국현대사 산책 4』, 인물과사상사, 2003.
- 강준만, 『한국 대중매체사』, 인물과사상사, 2007.
- 구로동맹파업 동지회·구로동맹파업 20주년 기념사업회, 유경순, 『아름다운 연대』, 메이데이, 2007.
- 구해근 지음, 신광영 옮김, 『한국 노동계급의 형성』, 창작과비평사, 2002.(Koo Hagen. *Korean Workers: The Culture and Politics of Class Formation*. Ithaca: Cornell University Press, 2001)
- 국가보위비상대책위원회(국보위), 『국보위 백서』, 코리아 헤럴드, 1980.
- 국가인권위원회, 『2004 인권백서』, 2004.
- 윌리엄 글라이스틴 지음, 황정일 옮김, 『알려지지 않은 역사』, 중앙M&B, 2000.

- 김금수, 『한국노동운동사 6: 민주화 이행기의 노동운동 1987~1997』, 고려대 노동문제연구소(지식마당), 2004.
- 김만흠, 「한국의 정치균열에 관한 연구: 지역균열의 정치과정에 대한 구조적 접근」, 서울대학교 정치학과 박사학위논문, 1991.
- 김설이·이경은, 『잿빛시대 보랏빛 고운 꿈』, 민주화운동기념시업회, 2007.
- 김영수, 『한국헌법사』, 학문사, 2000.
- 김영택, 『5월18일, 광주』, 역사공간, 2010.
- 김운태 외, 『한국정치론』, 박영사, 1989.
- 김정남, 『진실, 광장에 서다』, 창비, 2005.
- 김창남, 『대중문화의 이해』, 한울, 2010.
- 김하기, 『부마민주항쟁』, 민주화운동기념사업회, 2004.
- 노중선, 『남북대화 백서』, 한울아카데미, 2000.
- 대통령자문 정책기획위원회, 『참여정부 국정리포트』, 아렌트, 2007.
- 돈 오버더퍼 지음, 이종길 옮김, 『두개의 한국』, 길산, 2002.
- 민주화운동기념사업회 연구소 편, 『한국민주화운동사 연표』, 한국민주화운동기념사업회, 2006.
- 민주화추진협의회, 『민추사』, 1988.
- 민통련창립20주년기념행사위원회, 『민통련』, 영신사, 2005.
- 박상훈, 「한국 지역정당체제의 합리적 기초에 관한 연구」, 고려대학교 정치외교학과 박사학위논문, 1999.

참고문헌

- 박현채 엮음, 『청년을 위한 한국현대사』, 소나무, 1992.
- 박현채, 「80년대 민족민주운동에서 5·18 광주민중항쟁의 의의와 역할」, 『역사와 현장』 제1호, 1990.
- 베링턴 무어 지음, 진덕규 옮김, 『독재와 민주주의의 사회적 기원』, 까치, 1985.(Moore Jr., Barrington. *Social Origins of Dictatorship and Democracy: Lord and Peasant in the Making of the Modern World*. Harmondsworth: penguin, 1969)
- 부산민주운동사편찬위원회, 『부산민주운동사』, 1988.
- 브루스 커밍스 지음, 김동노 외 옮김, 『브루스 커밍스의 한국현대사』, 창작과비평사, 2001.(Cumings, Bruce. *Korea's Place in the Sun: A modern History*. New York: W. W. Norton & Company, 1997)
- 사북청년회의소 편, 『탄광촌의 삶과 애환』, 선인, 2001.
- 서중석, 『한국현대민족운동연구 2』, 역사비평사, 1996.
- 서중석, 『한국현대사』, 웅진지식하우스, 2005.
- 서중석, 『한국현대사 60년』, 역사비평사, 2007.
- 석혜원, 『이야기로 읽는 대한민국 경제사』, 미래의창, 2008.
- 손호철, 『현대 한국정치』, 사회평론, 1997.
- 안재성, 『청계, 내 청춘』, 돌베개, 2007.
- 에릭 홉스봄 지음, 정도영·차명수 옮김, 『혁명의 시대』, 한길사, 2000.
- 오근석, 『80년대 민족민주운동』, 논장, 1988.

- 오도넬 외 지음, 염홍철 옮김,『권위주의정권의 해체와 민주화』, 한울아카데미, 1987. (O'Donnell G., Philippe C. Schmitter. *Transitions from Authoritarian Rule: Tentative Conclusion about Uncertain Democracies*. Baltimore and London: Johns Hopkins University Press, 1986)
- 오병상,『청와대비서실 4』, 중앙일보사, 1995.
- 윤재걸,『작전명령: 화려한 휴가』, 실천문학사, 1988.
- 이경남,「20년만의 고백 – 한 특전사 병사가 겪은 광주」,『당대비평』겨울호, 1999.
- 이원보,『한국노동운동사 5: 경제개발기의 노동운동 1961~1987』, 고려대 노동문제연구소(지식마당), 2004.
- 임영태,『대한민국 50년사 2』, 들녘, 1998.
- 전재호,「1991년 5월 투쟁과 한국 민주주의: 실패의 구조적 원인과 의미」,『한국정치학회보』38집 5호(겨울), 한국정치학회, 2004.
- 정대화,「한국의 정치변동 1987~1992: 국가 – 정치사회 – 시민사회의 관계를 중심으로」, 서울대학교 정치학과 박사학위논문, 1995.
- 정상용 외,『광주민중항쟁』, 돌베개, 1990.
- 정해구 외,『6월항쟁과 한국의 민주주의』, 민주화운동기념사업회, 2004.
- 정해구 외,『한국 정치와 비제도적 운동정치』, 한울아카데미, 2007.
- 정해구,「남북대화의 전개와 성격」, 백낙청·정창렬 편,『한국민족민주운동연구』, 두레, 1989.

참고문헌

- 정해구, 「민족민주운동의 고양과 5공화국의 몰락」, 박현채 편, 『청년을 위한 한국현대사』, 소나무, 1992.
- 정해구, 「대화와 갈등의 남북관계」, 『분단 50년과 통일시대의 과제』, 역사비평사, 1995.
- 정해구, 「4·11총선 분석과 97대선 전망: 지역주의를 중심으로」, 한국정치연구회 편, 『정치비평』 창간호, 아세아문화사, 1996.
- 정해구, 「탈냉전 10년(1988~1997)의 남북관계」, 세종연구소 연구논문 99-25, 1999.
- 정해구, 「군 작전의 전개과정」, 광주광역시 5·18사료편찬위원회 편, 『5·18민중항쟁사』, 도서출판 고령, 2001.
- 정해구, 「한국의 국가형성과 민주주의」, 조희연 편, 『한국민주주의와 사회운동의 동학』, 나눔의 집, 2001.
- 정해구, 「지역주의정치의 평가와 그 변화 전망」, 학술단체협의회 엮음, 『민주주의는 종료된 프로젝트인가』, 이후, 2003.
- 조선일보사, 「광주진압 계엄군의 작전보고서」, 『월간조선』 9월호, 1988.
- 조현연, 「한국정치변동의 동학과 민중운동: 1980년에서 1987년까지」, 한국외국어대학교 정치외교학과 박사학위논문, 1997.
- 조현연, 「한국의 국가폭력과 '잊혀진' 1991년 5월투쟁」, 『1991년 5월투쟁, 죽음과 폭력의 정치를 넘어』, '91년 5월투쟁' 학술심포지움 자료집, 2001.
- 조희연, 『한국의 국가·민주주의·정치변동』, 당대, 1998.
- 최장집, 『현대 한국정치의 구조와 변화』, 까치, 1989.
- 최장집, 『한국민주주의의 이론』, 한길사, 1993.

- 최장집, 『한국민주주의의 조건과 전망』, 나남출판, 1996.
- 최장집, 『민주화 이후의 민주주의』, 후마니타스, 2002.
- 최정기, 「5·18과 양민학살」, 광주광역시 5·18사료편찬위원회 편, 『5·18민중항쟁사』, 도서출판 고령, 2001.
- 최정운, 『오월의 사회과학』, 풀빛, 1999.
- 편집부, 『1980년대 전후 격동의 한국사회 1』, 사계절, 1984.
- 편집부, 『1980년대 전후 격동의 한국사회 2』, 사계절, 1984.
- 한국기독교사회연구원, 『대통령선거투쟁』, 민중사, 1988.
- 한국민주노동자연합 엮음, 『한국노동운동사』, 동녘, 1994.
- 한국사사전편찬회 편, 『한국근현대사 사전』, 가람기획, 2000.
- 한국사회과학연구소, 『다이어그램 한국경제』, 의암출판, 1998.
- 한국사회연구소, 『1989 한국사회 연감』, 백산서당, 1990.
- 한국사회연구소, 『1991 한국사회 연감』, 백산서당, 1991.
- 한국역사연구회 현대사연구반, 『한국현대사 4』, 풀빛, 1991.
- 한국일보 정치부, 『빼앗긴 서울의 봄』, 한국일보사·한국문원, 1994.

이 책에 쓰인 사진의 출처

- 1980년 5월 光州, 그날   56쪽, 70쪽
- 사진으로 본 1980년부터 1986년까지   79쪽, 83쪽, 105쪽, 118쪽, 209쪽, 227쪽
- 다시 쓰는 그날 그 거리   190쪽
- 대한민국 선거이야기   27쪽, 90쪽, 144쪽, 152쪽, 172쪽
- 한국현대사 60년   136쪽, 193쪽
- 5·18기념재단(www.518.org)   62쪽

찾아보기

|ㄱ|

강경대 236
강제징집 98, 99, 108
개헌 협상 125, 126, 127, 128, 129, 131, 132, 135, 165
개헌청원 100만 인 서명운동 20
개헌추진위원회 125, 127
건국대 애학투 사건 131, 139
경제정의실천시민연합(경실련) 205
고르바초프 212
고문추방 민주화 국민평화대행진 137
공수부대(특전부대) 24, 25, 40, 41, 42, 48, 52, 53, 55, 57, 58, 59, 60, 61, 63, 65, 67, 72, 73, 74, 98
공안정국 191, 194, 195, 196, 198, 199, 203, 215, 238
공해추방운동연합(공추련) 205
공화당 29, 35, 36, 37, 80, 184, 186
과외 금지 95, 229
관제 민주주의 91, 106, 120
광주 미문화원 방화사건 99
광주민중항쟁 12, 75, 134, 135, 137, 139, 170, 208
구로동맹파업 115, 116, 123, 129
국가보위비상대책위원회(국보위) 78, 80, 82, 92, 106, 229
국가보위입법회의 88, 92, 93, 95, 106,
국가안전기획부(안기부) 89, 194
국민평화대행진 141, 146, 147, 148, 149, 150, 151
국풍 81 229
군정종식 단일화 쟁취 국민협의회(국협) 173
권력비리 185, 186, 187, 220, 221, 222, 223
권이혁 104
권인숙 130
권정달 51
금강산댐 130
긴급조치 9호 21, 28
김경숙 26
김근태 124, 129
김기설 237

김대중 내란음모사건 53, 80, 104
김승훈 137
김영삼 22, 26, 28, 35, 37, 44, 53, 80, 101, 117, 126, 132, 143, 145, 154, 163, 168, 170, 171, 173, 174, 175, 176, 177, 184, 198, 222, 223, 224, 234, 238, 243
김재규 22, 30
김종필 35, 36, 53, 80, 174, 176, 177, 184, 198, 234
김중기 189
김창수 236
김철호 221, 222

|ㄴ|

나카소네 97
남북 올림픽 공동개최 188, 208, 211, 212
남북고위급회담 213, 239, 240
남북국회회담 208, 213
남북기본합의서 240
남북적십자회담 208, 214
남북체육회담 188, 208, 210, 211, 214
넥타이 부대 143, 156
노동관계법 93, 100, 106
노동운동 21, 35, 38, 39, 42, 44, 95, 98, 99, 100, 107, 109, 110, 112, 113, 114, 115, 116, 117, 130, 149, 160, 202, 203, 204, 235
노재봉 237
노태우 32, 33, 40, 41, 51, 143, 153, 154, 155, 168, 171, 174, 175, 176, 177, 184, 185, 186, 187, 191, 192, 194, 195, 196, 197, 198, 212, 213, 214, 215, 220, 222, 223, 224, 225, 234, 235, 236, 237, 238, 239, 240
노학연대 99, 100, 109, 110, 111, 114, 115

|ㄷ|

단임제 88, 96, 166, 168, 169, 170
대우자동차 파업 115, 123
대일굴욕외교 반대 범국민투쟁위원회 121, 204
대통령 직선제 119, 120, 125, 127, 128, 132, 139,

부록_찾아보기 | 259

146, 153, 154, 155, 162, 164, 168, 178, 201
대통령 직선제 개헌 1,000만 명 서명운동 125
동일방직 노동자 투쟁 22, 29

|ㄹ|

레이건 97, 101, 146
릴리 146

|ㅁ|

마유미(한국명 김현희) 175
민주주의국민연합 21, 29, 121, 204
만주화운동에 대한 고문수사 및 용공조작 저지 공동대
    책위원회(고문공대위) 124
명동성당 137, 143
무림사건 98
문규현 194
문익환 53, 192, 194, 195, 198, 238
민족문학작가회의 192
민족민주혁명(NDR: National Democratic Revolution)
    127
민족통일·민주쟁취·민중해방을 위한 투쟁위원회(삼
    민투위) 111, 123, 124
민족해방 민중민주주의(NL: National Liberation
    People's Democratic Revolution) 126
민족해방(NL) 계열 140, 191, 202
민주노조 100, 113, 203
민주노조운동 203
민주사회당 89
민주수호범시민궐기대회 69
민주수호협의회 121
민주자유당(민자당) 234, 235, 236, 237, 238
민주정의당(민정당) 89, 91, 110, 119, 120, 124, 126,
    131, 140, 141, 143, 146, 151, 154, 155, 165,
    166, 167, 168, 171, 174, 175, 180, 184, 185,
    186, 197, 222, 234
민주주의국민연합 21, 29, 121, 204
민주주의민족통일전국연합(전국연합) 205
민주주의와 민족통일을 위한 국민연합 21, 29, 121,
    204
민주·통일국민회의(국민회의) 121
민주통일민중운동연합(민통련) 121, 122, 123, 125,
    127, 130, 137, 139, 173, 204
민주한국당(민한당) 89, 91, 111, 119, 120
민주헌법쟁취 국민운동본부(국본) 138, 139, 140,
    141, 142, 145, 146, 156, 165, 204
민주화 성회 55
민주화 이행 12, 13, 134, 162, 163, 164, 165, 170,
    175, 178, 179, 181, 182, 184, 202, 204, 234
민주화를 위한 국민연락기구(민국련) 125, 127
민주화를 위한 전국교수협의회(민교협) 204
민주화운동추진협의회(민추협) 107, 117
민주화운동청년연합(민청련) 101, 121, 122, 123,
    124, 129
민주화투쟁전국학생연합(민투학련) 110
민주회복국민회의 20, 121, 204
민주대표 백기완 선생 선거운동 전국본부(백본) 173
민중민주운동협의회(민민협) 121, 122
민중민주주의(PD) 계열 202

|ㅂ|

박정희 12, 17, 18, 19, 20, 21, 22, 24, 25, 26, 28,
    29, 30, 31, 32, 33, 34, 35, 37, 38, 39, 47, 50,
    86, 99, 106, 113, 134, 181, 215, 216, 222, 225
박종철 131, 135, 137, 138, 139, 140
박종철 고문살인 은폐조작 규탄 및 민주헌법 쟁취 범
    국민대회(6·10국민대회) 140, 141, 142, 145
박종철군 국민추도회 준비위원회 138, 139
박처원 138
반공규율사회 15
반미운동 99, 100, 112, 127, 191
반미자주화 반파쇼민주화 투쟁위원회(자민투) 126,
    127
반전·반핵투쟁 127
반제반파쇼 민족민주투쟁위원회(민민투) 126, 127
변형주의(trasformismo) 235, 242
병영집체훈련 38, 43, 44
보안사(국군보안사령부) 32, 33, 42, 89, 93, 108, 194,

찾아보기

198
부마항쟁 22, 24, 25, 26, 28, 29, 52, 86, 96, 147
부산 미문화원 방화사건 99, 104
부시 97, 239
북방정책 191, 192, 212, 213, 214, 215, 238, 239
분리 지배(divide & rule) 119, 151, 155
블랙리스트 100, 114
비상계엄 19, 24, 31, 37, 41, 42, 50, 51, 52, 53, 54, 59, 78, 87, 89
비상국무회의 52
비판적 지지 세력 173

| ㅅ |

사북항쟁 39
4월혁명 12, 16, 17, 134, 191
4자 필승론 174
4·13호헌조치 137, 138, 143, 145
사회악 일소 82, 84, 85, 86, 95, 106
3당 합당 234, 235, 236, 238, 242
3선개헌 18
3선개헌 반대 범국민투쟁위원회 18, 121, 204
3여단 60
3저 호황 216, 217, 218, 219, 240, 242
삼청교육 82, 84, 85, 86
상무충정작전 71
생존권 투쟁 39, 116, 117
서울 미문화원 점거농성사건 111, 112
서울노동운동연합(서노련) 116, 122, 123, 130
서울역 회군 47
서울올림픽대회 96, 125, 187, 188, 191, 196, 210, 211, 212, 214, 215, 225, 226
서울의 봄 12, 34, 35, 36, 37, 38, 39, 43, 47, 75, 95
서울지역대학생대표자협의회(서대협) 140, 173, 201
석유 파동 29, 215
세계청년학생축전 192, 194
소몰이 투쟁 116
숙정肅正 78, 80, 81, 82, 84, 95, 104, 106
슐츠 146

시거 146
시민군 66, 67, 68, 72
시민수습대책위원회(시민대책위) 67, 68
신군부, 신군부세력 12, 30, 31, 34, 35, 36, 37, 39, 40, 41, 42, 43, 44, 45, 47, 50, 51, 52, 53, 54, 55, 57, 58, 59, 60, 61, 63, 65, 66, 67, 71, 72, 73, 74, 75, 78, 80, 81, 85, 86, 87, 89, 91, 92, 93, 95, 96, 97, 106, 107, 117, 120, 134, 153, 184, 208, 214, 221, 223, 225
신데탕트 212, 214
신민주공화당 174, 177, 180, 181, 184, 185, 234
신한민주당(신민당) 111, 119, 120
11여단 55, 57, 58, 60
12·12군사반란 30, 31, 33, 34, 37, 42, 59, 134, 223

| ㅇ |

아웅산 묘소 폭발사건 208
야대여소 184, 186, 187, 198, 199, 201, 234
언론기본법 93, 106
역사 바로 세우기 223
5공청산 184, 185, 186, 187, 196, 197, 198, 199, 201, 202, 234
5·3인천대회 127, 128, 129, 130, 135
오성회 32
5월투쟁 111, 234, 236, 237, 238
5·17군사쿠데타 12, 35, 39, 47, 48, 50, 51, 52, 80, 85, 91, 104, 107, 134, 153, 184, 223
YH사건 22, 26, 28
외삽外揷 국가 14
위수령 19, 25
위장취업 110, 115
유서 대필 공방 237
유신체제 20, 21, 29, 30, 35, 36, 37, 109
유신헌법 19, 20, 21, 24, 26, 28, 31, 36, 87, 88, 91
6월민주항쟁 12, 13, 131, 134, 135, 139, 140, 151, 156, 162, 165, 168, 170, 173, 178, 201
유치송 89
유학성 33, 51, 221

부록_찾아보기 | 261

유화국면 107, 109, 112, 114, 115, 120, 121
유화조치 104, 107, 111, 114, 115, 116, 117, 121, 123, 128, 135, 139
6·10남북청년학생회담 189
6·29선언 140, 141, 150, 151, 153, 155, 156, 164
윤상원 69, 71
윤필용 32, 33
윤필용 사건 32
의사疑似 민주화 196, 199, 234
이민우 131, 132
이민우 구상 131
이산가족 찾기 캠페인 230
이석규 157
이세진 127
이승만 13, 15, 16
20사단 48, 72, 73, 97
이원조 197, 199
2·12총선 111, 117, 119, 120, 123
이재호 127
이철희 119, 221
이학봉 33, 51
이한열 143, 155, 202
이후락 53, 80
이희성 51, 55, 65, 197, 199
인천지역노동자연맹(인노련) 116, 122
인혁당(인민혁명당) 20
1986년 서울아시안게임 96, 107, 129, 130, 135, 225
1987년 헌법 168, 169, 170
임수경 194, 195, 202

| ㅈ |

자주적 민간교류운동 191, 192, 194, 196, 202
장기표 130
장세동 33
장영자 119, 221
재야, 재야세력 17, 18, 20, 21, 29, 31, 35, 37, 69, 121, 123, 125, 127, 128, 129, 135, 137, 138, 139, 156, 165, 170, 173, 174, 178, 188, 189, 192, 195, 212

전경환 186, 197, 222, 223
전국 반외세 반독재 애국학생 투쟁연합(애학투) 131
전국교직원노동조합(전교조) 203
전국노동운동단체협의회(전국노운협) 203
전국노동조합협의회(전노협) 203, 235
전국농민회총연맹(전농) 204
전국대학생대표자협의회(전대협) 189, 192, 194, 202
전국민족민주운동연합(전민련) 192, 195, 204, 205, 235
전국민주노동자연맹(전민노련) 99
전국민주청년학생총연맹(민청학련) 20, 96
전국민주학생연맹(전민학련) 99
전국빈민연합(전빈련) 204
전국학생대표기구회의(전대의) 110
전국학생총연합(전학련) 111
전군 주요지휘관회의 51, 52, 87
전두환 12, 31, 32, 33, 35, 43, 44, 51, 78, 86, 87, 88, 89, 91, 92, 93, 95, 96, 97, 98, 99, 100, 101, 104, 106, 107, 109, 110, 111, 112, 113, 114, 115, 117, 119, 121, 123, 124, 125, 126, 128, 129, 130, 131, 134, 135, 137, 138, 139, 140, 143, 145, 146, 153, 154, 156, 160, 162, 164, 173, 185, 186, 187, 188, 196, 197, 198, 199, 203, 208, 210, 216, 220, 221, 222, 223, 224, 225, 226, 228, 229, 230, 231
전방입소 반대투쟁 127
전태일 19, 21
절대공동체 63, 66
점거농성투쟁 111
정경유착 220, 222, 223
정래혁 119, 222
정승화 31, 174
정원식 237
정초定礎 선거(founding election) 163, 170, 175
정치풍토 쇄신을 위한 특별조치법 92
정풍운동 36
정호용 33, 40, 41, 51, 55, 61, 87, 197, 199
정화淨化 78, 80, 81, 82, 84, 95, 100, 104, 106
제헌의회(CA: Constituitional Assembly) 127
조성만 189

찾아보기

졸업정원제 95, 96, 108, 229
주식·부동산 투기 218, 219, 220, 241, 242
주영복 51
중간평가 175, 198
중산층 신화 219, 220
중앙정보부 30, 81, 89, 221
지역주의 164, 173, 174, 175, 177, 179, 181, 182, 184

| ㅊ |

차규헌 33, 51
차지철 30
창구 일원화 191, 238
청계피복 노조 39, 100, 115
청계피복 노조 합법성 쟁취투쟁 114, 115
최규하 31, 35, 36, 37, 43, 45, 50, 51, 52, 86, 87, 88, 198, 199
최대 민주화연합 135, 139, 153, 178
최루탄 추방 결의대회 141, 143, 146, 147, 148, 149
최웅 55
충정훈련 39, 40, 41, 42, 51, 59
7여단 54, 55, 57, 58, 59, 60
7·4남북공동성명 208, 240
7·7선언(민족자존과 통일번영을 위한 특별선언) 213
7·8·9월 노동자대투쟁 156, 158, 160, 202

| ㅋ |

카터 26
K-공작계획 39, 42, 51
KBS 시청료 거부운동 231

| ㅌ |

탈냉전 238, 239, 243
통일민주당 132, 180, 184, 185, 234
통일운동 188, 189, 191, 192, 194, 195, 196, 202, 212, 213, 238

통일주체국민회의 20, 31, 35, 36, 87
팀스피리트 훈련 210

| ㅍ |

8인 정치회담 166
평화민주당(평민당) 173, 174, 175, 180, 184, 185, 186, 194, 195, 196, 198, 234
평화적 정권교체 96, 106
프로야구 226, 228
프로축구 228

| ㅎ |

하나회 32, 33
학림사건 99
학생수습대책위원회 68, 69, 71
학생시민투쟁위원회 71
학원 민주화운동 108
학원 자율화운동 108
학원민주화추진위원회(학민추) 108
학원자율화추진위원회(학자추) 108
한국국민당 89, 91, 119, 120
한국노동자복지협의회(노협) 114, 122
한국민족예술인총연합(민예총) 204
한반도 비핵화 공동선언 240
한반도 평화와 통일을 위한 세계대회 189
함석헌 137
함평 고구마사건 22, 29
허삼수 33, 51, 221
허화평 33, 51, 221
헌법 개정 31, 87, 88, 89, 92, 162, 164, 165, 166, 168, 170, 178,
헌법개정심의위원회 36, 88
헌법연구반 36
호헌철폐와 민주개헌쟁취를 위한 서울지역학생 협의회(서학협) 140
황석영 192
황영시 33, 51